D1640256

H.C.B. ROGERS

Napoleon und seine Armee

Motor buch Verlag

Einbandgestaltung: Luis Dos Santos.

Die englischsprachige Originalausgabe erschien 1974 bei Ian Allan Ltd., Shepperton, unter dem Titel »Napoleon's Army«.
Copyright © 1974 by H.C.B. Rogers.

Ins Deutsche übersetzt von Jochen Peiper.

Eine Haftung des Autors oder des Verlags und seiner Beauftragten für Personen-, Sach- und Vermögensschäden ist ausgeschlossen.

ISBN 978-3-613-03112-8

Copyright © by Motorbuch Verlag, Postfach 10 37 43, 70032 Stuttgart.
Ein Unternehmen der Paul Pietsch Verlage GmbH & Co.

1. Auflage 2009

Sie finden uns im Internet unter
www.motorbuch-verlag.de

Lektor: Joachim Köster
Druck und Bindung: Appel/Klinger Druck & Medien, 96317 Kronach
Printed in Germany

INHALTSVERZEICHNIS

Inhalt
Einleitung 7
Von Valmy nach Waterloo 9
Kavallerie 46
Infanterie 89
Artillerie 132
Pioniere und Nachrichtentruppen 146
Verwaltung 155
Sanitätsdienst 174
Das Kaiserliche Hauptquartier 200
Das Dritte Korps – Auerstedt 218
Das Dritte Korps – Polen 245
Nachwort 281
Namensverzeichnis 292

Meiner Frau,
die mir »Das Leben Napoleons« schenkte
und mich dadurch
zu diesem Buch inspirierte.

EINLEITUNG

Viele Bücher sind über Napoleon und seine Feldzüge geschrieben worden, und immer wieder hat man die von seinen Armeen geschlagenen großen Schlachten dargestellt. Sehr viel weniger wurde indessen über die Soldaten dieser Armeen berichtet, über ihre Gliederung und die Verhältnisse, unter denen sie lebten und dienten. Dieses Buch hat sich zum Ziel gesetzt, einmal die Organisation der Stäbe dieser französischen Armee, der Waffengattungen und Dienstzweige zu beschreiben, so wie sie in der langen Periode eines Vierteljahrhunderts zwischen den Schlachten von Valmy und Waterloo bestanden und sich wandelten. Es handelt sich also nicht um eine weitere Geschichte der Feldzüge unter der Ersten Französischen Republik und des Ersten Französischen Kaiserreichs. Die militärischen Kampfhandlungen werden nur erwähnt, um vor ihrem Hintergrund die Organisation, Taktik, Ausrüstung und Verwaltung deutlich machen zu können. Wenn in dem Einführungskapitel trotzdem der verschiedenen Feldzüge in einer zusammenfassenden Schilderung Erwähnung getan wird, so nur als aide-mémoire und historisches Geleit für jene Leser, die darauf nicht verzichten möchten. Es ist eine äußerst gestraffte Zusammenfassung der wichtigsten Ereignisse, welche aus Platzgründen die minder bedeutenden Vorkommnisse außer Acht lässt. Außerdem befassen sich zwei Kapitel des Buches mit den Operationen eines Armeekorps und ein drittes mit den Erfahrungen eines jungen Offiziers, um anhand von ihnen zu zeigen, wie die in den vorangegangenen Kapiteln dargestellten Tatsachen und Einrichtungen bei den Kampfhandlungen der verbundenen Waffengattungen im Felde zur Anwendung gelangten. Da es in dem vorliegenden Werk nur um die Armee geht, wurden alle Marinefragen ausgeklammert, es sei denn, dass sie einen taktischen Einfluss auf die Operationen zu Lande ausübten.

Die Französische Revolution schuf eine Form der Kriegsführung, in welcher die mit begrenzter Zielsetzung kämpfenden Berufsarmeen des XVIII. Jahrhunderts durch nationale Armeen aus wehrpflichtigen Soldaten ersetzt wurden, denen es um den totalen Sieg ging. Eine Form der Kriegführung, die uns allen inzwischen nur zu geläufig geworden ist. Dass Napoleon in der Führung dieser Armeen so erfolgreich war, lag wahrscheinlich in erster Linie an dem Verständnis, das er seinen Soldaten entgegenbrachte, an seiner Führerpersönlichkeit und an seiner glänzenden Feldherrenkunst.

Feldmarschall Lord Wavell schrieb: »Wenn Sie gewahr werden, wie ... er es verstand, eine zerlumpte, meuterische und halbverhungerte Armee zu derartigen Taten mitzureißen, wie er andere Generale überragte, die älter und erfahrener waren als er, dann werden Sie in der Tat etwas gelernt haben.« Und Generalmajor J. F. C. Fuller lenkt in seinem Buch »The Conduct of War« (1961) die Aufmerksamkeit auf Napoleons folgenden Tagesbefehl: »Ein Bataillonskommandeur darf nicht eher ruhen, als bis er sich mit allen Einzelheiten vertraut gemacht hat. Nach sechs Monaten muss er die Namen und Fähigkeiten sämtlicher Offiziere und Mannschaften seines Bataillons kennen.« Napoleon war bestrebt, jeden Mann fühlen zu lassen, dass es eine Ehre war, in der französischen Armee dienen zu dürfen. Er wusste, dass die Mentalität des französischen Soldaten auf Apelle wie den nachfolgenden ansprechen würde: »Niemand, dem das Leben mehr gilt als der Ruhm und die Achtung seiner Kameraden, sollte Angehöriger der französischen Armee sein.« General Fuller zitiert ihn wie folgt: »Wenn ich im Feuer der Schlacht die Reihen entlangritt und rief: ›Entrollt die Standarten! Der Augenblick ist gekommen!‹ so riß das jedermann mit in den Einsatz.« Und – »Die 32. Brigade hätte sich für mich in Stücke reißen lassen, schrieb ich doch nach Lonato: ›Die 32. war da, ich war beruhigt.‹ Es ist erstaunlich, welche Macht doch Worte über Menschen ausüben können.«

Die Persönlichkeit dieses bemerkenswerten Mannes war derart, dass er, wie kein anderer General, den von ihm kommandierten Armeen seinen Stempel aufdrückte. Man kann sie daher nur gemeinsam betrachten.

Von Valmy nach Waterloo

DIE ERSTEN FELDZÜGE

Die Kriege, mit denen wir uns hierzu beschäftigen haben, begannen am 20. April 1792 mit der Kriegserklärung an Österreich durch die Französische Nationalversammlung. Schon im August zuvor war es zur Androhung von Feindseligkeiten gekommen, als der Kaiser des Hl. Römischen Reiches und der König von Preußen ihre Bereitschaft zu erkennen gaben, eine Koalition zum Sturze des bestehenden französischen Regimes und zur Wiedereinführung der Monarchie einzugehen. Das revolutionäre Frankreich bereitete sich daraufhin in aller Eile auf diese Auseinandersetzung vor, und schon am 14. Dezember 1791 standen zur Verteidigung der Grenzen im Norden und im Osten drei Armeen zur Verfügung, deren Einheiten sich zum Teil aus der alten regulären Armee und in überwiegendem Maße aus neuen Freiwilligen-Bataillonen zusammensetzten. Sie erhielten die Bezeichnungen Nordarmee, Armee Mitte und Rheinarmee. Die Freiwilligenverbände jener Tage bestanden aus ungedientem und undiszipliniertem Pöbel, welcher seine erste militärische Erziehung praktisch erst im Einsatz erhielt. Sie erwiesen sich zwar häufig als sehr tapfer, ließen sich aber auch genau so oft zu kopfloser Flucht verleiten.

Am 28. April 1792 trat die Nordarmee in drei Kolonnen zum Einmarsch in Belgien an. Aber der Beginn war schon schlecht. Obwohl es zu keiner Feindberührung kam, entstand in zwei Heeressäulen eine Panik, und in einer wurde sogar der kommandierende General umgebracht. Nachdem weiteres Vorrücken keine Erfolge zeitigte, wurde am 30. Juni die Invasion Belgiens abgebrochen.

Auch die nachfolgenden Ereignisse erhöhten nicht die Schlagkraft der neuen Armee. Am 10. August drang der Pariser Mob in die Tuilerien ein und massakrierte die Schweizer Garde. Die Monarchie wurde abgeschafft und die königliche Familie in Haft genommen. Gleichzeitig erhielt der Marquis de Lafayette die Anweisung, den Oberbefehl über die Nordarmee niederzulegen und sich in Paris zu melden. Da dies den Tod durch die

Guillotine bedeutete, das neue Werkzeug des republikanischen Terrors, floh Lafayette zum Feinde. Dieses Ereignis trug dazu bei, das Vertrauen der Truppe in ihre Führung zu erschüttern.

General Charles François Dumouriez wurde als Nachfolger Lafayettes zum Oberbefehlshaber der Nordarmee ernannt. Inzwischen war bei Koblenz eine alliierte Armee unter dem Kommando des Herzogs von Braunschweig aufmarschiert, welche aus 42 000 Preußen und 30 000 Österreichern bestand. Am 19. August überschritt der Herzog bei Longwy die Grenze, nahm sowohl dieses als auch die Festung Verdun ein, und rückte langsam in Richtung auf Paris weiter vor.

Der einzige schlagkräftige französische Verband, der den Herzog von Braunschweig hätte aufhalten können, war die Armee Mitte unter dem Befehl des General François Christophe Kellerman, einem früheren Generalmajor des ancien régime. Kellermans Einheiten setzten sich fast durchweg aus langdienenden Berufssoldaten zusammen, und stellten die mit Abstand beste französische Armee jener Zeit dar. Dumouriez vereinigte einen Teil der Nordarmee, welcher zwar auch einige aktive Verbände enthielt, im Übrigen aber weitgehend aus den undisziplinierten Freiwilligen-Bataillonen bestand, mit Kellerman. Am 20. September 1792 fand die Schlacht von Valmy statt. Der Angriff der preußischen Infanterie wurde durch das verheerende Feuer der französischen Artillerie zum Stehen gebracht, und angesichts der festgeordneten Reihen von Kellermans Infanterie entschloss sich der Herzog von Braunschweig zum Rückzug.

Einen Tag nach der Schlacht wurde die Monarchie abgeschafft und die Regierung in Frankreich durch den Nationalen Konvent übernommen.

WEITERE FELDZÜGE DER JAHRE 1792–93

Der Herzog von Braunschweig zog sich nach Deutschland zurück, und die französischen Armeen ergriffen auf verschiedenen Kriegsschauplätzen die Offensive. Sie eroberten Nizza im Süden, und ein aus dem Elsass vordringender Verband unter General Custine nahm erst Mainz und dann Frankfurt ein. Im Norden schlug die Armee Dumouriez am 6. November 1792 einen schwächeren österreichischen Verband bei Jemappes und besetzte zehn Tage später Brüssel. Gegen Ende des Jahres trieb der Herzog von Braunschweig jedoch Custine wieder über den Rhein zurück, und am 2. Dezember war Frankfurt erneut in seiner Hand.

Mit Beginn des Jahres 1793 begann der Krieg sich auszuweiten. Am 21. Januar endete Ludwig der XVI. auf dem Schafott, und ein empörtes England schickte den französischen Botschafter nach Hause. Frankreich erklärte daraufhin England, Spanien und Holland unverzüglich den Krieg und führte die allgemeine Militärdienstpflicht ein. Und als ob es gälte, den europäischen Mächten klarzumachen, dass es Frankreich mit der Kriegsdrohung auch ernst sei, erklärte der Nationale Konvent Belgien zu einem Teil Frankreichs.

Die alliierte Offensive begann am 1. März mit dem Einmarsch einer österreichischen Armee unter dem Prinzen von Sachsen-Coburg in Belgien. Diese trieb die gegenüberstehenden französischen Truppen ohne Mühe vor sich her, während die preußische Armee unter dem Herzog von Braunschweig Mainz einschloss. Dumouriez griff den Herzog von Coburg am 18. März bei Neerwinden an, wurde jedoch geschlagen. Seine Freiwilligen desertierten in großer Zahl, und am 21. März empfing er bei Louvain eine erneute Niederlage. Daraufhin fasste Dumouriez den Entschluss, nach Paris zu marschieren und die Regierung zu stürzen, wozu er Verhandlungen mit dem Feind eröffnete. Des Verrats angeklagt, suchte er Zuflucht bei den Österreichern.

Der zu seinem Nachfolger ernannte Dampierre wurde am 8. Mai tödlich verwundet. Sein Tod rettete ihn vor der Guillotine, für die er aufgrund seiner Misserfolge im Felde bereits bestimmt worden war. Auf Dampierre folgte jetzt Custine, aber auch er zog sich rasch die Feindschaft der Regierung zu. Er wurde nach Paris beordert und – nachdem Valenciennes während seiner Abwesenheit kapituliert hatte – vom Komitee für Öffentliche Sicherheit verhaftet und am 27. August 1793 guillotiniert. Neuer Oberbefehlshaber der Nordarmee wurde jetzt Houchard.

Mainz wurde im August vom Herzog von Braunschweig erobert, und um die Lage Frankreichs zu verschärfen, erhoben sich in der Vendée die Royalisten, es rebellierten die Städte Toulon, Marseilles und Lyon gegen die Regierung. Den Royalisten in Toulon kam eine britische Flotte nebst einem spanischen Geschwader zu Hilfe, während ein kleines britisches Expeditionskorps unter dem Herzog von York in Flandern landete, Valenciennes belagerte und dann Dünkirchen einschloss. Eine holländische Armee unter Befehl des Prinzen von Oranien zog gleichfalls ins Feld und nahm im Norden zwischen den britischen und österreichischen Heeren Aufstellung.

In diesem Stadium war es nur der Lethargie und der mangelnden Zusammenarbeit seitens der Alliierten zuzuschreiben, dass die Französische Republik vor einer völligen Niederlage bewahrt blieb. Der Nationale Konvent reagierte mit Panik. Am 23. August verfügte das Komitee für Öffentliche Sicherheit die Einziehung der gesamten männlichen Bevölkerung, was zur überstürzten Aufstellung einer Unzahl von Regimentern führte. Zwei Wochen später, am 6. September, griff Houchard mit einer zahlenmäßigen Überlegenheit von 3:1 die Stellungen des Herzogs von York ostwärts Dünkirchen an. Die Franzosen attackierten mutig und der Herzog von York sah sich gezwungen, unter Zurücklassung seiner Belagerungsartillerie, den Rückzug anzutreten. Am 23. September schlug Houchard den Prinzen von Oranien bei Menin.

Aber nach diesen Erfolgen erlitten die Franzosen eine Reihe von Niederlagen durch die Österreicher. Houchard wurde am 23. September verhaftet und starb am 16. November durch das Fallbeil. Sein Nachfolger im Kommando wurde daraufhin Jean Baptiste Jourdan, vormals Gefreiter in der alten Armee. Dieser schlug am 15. und 16. Oktober die Österreicher unter Coburg in der Schlacht von Wattignies und zwang sie, die Belagerung von Maubeuge aufzuheben und sich zurückzuziehen.

Die letzten Monate des Jahres sahen die Franzosen auch anderswo erfolgreich. Hoche griff die Preußen unter Braunschweig und die Österreicher unter Würmser auf ihrer Nahtstelle an und schlug sie am 22. Dezember in der Schlacht von Fröschwiller. Vier Tage später fügte er ihnen bei Geisberg eine erneute Niederlage zu. Mainz fiel wieder an die Franzosen zurück. Auch die Ordnung in Marseilles und Lyon war inzwischen wieder hergestellt und die Rebellen in der Vendée besiegt worden. An den Fronten in Spanien und Italien vermochten die französischen Heere ihre Positionen zu halten. Im Dezember gelang es, die die Einfahrt nach Toulon beherrschenden Forts den Alliierten wieder zu entreißen. Die britische Flotte musste sich absetzen und die Stadt fiel in die Hände der republikanischen Streitkräfte.

Die Franzosen hatten mithin in den letzten vier Monaten des Jahres 1793 einen bemerkenswerten Stärkungsprozess durchgemacht. Vor kurzem noch am Rande des Zusammenbruchs, befand die Republik sich jetzt in einer starken Stellung, und rasch verbesserte sich in ihren Armeen der Ausbildungsstand und die Disziplin.

DIE FELDZÜGE VON 1794–95

In Belgien vermochten die Franzosen im Frühjahr und Sommer 1794 eine Reihe von Erfolgen zu verzeichnen. Am 18. Mai trug ein fehlerhafter österreichischer Plan zur britisch-österreichischen Niederlage bei Tourcoing bei. Doch ein Angriff der Franzosen bei Tournai am 22. Mai war erfolglos. Ihre Niederlage wurde durch den Gegenangriff der englischen Brigade Fox sowie durch das vernichtende britische Artilleriefeuer besiegelt. Ein am 17. Juni von den Österreichern bei Hooglede geführter Angriff zum Entsatz von Ypern wurde von den Franzosen abgewiesen, und die Stadt am darauffolgenden Tage genommen.

Am 26. Juni schlug Jourdan, der jetzt die neugebildete Sambre-und-Meuse-Armee befehligte, die Österreicher und Niederländer bei dem in der Nähe von Charleroi gelegenen Fleurus. Als Folge dieses großen Sieges drangen die Franzosen am 10. Juli in Brüssel und am 27. Juli in Antwerpen ein. Das letztere Datum ist insofern besonders bemerkenswert, als an ihm das Terrorregime des blutrünstigen Diktators Robespierre endete. Von nun an konnten französische Generale in den Krieg ziehen, ohne befürchten zu müssen, dass ihnen im Falle einer Niederlage die Guillotine drohte.

Der belgische Feldzug war damit praktisch zu Ende, denn die Österreicher zogen sich über den Rhein zurück, und der anschließende harte Winter sah die englischen Streitkräfte in Deutschland, von wo sie im darauffolgenden April nach England evakuiert wurden. Dieser ungewöhnlich strenge Winter hatte aber auch noch eine merkwürdige Episode zur Folge: die französische Kavallerie konnte ohne große Schwierigkeiten über das zugefrorene Meer zur Insel Texel herüberreiten und dort die holländische Flotte kapern. Als Ergebnis der französischen Erfolge wurde am 5. April 1795 mit Preußen, dann mit Spanien und schließlich mit einer ganzen Anzahl deutscher Kleinstaaten Frieden geschlossen. Die beiden wichtigsten Mächte, mit denen sich Frankreich jetzt noch weiter im Kriegszustand befand, waren Großbritannien und Österreich.

Ein im Juli 1795 von den Briten unternommener Versuch, einen royalistischen Aufstand durch die Landung französischer Emigrantenverbände bei Quiberon anzufachen, endete mit einem Misserfolg. Das Expeditionskorps wurde durch die französische Westarmee unter Hoche völlig vernichtet.

Zwei französische Armeen standen im Rheinland: die Sambre-und-Meuse-Armee unter Jourdan in der Gegend von Koblenz, und die Rhein-und-Mosel-Armee unter Pichegru im Elsass.

Die gegenüberstehenden alliierten Heere befehligte der Graf Charles von Clerfayt. Jourdan überschritt am 5. September den Rhein und begann auf Frankfurt vorzurücken. Nachdem er aber Ende Oktober überflügelt worden war, musste er sich schließlich wieder über den Rhein zurückziehen. Clerfayt wandte sich nun Pichegru zu, welcher Mainz belagerte, schlug diesen am 28. Oktober und fiel in die Pfalz ein. Am 10. Januar 1796 wurde dann für das gesamte Operationsgebiet der beiden französischen Armeen ein Waffenstillstand unterzeichnet.

Im Verlauf des 22.–28. November 1795 schlug die Italienarmee unter Scherer die Österreicher in der Schlacht von Loano.

DIE FELDZÜGE IN DEUTSCHLAND 1796–97

Am 20. Mai 1796 sagten die Österreicher den Waffenstillstand auf und am 1. Juni begannen die Feindseligkeiten von neuem. Einheiten der Sambre-und-Meuse-Armee rückten am 31. Mai um Mitternacht vor, doch wurden Jourdans linker Flügel am 16. Juni bei Wetzlar geschlagen, so dass er sich im darauffolgenden Monat wieder über den Rhein zurückziehen musste. Moreau, der jetzt die Rhein-und-Mosel-Armee befehligte, überschritt am 24. Juni den Rhein bei Straßburg. Erzherzog Karl, welcher die Österreicher im Rheinland kommandierte, ließ Wartensleben zurück, um Jourdan in Schach zu halten und marschierte mit den verbleibenden Teilen seiner Armee Moreau entgegen. Doch am 9. Juli wurden die Österreicher in dem unentschiedenen Gefecht von Malsch abgewiesen und zogen sich daraufhin am 12. August zwischen Ulm und Donauwörth hinter die Donau zurück. Inzwischen hatte Jourdan am 28. Juni den Rhein erneut überschritten und Wartensleben zum Rückzug gezwungen.

Nach Zuführung von Verstärkungen verließ Karl jetzt Latour, um Moreau zu überwachen, und wendete sich erneut gegen Jourdan. Nach Vereinigung mit Wartensleben kam es am 24. August bei Amberg zur Schlacht, in der Jourdan entscheidend geschlagen wurde. Aber der Erzherzog war dadurch noch nicht aller Sorgen ledig, denn am gleichen Tage wurde Latour von Moreau bei Friedberg besiegt.

Aber Moreau nutzte seinen Erfolg nicht energisch genug aus. Karl führte Latour Verstärkungen zu, marschierte hinter Jourdan her und vertrieb diesen am 3. September aus seiner nahe Würzburg gelegenen Verteidigungsstellung. Dieser zog sich nach der empfangenen Schlappe hastig auf den Rhein zurück und stellte sich am 16. September noch einmal an der Lahn.

Moreau hatte unsicher geschwankt, und nach Jourdans Niederlage war er jetzt in der Gefahr, vom Erzherzog angegriffen zu werden. Am 19. September begann er daher mit einer Absetzbewegung auf den Rhein, und wies am 2. Oktober den verfolgenden Latour bei Biberach zurück. Im weiteren Verlauf seines Rückzugs wurde er am 26. Oktober an der Elz von Erzherzog Karl angegriffen. Obwohl es hierbei zu keiner Entscheidung kam, behielten die Österreicher die Oberhand und die Franzosen gingen bei Huningue über den Rhein zurück.

Die französische Offensive des Jahres 1796 hatte praktisch mit einer völligen Niederlage geendet. Im Januar 1797 wurde Hoche zum Oberbefehlshaber der Sambre-und-Meuse-Armee ernannt, und im Frühjahr 1797 eröffneten die Franzosen jenseits des Rheins eine neue Offensive. Erzherzog Karl war nach Italien entsandt, um dort Napoleons Armee zum Stehen zu bringen. Hoche überschritt den Rhein und schlug am 18. April den österreichischen General Werneck in der Lahn-Stellung. Drei Tage später überwand Moreaus Rhein-und-Mosel-Armee gegen zähen österreichischen Widerstand den Rhein bei Kehl. Bonapartes entscheidender Sieg führte dann jedoch zu einem Waffenstillstand, der den Operationen der Armeen Hoche und Moreau ein Ende setzte.

DER FELDZUG IN ITALIEN 1796–97

Österreichs vollständige Niederlage sowie der anschließende Friedensvertrag waren die Frucht des bemerkenswerten Feldzuges, den die französische Italienarmee unter Napoleon Bonaparte geführt hatte. Bonaparte war am 2. März zu dieser Armee versetzt worden und übernahm den Oberbefehl am 27. März. Es handelte sich beileibe um kein vielversprechendes Kommando, denn die schlecht gekleideten und mangelhaft verpflegten 58 000 Soldaten waren entlang der ganzen Küste verstreut – von Marseilles bis Voltri, in der Nähe von Genua. Im Gebirge nördlich von ihnen standen eine 25 000 Mann zählende piemontesische Armee unter Colli und eine österreichische Armee von 35 000 Mann unter Beaulie, und im Süden blockierte und kontrollierte die britische Flotte alle Nachschubhäfen.

Sowohl Bonaparte als auch seine Gegner planten eine Offensive. Beaulieu schlug als Erster zu und nahm am 10. April Voltri ein. Doch zwei Tage später eröffnete Bonaparte seinerseits die Kampfhandlungen, griff die alliierten Armeen an ihrer Nahtstelle an und trieb einen Keil zwischen sie. Am 14./15. April brachte er daraufhin Beaulieus rechtem Flügel bei Dego eine Schlappe bei und zwang diesen, auf Acqui zurückzugehen. Nachdem er die beiden feindlichen Heere auf diese Weise erfolgreich getrennt hatte, wandte sich Bonaparte jetzt Colli zu und schlug ihn bei Mondovi so nachhaltig aufs Haupt, dass dieser um einen Waffenstillstand nachsuchen musste. Piemont schied in der Folgezeit aus dem Kriege aus, und seine Festungen öffneten sich den Franzosen als Garnisonen. Der 25. April sah Bonaparte bei der Verfolgung Beaulieus, welcher auf eine ausgedehnte Frontstellung entlang des Po zurückwich. Bonaparte täuschte an verschiedenen Stellen einen Flussübergang vor und überraschte die Verteidiger schließlich durch den am 7./8. Mai bei Piacenza vollzogenen Uferwechsel, durch den er zugleich Beaulieus Verbindungen mit der großen Festung Mantua bedrohte. Beaulieu wich daraufhin weiter nach Osten aus und überließ Pavia und Mailand den Franzosen. Gegen heftigen feindlichen Widerstand und durch schonungslosen Einsatz seiner Person erzwang Bonaparte den Übergang über die wichtige Adda-Brücke bei Lodi und trieb die Österreicher auf Mantua zurück.

Die Franzosen konnten jetzt ohne die Gefahr einer Flankenbedrohung weiter auf Mailand vorrücken und am 15. Mai zog Bonaparte in die

Stadt ein. Die Zitadelle hielt sich jedoch noch länger und ergab sich erst am 29. Juni.

Nachdem er einen Aufstand in seinem Rücken niedergeworfen hatte, nahm Bonaparte seine Operationen gegen Beaulieu am 28. Mai von neuem auf. Am 29. Mai wurde der zwischen dem Gardasee und Mantua gelegene Mincio von den französischen Truppen erreicht, an dem entlang Beaulieu seine Verbände zur Abwehr gegliedert hatte, links angelehnt an die starke Garnison der Festung Mantua. Bei Borghetto durchbrach Bonaparte Beaulieus Linien, und am 1. Juni wich der österreichische General mit den Resten seines Feldheeres entlang der Etsch nach Tirol aus, Mantua dabei der Einschließung überlassend.

Im Juli traf Würmser von Deutschland kommend ein, um den Befehl über eine frische österreichische Armee zu übernehmen, welche zu einer neuen Offensive gegen die Franzosen in Italien aufgestellt worden war. Würmser teilte seine Armee in drei Heeressäulen. Mit dem Gros von rund 24 000 Mann rückte er an der Ostseite des Gardasees nach Süden, um Mantua zu entsetzen. Gleichzeitig entsandte er Quasdanowitch mit einem starken Detachment von 18 000 Mann am Westufer des Gardesees entlang, um Bonapartes rückwärtige Verbindungen abzuschneiden, während Meszaro schließlich mit einem wesentlich schwächeren Verband nach Osten über Bassano und Meszaro vorstoßen und bei Verona Bonaparte in den Rücken fallen sollte. Allen österreichischen Angriffskolonnen waren zunächst Anfangserfolge beschieden.

Um dieser Bedrohung zu begegnen, war Bonaparte gezwungen, die Belagerung von Mantua aufzuheben und 47 000 Mann südwestlich des Gardasees zu konzentrieren. Er warf die Masse seiner Truppen zunächst Quasdanowitch entgegen, da Würmser vorerst nur den Entsatz von Mantua im Auge hatte. Dieser machte sich inzwischen aber doch Sorgen um Quasdanowitch und setzte die Division Liptay zu ihm in Marsch. Bonaparte überließ es Augereau, Liptay in Schach zu halten, und fügte Quasdanowitch am 3. August in der Schlacht von Lonato eine Niederlage zu.

Zwei Tage später wandte er sich Würmser zu und schlug diesen entscheidend in der Schlacht von Castiglione. Die Trümmer von Würmsers Armee fluteten daraufhin wieder nach Tirol zurück. Am 24. August wurde Mantua erneut eingeschlossen, und am 2. September trat Bonaparte am Ostufer des Gardasees den Marsch nach Norden auf Trient an. Aber auch

Würmser nahm mit neuen Verstärkungen die Offensive wieder auf. Davidowitch sollte mit einem Heer von 20 000 Mann Tirol halten, während Würmser mit weiteren 20 000 Soldaten durch das Tal der Brenta vorrücken und Mantua entsetzen wollte. Nachdem Bonapartes vorgehende Verbände auf das Detachment Davidowitch gestoßen und dieses über Trient abgedrängt hatten, erhielt Bonaparte auch von der Bewegung Würmsers Kenntnis. Er wandte sich gleichfalls nach Osten und setzte im Brenta-Tal dem österreichischen Gros nach. Am 8. September holte er Würmser ein und schlug ihn in der Schlacht von Bassano. Dieser warf sich mit den Resten seiner Armee nach Mantua hinein, wodurch die Zahl der Verteidiger auf 28 000 anwuchs. Nachdem die Österreicher entschlossen waren, Mantua unter allen Umständen zu entsetzen, zogen sie eine neue Armee unter dem Baron Alvintzy zusammen. Auch dieser teilte sein Heer am 1. November in zwei Gruppen: Davidowitch wurde mit seinen 18 400 Mann ostwärts des Gardasees das Etschtal entlang geschickt, während Alvintzy selber mit 28 700 Mann ostwärts der Brenta auf Vicenza vorstieß. Er beabsichtigte, sich später bei Verona mit Davidowitch zu vereinigen und mit diesem dann weiter südlich auf Mantua vorzurücken. Bonaparte, dessen Gesamtstärke sich einschließlich der Belagerungstruppen von Mantua nur auf 41 500 Soldaten belief, machte sich diese Aufsplitterung der gegnerischen Streitkräfte erneut zunutze. Um Davidowitch zu binden, ließ er Vaubois zurück und eilte selber mit der Masse des Heeres nach Osten Alvintzy entgegen.

Am 2. November musste Vaubois mit seinem sehr viel schwächeren Verband vor Davidowitch nach Süden zurückweichen. Am 6. November kam es zu einer Begegnung zwischen den Franzosen und Alvintzys Vorhut, in deren Verlauf Bonaparte auf Verona zurückging. Von dort aus griff Bonaparte am 12. November die österreichischen Spitzenverbände bei Caldiero erneut an, doch wurde er aber wieder abgewiesen und kehrte nach Verona zurück. Schließlich kam es vom 15. bis 17. November zu der erbitterten Schlacht von Arcole, bei der Bonaparte überraschend in Alvintzys Flanke und Rücken auftauchte. Dies gab den Ausschlag, die Abwehr zerbrach und das Heer wurde zum Rückzug gezwungen. Bonaparte wandte sich daraufhin unverzüglich Davidowitch zu, und trieb ihn am 19. November ebenfalls nach Norden zurück.

Im Januar 1797 unternahm Alvintzy einen neuerlichen Versuch zum Entsatz von Mantua. Mit der aus 28 000 Mann bestehenden Masse seines

Heeres marschierte er im Tal der Etsch nach Süden, während ein Verband von 6000 Mann von Bassano auf Verona, ein weiterer von 9000 Mann von Padua über Legnano auf Mantua vorrückte. Sobald Bonaparte Kenntnis von den österreichischen Bewegungen erhalten hatte, zog er das Gros seiner Streitkräfte auf dem Plateau von Rivoli, zwischen der Etsch und dem Gardasee, zusammen. Aber noch vor Beendigung dieses Aufmarsches wurde er hier am 14. Januar von Alvintzy angegriffen. Dieser wurde in der anschließenden Schlacht von Rivoli jedoch besiegt und nach Norden zurückgedrängt.

Würmser hatte inzwischen versucht, sich durch einen Ausfall aus Mantua mit den herannahenden Entsatztruppen zu vereinigen, doch der französische Einschließungsring hielt solange, bis Bonaparte von Rivoli zu Hilfe kam. Er erzwang die Übergabe der Entsatzstreitkräfte und nahm am 2. Februar auch die Kapitulation von Würmser entgegen. Mantua befand sich wieder in französischer Hand.

Im März 1797 traf Erzherzog Karl auf dem italienischen Kriegsschauplatz ein, um Alvintzy im Kommando abzulösen. Kaum war die Kunde von der Ankunft dieses sehr viel fähigeren Generals zu Bonaparte gedrungen – sowie auch die Nachricht, dass der Gegner noch nicht wieder voll einsatzfähig sei –, als er sich auch schon zum Angriff entschloss und seine Truppen am 11. März in Marsch setzte. Die Masse des Heeres rückte direkt dem Erzherzog entgegen, welcher in Nordostitalien hinter dem Tagliamento stand, während Massena sich weit nach links ausholend auf den Tarvis-Pass zubewegte und Joubert die linke Flanke nach Tirol hin sicherte. Der Erzherzog, der vorerst nur hinhaltend zu kämpfen beabsichtigte, wich nach Norden und Osten über Laibach und Klagenfurt aus. Doch am 23. März attackierte er Massena, der vor ihm den Tarvis-Pass erreicht hatte, und wurde von diesem im Gefecht von Malborgetto geschlagen. Am 28. März traf Bonaparte in Klagenfurt ein. Er schlug einen Waffenstillstand vor, da seine Streitkräfte weithin verstreut und ihre Stellungen zu sehr auseinandergezogen waren, setzte aber trotzdem seinen Vormarsch fort, um nicht den Anschein von Schwäche zu erwecken. Am 7. April erreichte er Leoben, wo es zur Einstellung der Kampfhandlungen kam, und eröffnete am 18. April die Friedensverhandlungen, welche am 17. Oktober zum Vertrag von Campo Formio führten.

DER ÄGYPTISCHE FELDZUG 1798–99

Am 12. April 1798 wurde die Orientarmee aufgestellt und Bonaparte an ihre Spitze berufen. Die Masse des ägyptischen Expeditionskorps ging am 19. März unter starker Flottenbedeckung von Toulon aus in See, wo Geleitzüge von Genua, Korsika, Marseilles und Civitavecchia zu ihr stießen. Am 12. Juni wurde Malta angelaufen und besetzt, und am 1. Juli erfolgte die Ausschiffung an der ägyptischen Küste unweit Alexandria, welches anderntags genommen wurde.

Bonaparte hatte sich die besten Regimenter der italienischen Armee ausgesucht, und seine 36 000 Soldaten stellten vermutlich die schlagkräftigste Truppe dar, über welche Frankreich damals verfügte. Die berühmte Mamelucken-Reiterei des ägyptischen Heeres war ihr denn auch nicht gewachsen, und am 21. Juli besiegelte Bonaparte mit seinem Sieg in der Schlacht an den Pyramiden die Eroberung des Landes. Kairo fiel am darauffolgenden Tage in seine Hand. Am 31. Juli überraschte und zerstörte Nelson die französische Flotte, welche Bonaparte bis zur Schlacht am Nil begleitet hatte. Die Ägyptenarmee war damit von Frankreich abgeschnitten. Am 31. Januar 1799 fiel Bonaparte mit 13 000 Mann in Syrien ein, während die Reste seines Heeres zum Schutze Ägyptens zurückblieben. Jaffa fiel am 7. März und am 17. wurde die Festung Akka eingeschlossen. Der Versuch einer türkischen Armee, Akka zu entsetzen, endete am 17. April in der Schlacht am Berge Tabor mit deren Niederlage. Die Festung selber aber leistete unter dem britischen Commodore Sir Sydney Smith einen derart hartnäckigen Widerstand, dass Bonaparte am 20. Mai die Belagerung aufhob – zumal die Pest unter seinen Truppen ausgebrochen war – und am 14. Juni nach Kairo zurückkehrte.

Am 15. Juli landeten türkische Verbände aus Rhodos unter britischem Flottenschutz bei Aboukir, mussten dann aber am 25. Juli durch Bonaparte eine Schlappe einstecken.

Am 22. August schließlich übergab Bonaparte den Oberbefehl an Kleber und kehrte nach Frankreich in einer Fregatte zurück, der es gelang, allen Nachstellungen durch englische Schiffe zu entgehen.

OPERATIONEN IN ITALIEN, 1799

Gegen Ende des Jahres 1798 flackerten in Italien neue Kämpfe auf, welche durch die im November erfolgte zeitweilige Besetzung Roms durch eine neapolitanische Armee ausgelöst wurden. Lange sollten sich die Neapolitaner dieses Erfolges jedoch nicht erfreuen, denn die Franzosen unter Championnet warfen sie am 15. Dezember wieder hinaus. In Norditalien übernahm im März 1799 Scherer den Oberbefehl über die französischen Verbände. Die Italienarmee befand sich aber in keiner besonders guten Verfassung, da Bonaparte die besten Regimenter nach Ägypten mitgenommen hatte. Als Scherer sie am 26. März bei Verona gegen die Österreicher führte, wurde er abgewiesen und am 5. April in der Schlacht von Magnano geschlagen. Jetzt traf auch noch der gefürchtete Suwaro mit einem russischen Heer ein und erhielt das Oberkommando über die alliierten Streitkräfte. Er ließ den Österreicher Kray zur Belagerung von Mantua zurück und zwang das französische Feldheer zum Rückzug.

Scherer wurde von Moreau abgelöst, doch vermochte auch dieser nicht, mit seinen 30 000 Mann die 65 000 Suwarows zum Stehen zu bringen. Sie rückten am 28. April in Mailand ein und kurz darauf auch in Turin. Macdonald eilte nun mit den 35 000 Mann der französischen Südarmee Moreau zu Hilfe. Nachdem er von Suwarow am 17./19. Juni in der Schlacht an der Trebbia geschlagen war, wandte er sich westwärts und vollzog bei Genua die Vereinigung mit Moreau. Suwarow verfolgte die vereinigten französischen Streitkräfte und drängte sie bis an die Riviera ab. Am 5. August 1799 wurde Moreau durch Joubert ersetzt. Zehn Tage später kam es zur Schlacht von Nove, in der Jouberts 35 000 Mann die 50 000 Suwarows angriffen. Die Franzosen unterlagen und Joubert wurde getötet. Die nun einsetzende Verfolgung der Italienarmee durch Suwarow fand erst dadurch ihr Ende, dass die französische Alpenarmee unter Chamionnet über den Mont-Cenis-Pass herbeieilte. Suwarow wurde jetzt angewiesen, das Kommando in Italien an den österreichischen Marschall von Melas zu übergeben und selber mit 20 000 Russen in die Schweiz einzumarschieren. Am 4. November besiegten Melas' 60 000 Österreicher in der Schlacht von Fossano die französische Italienarmee unter Championnet und jagten sie über die Alpen zurück.

OPERATIONEN IN DEUTSCHLAND, MÄRZ 1799

Im März 1799 überschritt Jourdan mit der 40 000 Mann starken Donauarmee den Rhein bei Kehl und marschierte den doppelt so starken Österreichern des Erzherzog Karl entgegen. Bei Ostrach wurde er am 21. März zum Stehen gebracht. Vier Tage später griff er die Österreicher erneut bei Stockach an, erlitt aber eine Schlappe und musste sich über den Rhein zurückziehen. Darauf legte er das Kommando nieder.

DER BRITISCHE EINSATZ IN DEN NIEDERLANDEN, AUGUST BIS OKTOBER 1799

Ein britisches Expeditonskorps unter Führung des Duke of York landete im August 1799 in Nordholland, unweit der Insel Texel. Verstärkt durch 9000 Russen griff er am 16. September bei Bergen die französisch-niederländische Armee unter Brune an. Durch fehlerhaftes Verhalten der russischen Führung wurde daraus jedoch ein Misserfolg. Ein zweiter Angriff am 2. Oktober führte hingegen zum Ziel. Brunes Armee wurde geschlagen und musste sich vor den verfolgenden Alliierten zurückziehen. Als York am 6. Oktober Brune zum drittenmal angriff, war es erneut die Unfähigkeit der Russen, welche ihn um die Früchte des Sieges brachte. Am 16. Oktober kam es zu einer Konvention, als deren Ergebnis sich die Alliierten zwar von holländischem Territorium zurückziehen mussten, doch blieb die niederländische Flotte im Besitz der Briten, nachdem sie sich diesen zuvor in Texel ergeben hatte.

OPERATIONEN IN DER SCHWEIZ, 1799

Im März 1799 trat die 30 000 Mann starke französische Helvetia-Armee unter Masséna an, um bei den bevorstehenden Kampfhandlungen den Schutz der rechten Flanke der Armee Jourdan zu übernehmen. Er überschritt den Oberrhein bei Mayenfeld und fing fast die gesamten österreichischen Verbände in Stärke von 7000 Mann in ihren Garnisonen, welche im Raum Chur stationiert waren.

Da sein linker Flügel aber nicht vorankam, legte er eine Pause ein, um die Auswirkungen von Jourdans Offensive abzuwarten, und entsandte währenddessen Lecourbe mit einem Detachment von 10 000 Mann das Inntal herunter nach Tirol, wo ein kleinerer Verband der Italienarmee zu ihm stieß.

Als Ergebnis von Jourdans Niederlage musste Masséna jetzt zur Abwehr übergehen, und Lecourbe an seiner rechten Flanke war gezwungen, sich unter dem Druck überlegener Feindkräfte über den Oberrhein zurückzuziehen.

Im folgenden Monat wurden die Helvetische- und die Donau-Armee vereinigt, und diese neue Donau-Armee Masséna unterstellt. Angesichts der 80 000 Österreicher unter Erzherzog Karl nahm Masséna die Masse seiner Truppen mit 45 000 Mann auf Zürich zurück. Hier griff ihn Karl am 4. Juni an, wurde aber zurückgewiesen. Trotzdem setzte sich Masséna drei Tage später auf eine etwas stärkere Stellung ab. Im August schlug Masséna die Österreicher im Gebiet von Rhône und Oberrhein, wurde aber am 14. bei Zürich zum Stehen gebracht. Am 16. August attackierten die Österreicher seine linke Flanke bei Dottingen. Masséna seinerseits griff am 25. September bei Zürich wieder an. Es gelang ihm, den Österreichern eine empfindliche Niederlage beizubringen, da diese durch den Abzug des Erzherzog Karl sehr geschwächt waren, welcher sich mit dem Duke of York in den Niederlanden vereinen wollte. Suwarow hatte mit seiner russischen Armee zwar schon den St. Gotthard überschritten, kam aber den Österreichern zu spät zu Hilfe und musste sich ebenfalls zurückziehen.

DER ITALIENISCHE FELDZUG VON 1800

Am 9. November 1799 wurde Bonaparte Erster Konsul und Diktator von Frankreich. Er befahl am 25. Januar 1800 die Aufstellung einer Reservearmee von 60 000 Mann im Raume Dijon. Masséna, welcher jetzt den Oberbefehl in Italien führte, wurde am 6. April angegriffen und musste sich am 24. April mit seiner in zwei Teile zersplitterten Armee zurückziehen. Er selber wurde mit 10 000 Mann in Genua eingeschlossen und Suchet mit 13 000 Mann auf Nizza zurückgedrängt.

Diese Niederlage veranlasste Bonaparte, der erst 30 000 Mann starken Reservearmee den Befehl zur Verlegung nach Genf zu geben, um sich dort für einen Einmarsch nach Italien bereitzuhalten. Sein Bestreben galt der Vernichtung der Armee Melas, zu welchem Zweck er Masséna anwies, den Feind mindestens bis zum 30. Mai in Genua zu binden. Die Offensive begann im Mai. Bonaparte führte das Gros seines Heeres über den Großen St. Bernhard-Pass, während Ablenkungsverbände über den Mont Cenis, Kleinen St. Bernhard, Simplon und St. Gotthard-Pass vordrangen. Nachdem große Schwierigkeiten bei der Überschreitung des Passes gemeistert worden waren, versammelte sich die Masse des Heeres am 26. Mai im Raum Ivrea. Von da stieß Bonaparte weiter auf Mailand vor, welches er am 2. Juni besetzte. Er hatte gehofft, im Anschluss daran Masséna entsetzen zu können, doch der Hunger hatte den tapferen General inzwischen gezwungen, sich und seine Truppen dem österreichischen Gegner Ott zu ergeben; unter Bedingungen allerdings, die es ihm gestatteten, sich mit allen Leuten und der gesamten Ausrüstung mit der französischen Hauptmacht zu vereinigen.

Melas, dessen rückwärtige Verbindungen von Bonaparte bedroht wurden, wandte sich jetzt ostwärts und befahl am 31. Mai den Aufmarsch seiner gesamten Verbände in und um Alessandria. Ott, der nach dem Fall von Genua weiter nach Norden vorgedrungen war, stieß am 9. Juni bei Montebello auf das französische Reservekorps unter Lannes. Dieser erhielt Verstärkung durch das Korps Victor, und gemeinsam gelang es ihnen, Ott auf Alessandria zurückzuwerfen.

Bonaparte glaubte, dass Melas keine Schlacht riskieren und sich zurückziehen wollte. In Unkenntnis der österreichischen Maßnahmen, rückte er in drei weit auseinandergezogenen Kolonnen vor. Hierbei stieß die stärkste Heeressäule am Abend des 13. Juni in Marengo auf feindliche Verbände, die sich darauf in Richtung auf das 1½ km entfernte Alessandria absetzten.

Tags darauf begann die Schlacht von Marengo, nachdem Melas mit 28 000 Soldaten von Alessandria aus zum Angriff herangerückt war. Bonaparte standen für den Augenblick lediglich die Korps Victor und Lannes mit zusammen rund 14 000 Mann, sowie drei schwache Kavalleriebrigaden zur Verfügung, die es aber auch nicht auf mehr als 2000 Säbel brachten. Melas' Angriff warf die Franzosen 3½ Kilometer zurück, und schon meinte er den Sieg errungen zu haben. Aber das 9000 Mann starke Korps Desaix sowie noch andere Verbände kamen Bonaparte jetzt zur Hilfe, und mit ihrer Unterstützung trat er in den Abendstunden zum Gegenangriff an. Nach einem erbitterten Ringen, in dem Desaix den Tod fand, entschied Kellermans Reiterattacke schließlich den Ausgang der Schlacht, und das österreichische Heer wurde in die Flucht getrieben. Melas ersuchte anderntags um einen Waffenstillstand, dessen Konditionen ihm den Rückzug über den Mincio gestatteten.

DER DEUTSCHE FELDZUG VON 1800–1801

Im Verlauf des Monats Mai drängte Moreau den österreichischen General Kray nach Bayern ab und besiegte ihn am 3. Mai bei Stockach, am 5. Mai bei Möskirch und am 19. Juni bei Hochstadt. Aufgrund des oben erwähnten Waffenstillstands trat dann eine Kampfpause ein, welche vom 15. Juli bis 13. November andauerte. Als die Feindseligkeiten schließlich wieder auflebten, trat der Erzherzog Johann an die Stelle von Kray. Moreau schlug ihn am 3. Dezember in der Schlacht von Hohenlinden entscheidend und rückte anschließend weiter auf Wien vor, während Macdonald von der Schweiz aus in Tirol einfiel und Brune, der das Oberkommando in Italien erhalten hatte, sich den Julischen Alpen näherte. Am 25. Dezember suchten die Österreicher um Frieden nach.

ÄGYPTEN, 1800–1801

Am 21. Januar 1800 erklärte sich Kléber in der Konvention von El Arish bereit, im Austausch für die freie Heimkehr seiner Truppen nach Frankreich, Ägypten zu räumen. Doch Großbritannien ratifizierte diese Übereinkunft nicht. Darauf schlug Kléber am 20. März die Türken bei Heliopolis und besetzte Kairo von neuem. Am 14. Juni wurde er ermordet und Menou trat an seine Stelle. Im darauffolgenden Jahr landete am 8. März ein britisches Detachment unter Abercromby bei Aboukir und besiegte Menou's Armee; allerdings fiel Abercromby dabei. Britische und türkische Truppen nahmen anschließend Kairo und Alexandria, und am

31. August sah sich Menou zur Kapitulation gezwungen. Den aus 26 000 Mann bestehenden Resten seines Heeres wurde gestattet, nach Frankreich zurückzukehren.

ULM, 1805

Am 27. März 1802 kam zwischen Frankreich und Großbritannien der Friede von Amiens zustande. Doch am 16. Mai 1803 brachen die Feindseligkeiten erneut aus und Napoleon begann mit den Vorbereitungen einer Invasion in England. Am 2. Dezember 1804 ließ er sich zum Kaiser der Franzosen krönen. Die Konzentration von Truppen und Schiffen für den Landungsversuch in England wurde so weit vorangetrieben, dass zu Anfang des Jahres 1805 die Masse des französischen Heeres um Boulogne versammelt war, während rund 50 000 Mann unter Masséna in Italien standen. Doch da die Franzosen es versäumt hatten, der Royal Navy die Kontrolle des Ärmelkanals zu entreißen, und sich außerdem eine militärische Bedrohung in Österreich und Russland abzeichnete, wurde der Invasionsplan schließlich aufgegeben.

Und in der Tat waren Russland und Österreich drauf und dran, sich auf Frankreich zu werfen. Der allgemeine Aufmarschplan sah zunächst einen österreichischen Vormarsch auf Mailand sowie auf die Iller in Bayern vor. Nach Eintreffen der russischen Verstärkungen sollten dann die an der Iller stehenden Verbände die französische Armee bei Straßburg aufsuchen und schlagen.

Napoleon erfuhr von dem österreichischen Aufmarsch und verließ am 23. August mit der Großen Armee von rund 200 000 Soldaten den Raum Boulogne, um sich gen Osten zu wenden. Inzwischen war am 2. September der österreichische General Mack von Leiberich (dem Namen nach führte Erzherzog Ferdinand) mit einem Heer von 72 000 Mann auf Ulm vorgerückt, während Erzherzog Karl sich anschickte, mit 94 000 Mann Masséna anzugreifen. Zur Verstärkung von Mack befand sich eine russische Armee von 98 000 Mann im Anmarsch, und in Tirol standen 22 000 Österreicher unter dem Erzherzog Johann.

Am 25. September überschritt die in breiter Front vorgehende französische Armee den Rhein. Mack, welcher zwischen München und Ulm stand, hatte vom Anrücken der Großen Armee aus dem Raum Boulogne bisher noch nichts erfahren. Da seine Nordflanke durch das neutrale preußische Gebiet von Ansbach gedeckt war, rechnete er nur mit einem Angriff aus dem Westen. Murat's Verhalten schien diese Annahme auch zu verstärken; doch während dessen Kavallerie westlich Ulm noch aller Augen auf sich zog, überschritt die Masse des Französischen Heeres unter Bruch der preußischen Neutralität die Donau ostwärts Ulm, und rückte von dort auf die Stadt vor. Erzherzog Ferdinand kehrte seiner eingeschlossenen Armee den Rücken und floh. Dem Korps Werneck gelang zwar der Durchbruch nach Norden und die Störung der französischen Nachschubverbindungen, aber Mack blieb nichts anderes übrig, als sich am 20. Oktober mit der Masse der Truppen zu ergeben. Vier Tage zuvor war es Murat schon gelungen, Werneck und sein Korps einzuholen und ebenfalls zur Kapitulation zu zwingen, wodurch insgesamt 50 000 Österreicher den Franzosen in die Hände fielen.

AUSTERLITZ, 1805

Nach seinem Sieg bei Ulm setzte Napoleon am 26. Oktober seinen Vormarsch nach Osten fort, wozu er die Korps Ney und Augerau detachierte, die eine Bedrohung aus Tirol durch Erzherzog Johann unterbinden sollten.

Das Desaster von Ulm hatte aber auch die Stellungen der übrigen österreichischen Armeen unhaltbar gemacht. Zwar griff Erzherzog Karl am 29./30. Oktober Masséna bei Caldiero noch einmal an, doch galt dies eigentlich nur der Deckung des Rückzugs seiner eigenen Armee und der des Erzherzogs Johann.

Der russische General Kutusow hatte mit 36 000 Russen und 22 000 Österreichern in der Zeit vom 12. bis 25. Oktober entlang dem Inn Stellung bezogen. Angesichts der Niederlage von Mack und Napoleons Annäherung gab er jedoch diese sowie auch die Festung Braunau auf und zog sich am 29. Oktober nach Osten zurück. Als er am 9. November bei Krems auf das Nordufer der Donau überwechselte, gelang es den verfolgenden Franzosen, sein österreichisches Korps daran zu hindern und zu vernichten. Kutusow warf sich daraufhin am 11. November mit weit überlegenen Kräften auf das am Nordufer abgeschnittene französische Korps Mortier, doch wehrte dies unter schweren eigenen Verlusten die Russen ab.

Am 13. November gelang es Murat und Lannes, sich durch ein kühnes Täuschungsmanöver in den Besitz der Donaubrücke bei Wien zu setzen, und schon kurz danach strömten französische Truppen über sie hinweg und hefteten sich an die Fersen des flüchtenden Gegners.

Am 17. Dezember entschied sich Napoleon, seine Armee um die Festung Brünn herum zu versammeln, einem wichtigem Straßenknotenpunkt etwa 110 km nördlich von Wien, wo eine starke Garnison zurückgelassen wurde. Die Masse seines Heeres – rund 100 000 Mann – stellte er in einem riesigen Rechteck von etwa 110 x 80 km so auf, dass er jederzeit nach allen Richtungen losschlagen konnte.

Der zumeist aus Russen bestehende Hauptgegner in Stärke von 86 000 Mann stand bei Olmütz unter dem Befehl von Zar Alexander, während sich Erzherzog Ferdinand mit den ihm von seiner Armee noch verbliebenen 9000 Mann in Prag aufhielt. Die Erzherzöge Karl und Johann, die noch über rund 80 000 Soldaten verfügten, befanden sich auf dem Rückzug nach Ungarn – verfolgt von Masséna mit seinen 35 000 Mann, während die Korps Ney und Marmont mit ihren insgesamt 20 000 Mann die nördlichen Alpenübergänge sperrten.

Kutusow, der wohl fähigste Heerführer unter Alexander, hatte vor, Napoleons rechte Flanke zu umgehen, um die rückwärtigen Verbindungen abzuschneiden, doch hatte dieser den Plan durchschaut. Am 27. November setzten sich die alliierten Truppen in Bewegung. Napoleon reagierte unverzüglich, indem er seine Armee zusammenzog, und mit Front nach Osten 3½ km westlich des Dorfes Austerlitz Stellung bezog. Bernadottes Korps, welches weit auseinandergezogen etwa 50 km weiter westlich stand, sowie das in Wien liegende Korps Davout, erhielten Befehl, in Gewaltmärschen herbeizueilen. Um die Alliierten zum Angriff zu verleiten, hatte Napoleon seine Truppen auf einer Ebene so aufmarschieren lassen, dass die rechte Division in einer dünnen Front über 3 km verteilt in der Luft zu hängen schien. Die Masse seiner Armee stand indessen auf dem linken Flügel, angelehnt an die Straße Brünn–Olmütz.

Nachdem die Alliierten die Schwäche an Napoleons rechtem Flügel auch prompt erkannt hatten, taten sie ihm den Gefallen und entschieden sich am 1. Dezember zum Angriff auf diesen, zugleich auch um die französische Verbindung mit Wien zu unterbrechen. Der Angriff fand am darauffolgenden Morgen statt, und der inzwischen von Davout verstärkte rechte französische Flügel musste weichen. Gegen 9 Uhr waren bereits ein Drittel der alliierten Verbände hier eingesetzt und immer weitere wurden nachgezogen. Jetzt erst warf Napoleon das in seinem Zentrum stehende Korps Soult in die Schlacht, mit dem Auftrag, die beherrschenden Höhen von Pratzen zu nehmen und die alliierte Front aufzureißen. Soult wendete sich im Anschluss daran nach rechts, rollte den linken Flügel der Alliierten auf und schlug ihn in die Flucht. Bernadotte ging mit seinem Korps an der von Soult geschaffenen Einbruchstelle vor, und am linken französischen Flügel attackierte das Korps Lannes den rechten Flügel der Alliierten, deren Widerstand Murats Kavallerie dann schließlich endgültig brach. Bei Einbruch der Nacht hatte die alliierte Armee zu bestehen aufgehört.

Am 4. Dezember legte Kaiser Franz bedingungslos die Waffen nieder und die Reste des russischen Heeres zogen sich in ihr Land zurück. Im Frieden von Preßburg, am 26. Dezember, schied Österreich aus den Reihen der Kriegsparteien aus.

JENA, 1806

1806 kam es zur preußischen Gründung einer norddeutschen Liga als Gegengewicht zu Napoleons Rheinbund. Eine einflussreiche Kriegspartei errang, unterstützt von Königin Luise, die Oberhand, und am 10. August begann die Mobilisierung der preußischen Armee. Am 6. September fiel Preußen in Sachsen ein und zwang das Land zu einer Allianz, und am 26. September richtete es ein unannehmbares Ultimatum an Frankreich.

Die Masse der französischen Großen Armee befand sich noch in Süddeutschland, und von hier aus beabsichtigte Napoleon nun auch gen Norden anzugreifen, mit allgemeiner Marschrichtung auf Berlin. Er versammelte sein Heer im Nordostteil Bayerns, nicht weit von der österreichischen Grenze, und trat am 8. Oktober den Vormarsch an. Ein dünner Kavallerieschleier bildete die Spitze (bei größeren Verbänden schwerer Kavallerie wäre es im Thüringer Wald zu Verstopfungen gekommen), und dahinter marschierte auf 50 km Breite das Gros in drei parallelen Kolonnen und mit einer Tagesmarschleistung von durchschnittlich 24 km. Die linke Flanke der Preußen wurde umgangen, und bei Saalfeld ein kleinerer preußischer Verband durch die vorderste Marschsäule unter Lannes überwältigt. Nachdem sich Napoleon jetzt Gewissheit verschafft hatte, dass die Preußen mit Masse links von ihm standen, verschob er die Truppen von Davout und Bernadotte auf den rechten Flügel, zugleich mit dem Befehl, über Naumburg nach Westen vorzustoßen, und die rückwärtigen Verbindungen der Preußen abzuschneiden, während er selber mit den verbleibenden Korps weiter auf Jena vorrückte.

Sobald die Preußen von Davout's Bewegung Kenntnis erhalten hatten, wurde beschlossen, den Herzog von Braunschweig mit seinen 63 000 Mann entlang der Saale zurückgehen zu lassen, um sich mit dem württembergischen Korps zu vereinigen, welches zur Verstärkung der Hauptarmee nach Süden marschierte. Zur Deckung dieses Rückzuges sollten Prinz Friedrich Hohenlohe mit seinen 35 000 und Rüchel mit 13 000 Mann in Jena bzw. Weimar stehenbleiben. Am frühen Morgen des 13. Oktober nahmen die Franzosen den Landgrafenberg in Besitz, die beherrschende Höhe im Norden von Jena, von wo aus die gesamte Hohenlohesche Armee einzusehen war. Nach Einbruch der Dunkelheit versammelte sich hier das französische Heer, und Napoleon entsandte Davout saaleaufwärts mit dem Auftrag, die Preußen in der linken rückwärtigen Flanke zu packen, gegebenenfalls von Bernadotte aus geeigneten Stellungen unterstützt.

Am 14. Oktober griff Napoleon mit Tageseinbruch Hohenlohe an, und gegen Mittag räumten die Preußen in aufgelösten Haufen das Schlachtfeld. Am gleichen Tag stieß auch Davouts Kavalleriespitze auf Braunschweigs Avantgarde. Die Preußen formierten sich und attackierten, und sechs Stunden lang gelang es Davout den unaufhörlichen Angriffen überlegener Feindverbände standzuhalten. Im Verlauf der Kämpfe um das Dorf Auerstedt wurde der Herzog von Braunschweig tödlich verwundet und König Friedrich Wilhelm übernahm nun persönlich das Kommando. Bernadotte, der rund 16 km entfernt von Auerstedt stand, traf seinerseits keine Anstalten, um Davout zu Hilfe zu eilen, obwohl der heftige Kampflärm nicht zu überhören war. Doch Davout erkannte den richtigen Augenblick für einen Gegenangriff und wendete so das Blatt entscheidend zu seinen Gunsten.

Als die Nacht hereinbrach, bestand die Armee des Königs von Preußen nicht mehr.

DER FELDZUG GEGEN RUSSLAND, 1807

Angesichts der feindseligen russischen Haltung entschloss sich Napoleon zum Einmarsch in Ostpreußen und zur Besetzung Warschaus, um von dort aus ein unabhängiges Polen zu errichten. Am 28. November zog Murat in Warschau ein, und in den ersten Dezembertagen überschritten französische Truppen die Weichsel und drangen gegen heftigen russischen Widerstand weiter vor. Einem russischen Gegenangriff blieb der Erfolg versagt und der französische Vormarsch ging unaufhaltsam weiter. Bennigsen, der das russische Heer an diesem Frontabschnitt führte, griff am 18. Januar 1807 südlich Königsberg das Korps Ney an und zwang es zum Rückzug. Am 25. Januar wandte sich Bennigsen gegen Barnadotte, der nach anfänglichen Erfolgen ebenfalls weichen musste. Jetzt fasste Napoleon die Masse seiner Armee zusammen und bedrohte die rückwärtigen Verbindungen der Russen. Bennigsen trat daraufhin den Rückzug an. Er wurde am 7. Februar bei Preußisch-Eylau von Napoleon eingeholt. Dieser griff in heftigem Schneesturm am 8. Februar mit seinen 44 500 Mann die gegenüberstehenden 67 000 Russen an. Der erste Ansturm gegen die russischen Linien in der Schlacht von Eylau scheiterte. Augeraus Korps verfehlte bei dem dichten Schneefall sein Angriffsziel und wurde arg gerupft. Daraufhin schickte Napoleon Murat mit der Kavallerie-Reserve in die Schlacht, welche unter schweren eigenen Verlusten das russische Zentrum zum Stehen brachte. Davout wandte sich jetzt gegen die linke Flanke der Russen, doch das preußische Korps unter Lestocq traf gerade noch rechtzeitig ein, um seinen Erfolgen einen Riegel vorzuschieben. Spät am Abend traf schließlich auch noch das Korps Ney auf dem Kampfschauplatz ein und trat gegen 8 Uhr gegen die rechte Flanke der Russen an. Bennigsen zog sich im Laufe der Nacht zurück und überließ den Franzosen das Schlachtfeld. Aber für Napoleon war es ein Sieg ohne Entscheidung, bei dem beide Seiten jeweils rund 25 000 Mann verloren hatten. Am 15. März begannen die Franzosen mit der Belagerung von Danzig und nahmen die Stadt, trotz russischer und preußischer Entsatzversuche, am 27. April ein.

Am 5. Juni nahm Bennigsen die Offensive wieder auf und warf Ney zurück; hingegen vermochte das Korps Lestocq gegen Bernadotte nichts auszurichten. Napoleon konzentrierte seine Armee im Raume nördlich

Allenstein, und der besorgte Bennigsen wich daraufhin auf ein System von Feldbefestigungen in und um Heilsburg aus. Hier griffen die Franzosen am 10. Juni an, wurden aber abgewiesen. Trotzdem zog sich Bennigsen in der Nacht vom 11. auf den 12. Juni weiter zurück. Am 13. Juni gelang es Napoleon, seine Truppen durch geschicktes Manövrieren zwischen die Russen bei Friedland und das preußische Korps bei Königsberg zu schieben. Er befahl Lannes Friedland zu nehmen, doch dieser sah sich dabei unerwartet den gesamten Streitkräften Bennigsens gegenüber. Napoleon schickte ihm Mortier und Grouchy zu Hilfe und folgte ihm nach, indem er zugleich auch noch Ney und Nansouty detachierte. In den frühen Morgenstunden des 14. warf sich Bennigsen auf Lannes, doch gelang es diesem, sich mit seinen 26 000 Mann neun Stunden lang den 60 000 Russen zu widersetzen. Gegen Mittag traf Napoleon auf dem Kampfschauplatz ein, wo er auf das Eintreffen der zur Verstärkung herbeieilenden Korps wartete. In den Abendstunden erfolgte dann mit den Korps Ney und Victor der Gegenangriff auf Bennigsens linke Flanke, bei dem es dem massierten Artillerieeinsatz Victors gelang, die russische Infanterie aus ihren Verteidigungsstellungen zu schießen. Im Gegensatz zu Eylau handelten sich die Russen bei Friedland eine entscheidende Niederlage ein. Lestocq gab am 15. Juni Königsberg auf und zog sich auf Tilsit zurück. Nachdem Napoleon am 19. Juni auch dieses eingenommen hatte, wurde den Russen auf Ersuchen ein Waffenstillstand gewährt. Schließlich kam es zum Friedensschluss mit Russland und Preußen, der von Napoleon und Alexander auf einem Floß inmitten des Njemen ausgehandelt wurde.

DIE FELDZÜGE AUF DER IBERISCHEN HALBINSEL, 1807–1808

Im November 1807 drang mit spanischer Erlaubnis ein französisches Heer unter Junot in Portugal ein und besetzte am 1. Dezember Lissabon. Eine weitere französische Armee unter Murat fiel im März 1808 in Spanien ein und setzte sich in den Besitz von Madrid. Im Mai wurde Joseph Bonaparte zum König von Spanien gekrönt. Aber schon gegen Ende des gleichen Monats flammte überall in Spanien der Aufstand auf. Ein französisches Korps unter der Führung von Dupont musste am 20. Juli bei

Baylen vor einem spanischen Heer die Waffen strecken. Die Nachricht davon erreichte Madrid am 28. Juli, woraufhin sich Joseph am 1. Juli auf den Ebro zurückzog.

Zwischen dem 1. und 5. August landete Sir Arthur Wellesley nördlich von Lissabon in der Bucht von Mondego mit einem britischen Heer und besiegte am 21. August Junot in der Schlacht von Vimiero. Junot kapitulierte am 30. August und durfte seine Truppen über See nach Frankreich evakuieren.

Am 25. September übernahm Sir John Moore den britischen Oberbefehl in Portugal und rückte in Spanien ein. Napoleon, der inzwischen das Kommando in Spanien persönlich übernommen hatte, eröffnete am 9. November erneut die Kampfhandlungen mit dem Ziel, die Lage in Spanien wieder in die Hand zu bekommen. Schon am darauffolgenden Tag fiel Burgos. Am 2. Dezember stand er vor den Außenbezirken von Madrid und zog am 4. ein, nachdem die Stadt sich ergeben hatte. Am 21. erhielt er die Kunde von der Anwesenheit britischer Infanterie in Valladolid und machte sich unverzüglich auf, um Moores Heer anzugreifen und zu vernichten. Als dieser von Napoleons Anrücken erfuhr, wich er am 23. nach Nordwesten aus.

Am 2. Januar 1809 entschloss sich Napoleon zur Rückkehr nach Paris, da aus Österreich Kriegsdrohungen zu vernehmen waren. Soult erhielt das Kommando und den Befehl, die Verfolgung Moores fortzusetzen. Bei Coruna an der spanischen Küste macht Moore schließlich kehrt und stellte sich zum Kampf. Soult wurde geschlagen, und ungestört konnten die Briten sich einschiffen, obwohl ihr Oberbefehlshaber auf dem Schlachtfeld geblieben war.

FELDZUG GEGEN ÖSTERREICH, 1809

Seit drei Jahren hatte Erzherzog Karl alle Anstrengungen auf die Aufstellung und Ausbildung eines frischen Heeres verwendet, um einem neuerlichen Waffengang mit Frankreich gewachsen zu sein. Nachdem ein Großteil der napoleonischen Armee in Spanien gebunden war, schien Österreich die Stunde zum Losschlagen gekommen. Eine Armee unter Erzherzog Karl fiel am 9. April in Bayern ein, eine andere unter Erzherzog Johann in Italien.

Am 16. April wurde Johanns Armee ostwärts des Tagliamento bei Sacile von Prinz Eugène de Beauharnais angegriffen, konnte diesen aber abweisen und zum Rückzug über die Piave zwingen. In Tirol erhob sich ein Volksaufstand, in dessen Verlauf es zu Freiheitskämpfen zwischen den Einheimischen und den Bayern kam, die als Verbündete der Franzosen die Besatzungstruppen mit Nachschub versorgten.

Am 17. April traf Napoleon in Donauwörth ein, um das Kommando in Deutschland zu übernehmen. Bei seiner Ankunft musste er feststellen, dass sein Generalstabschef, Berthier, die französischen Truppen gefährlich auseinandergezogen hatte. Unverzüglich erließ er Befehle, um sie wieder zu konzentrieren, was trotz einiger kritischer Situationen und dank der österreichischen Trägheit schließlich auch gelang. Am 20. April trat Napoleon zum Angriff an, durchstieß das Zentrum der Österreicher in der Schlacht von Abensberg und warf deren rechten Flügel auf Regensburg und den linken auf Landshut zurück. Das französische Regiment, welches Regensburg verteidigte, musste vor den Österreichern allerdings kapitulieren.

Der linke Flügel der Österreicher unter Baron Hiller erlitt am 21. April eine erneute Schlappe durch die Franzosen und musste sich über die Isar zurückziehen. Napoleon wandte sich jetzt nach Norden, um sich mit Davout zu vereinigen, den er dort zurückgelassen hatte, um den rechten Flügel der Österreicher unter Erzherzog Karl in Schach zu halten. In der Schlacht von Eggmühl griff dieser Davout am 22. an.

Davout gelang es, bis zum Eintreffen Napoleons standzuhalten, und gemeinsam konnten sie sodann im Verlauf des Nachmittags den Sieg an die französische Fahnen heften. Am 23. trat Napoleon zum Angriff auf Regensburg an, welches von Karl zur Deckung seines Rückzuges über die Donau gehalten wurde. Die Franzosen eroberten zwar die Stadt, doch die Masse der österreichischen Truppen konnte ihnen entkommen. Als Folge seiner Siege rückte Napoleon am 13. Mai schließlich in Wien ein. Auf die Kunde von dem Sieg bei Eggmühl griff Eugène am 29. April auch Erzherzog Johann an und warf ihn zurück, und gegen Mitte Mai war es ihm ferner gelungen, die österreichischen Grenzbefestigungen zu durchbrechen.

Am 21./22. Mai schlug Napoleon die Schlacht von Aspern-Essling gegen die Österreicher, die sich auf dem Nordufer der Donau verschanzt hatten. Er überwand den Hauptarm der Donau bis zur Insel Lobau und von dort den Nebenarm bis hin zum anderen Ufer, doch gelang es den

Österreichern am zweiten Tage, die französische Brücke über den Hauptarm zu zerstören, indem sie mit Steinen schwer beladene Kähne auf diese zutreiben ließen. Da Napoleon auf diese Weise außerstande war, seine Truppen auf dem Nordufer zu verstärken und Munition nachzuführen, sah er sich zu deren Rücknahme gezwungen. Er verstärkte seine Brückenkolonne beträchtlich und desgleichen das um Wien aufmarschierte Heer. Die Insel Lobau verblieb als Brückenkopf in seiner Hand.

Am 14. Juni schlug Eugène bei Raab den Erzherzog Johann, der sich daraufhin zum Rückzug auf Pressburg genötigt sah. Napoleon seinerseits gelang es im Laufe der Nacht vom 3. auf den 4. Juli, über seine verstärkten und geschützten neuen Brücken weitere Truppen auf die Insel Lobau hinüberzuwerfen. Erzherzog Karl, dem diese Bewegung nicht verborgen blieb, hielt es daraufhin für geboten, sich angesichts der französischen Überlegenheit an Kavallerie und Artillerie auf eine rund 10 km entfernte neue Verteidigungslinie abzusetzen, welche beiderseits Wagram verlief. Zur Sicherung des nördlichen Donauarms bei Lobau blieben nur Nachhuten zurück. In den Morgenstunden des 5. Juli überwanden die Franzosen auf mehreren schnell eingefahrenen Pontonbrücken den Fluss ostwärts der Insel, wodurch sie Karls Deckungskräften die Flanke abgewannen. Am gleichen und auch noch am nächsten Tage kam es zur Schlacht von Wagram. Zwar versuchte Karl noch in der Frühe des 6. die Franzosen links zu umgehen, um sie von ihren Brücken abzuschneiden, doch misslang dieser Versuch. Napoleon brachte gegen das österreichische Zentrum über 100 Geschütze zum massierten Einsatz und trat nach der bis dahin stärksten Kanonade aller Zeiten zum Angriff auf den erschütterten Gegner an. Dessen Mitte konnte nicht länger standhalten, und auf seine linke Flanke stürzte sich Davout. Die Franzosen verloren in der blutigen Schlacht rund 34 000 Mann und die Österreicher gegen 40 000. Am 10. Juli suchten sie um einen Waffenstillstand nach.

DER IBERISCHE KRIEG, 1809–1812

Im März 1809 stand Wellesley, der das Oberkommando über die britischen Truppen in Portugal erneut übernommen hatte, wieder im Raum von Lissabon. Soult eroberte Oporto am 29. März, wurde aber von Wellesley am 12. Mai daraus vertrieben. Am 12. Juni drang Wellesley in Spanien ein und vereinigte sich mit der spanischen Armee. Bei Talavera kam es am 28. Juli zur Schlacht zwischen ihm und den angreifenden Verbänden Victors und Joseph Bonapartes, die eine Schlappe erlitten und sich auf Madrid zurückziehen mussten. Da der spanische General Cuesta seine Armee jetzt aber abzog, und andere französische Kräfte Wellesleys rückwärtige Verbindungen bedrohten, kehrte er nach Portugal zurück.

Im Verlauf des Winters von 1809–10 baute Wellesley – jetzt Viscount Wellington – eine starke Verteidigungsstellung im Raume Torres Vedras, nördlich von Lissabon, auf. Der erwartete französische Einfall in Portugal erfolgte im Juli 1810, worauf Wellington zunächst nur Ausweichbewegungen vollführte.

Am 29. September bezog er bei Busaco eine starke Stellung, wo er von Masséna angegriffen wurde. Er vermochte ihn abzuwehren und wich weiter bis auf die Linie von Torres Vedras aus, die er am 10. Oktober erreichte. Da die Stellung für Masséna unangreifbar war und überdies seine Lebensmittel schwanden, verzichtete er auf einen weiteren Vorstoß und machte im November kehrt.

Im April 1811 unternahm Masséna den Versuch, das von Wellington belagerte Almeida zu entsetzen, während Soult sich gleichzeitig bemühte, die durch Beresford erfolgte Einschließung von Badajoz aufzubrechen. Masséna griff Wellington an und wurde am 5. Mai in der Schlacht von Fuentes de Onoro geschlagen, und am 16. Mai musste Soult bei Albuera durch Beresford eine Niederlage einstecken.

Die beiden spanischen Grenzfestungen Cuidad Rodrigo und Badajoz fielen den Briten am 19. Januar bzw. 19. April 1812 in die Hand. Am 22. Juli besiegte Wellington Marmont (welcher inzwischen Masséna abgelöst hatte) in der Schlacht von Salamanca. Am 12. August besetzte er Madrid, musste sich dann aber in die Gegend von Cuidad Rodrigo zurückziehen, nachdem er zuvor im November 1812 bei Burgos eine Schlappe erlitten hatte.

DER RUSSISCHE FELDZUG, 1812

Im Verlauf des Mai 1812 stellte Napoleon eine Armee von 430 000 Mann für den Einfall in Russland auf, wobei ihm Österreich und Preußen zahlreiche Truppen widerstrebend zur Verfügung stellen mussten. Die Infanterie der Großen Armee bestand etwa zur Hälfte und die Kavallerie zu einem Drittel aus Ausländern, die sich aus Spaniern, Polen, Schweizern, Kroaten, Portugiesen, Württembergern, Italiern, Dalmatinern, Bayern, Sachsen, Illyriern, Neapolitanern, Preußen und Westfalen zusammensetzten. Den Schutz der rechten Flanke sollte eine österreichische Armee unter Schwarzenberg übernehmen.

Den Franzosen gegenüber lagen die Armeen von Barclay de Tolly (nördlich des Njemen, 127 000 Mann stark), Bagration (48 000 Mann zwischen Njemen und den Pripetsümpfen) sowie Tormassow (43 000 Mann) zum Schutz der Südwestgrenze.

Am 24. Juni überschritt Napoleon den Njemen bei Kowno und nahm die Stadt am gleichen Tage. Am 28. zog er in Wilna ein, doch regnete es am 20. derartig, dass sich die unbefestigten russischen Straßen in grundlosen Morast verwandelten und jede weitere Bewegung von Truppen oder Nachschub unmöglich machten. Am 8. Juli besetzte Davout Minsk und am 23. schlug er Bagration bei Mogilew. Im Lauf des August kam er zu einer Vereinigung der Armeen Bagration und Barclay de Tolly, über welche der Letztere den Oberbefehl übernahm. Barclay bezog Stellung bei Smolensk und Bagration wich weiter bis nach Dorogobusch aus. Am 17. August griff Napoleon Barclay bei Smolensk an. Die Stadt hielt zwar, doch wurde Barclay anderntags zum Rückzug gezwungen, den er unter Zweiteilung seiner Armee antrat. Die unter seiner Führung stehenden Verbände kamen aus nicht ganz ersichtlichen Gründen vom Wege ab und wurden am 19. August von den Franzosen bei Walutina angegriffen, kaum 5 km von Smolensk entfernt. Hierbei entging Barclay der völligen Vernichtung nur durch französische Führungsfehler. Am 29. August löste Kutusow Barclay im Kommando ab. Obwohl sich die Russen weiter zurückzogen, stellte sich Kutusow bei dem Städtchen Borodino noch einmal zum Kampf. Hier schlug Napoleon die Russen zwar am 7. September, doch blieb der eigentliche Ausgang offen und die Verluste auf beiden Seiten waren ungemein hoch.

Am 8. September setzte sich Kutusow auf Moskau ab, blieb aber nicht lange in der Stadt, sondern zog weitere 100 km in südostwärtiger Richtung bis nach Kolomna zurück. Am 14. September hielt Napoleon seinen Einzug in Moskau. Es war jedoch ein wirkungsloser Triumph, denn die Russen legten Feuer an die Stadt und da diese zumeist aus Holzhäusern bestand, wurde sie weitgehend ein Raub der Flammen. Am 6. September ernannte Napoleon Victor zum Befehlshaber des rückwärtigen Heeresgebiets und der zentralen Reserve.

Da russische Verbände die rückwärtigen Verbindungen bedrohten, entschloss sich Napoleon am 17. Oktober zum Rückzug nach Smolensk. Er hoffte, durch den Marsch über Kaluga und die dortigen reichen landwirtschaftlichen Gebiete zugleich auch seine Versorgungsprobleme lösen zu können. Doch am 24. Oktober kam es an der Brücke von Malo-Jaroslawez zu einem unentschiedenen Gefecht und die Franzosen mussten erkennen, dass die Straße nach Kaluga gesperrt war. Napoleon ließ diesen Plan daraufhin fallen und entschied sich für den Weg über Moschaisk. Am 4. November fiel der erste Schnee und bald waren auch alle Straßen vereist. Die Pferde starben rasch, so dass immer mehr Kanonen und Wagen die Bespannung verloren und viele Reiter absitzen mussten. Hierunter litt auch die Moral und in vielen Einheiten brach die Disziplin zusammen. Am 9. November traf die Spitze der Armee wieder in Smolensk ein. Am 12. November entschloss sich Napoleon für eine Fortsetzung des Rückzugs. Vier Tage später stieß man auf Kutusows Vorhut, welche westlich Smolensk die Straße bei Krasnoi verlegte. Das russische Korps Ojarowski wurde in erbittertem Ringen geworfen und der Weg wieder freigekämpft. Am 26./28. November gelang es Napoleons überlegener Führungskunst, alle russischen Versuche zu vereiteln, ihn am Übergang über die Beresina bei Borissow zu hindern. Die Russen konnten in Schach gehalten werden und die Trümmer der Großen Armee erreichten das rettende andere Ufer.

Am 5. Dezember begab sich Napoleon zur Aufstellung eines neuen Heeres nach Paris und übergab Murat das Kommando über die verbleibenden Truppen. Diese erreichten Wilna am 4. und Königsberg am 19. Dezember. Die jeweiligen Verluste beider Seiten betrugen in diesem schrecklichen Feldzug vermutlich über 400 000 Mann. Napoleons Grande Armée hatte praktisch zu bestehen aufgehört.

Als Folge des Desasters wurde Napoleon jetzt auch von seinen unfreiwilligen Alliierten im Stich gelassen. Das preußische Korps Yorck, welches unter dem Befehl von Macdonald bei Riga gestanden hatte, ging zu den Russen über und Schwarzenbergs Armee kehrte nach Österreich zurück.

LEIPZIG, 1813

Mitte Mai 1813 war es Napoleon bereits wieder gelungen, eine neue Armee aus dem Boden zu stampfen. Sie setzte sich aus spanischen und italienischen Truppen, Ersatzeinheiten, Soldaten der Nationalgarde, einberufenen Veteranen und Konskribierten zusammen. Die Kader für diese frischen Verbände stellten Offiziere und Unteroffiziere der vormaligen Großen Armee. Aufgrund des allgemeinen Mangels an Pferden und ausgebildeten Reitern war die Kavallerie allerdings zahlenmäßig schwach und taugte nicht viel.

Die alliierte Koalition, der Napoleon sich gegenübersah, bestand aus Russland, Preußen, Schweden und Großbritannien. Österreich stand zunächst noch Gewehr bei Fuß und wartete die Entwicklung der Dinge ab. Die Verbündeten waren bis zur Elbe vorgerückt, wo sie sich den 50 000 Mann Deckungstruppen des Prinzen Eugene Beauharnais gegenübersahen. Mit diesem nahm Napoleon am 30. April Fühlung auf und marschierte dann mit seinen 121 000 Mann auf Leipzig, aus welchem seine Avantgarde am 2. Mai den Feind vertrieb. Am gleichen Tage führte aber auch die Armee Wittgenstein einen Überraschungsangriff gegen das Korps Ney, welches die Südflanke des Vormarschs zu schützen hatte. Doch Napoleon brachte die Masse seiner Artillerie gegen das Zentrum Wittgensteins zum Einsatz, stieß mit der Infanterie nach und zwang den Gegner zum Rückzug. Beide Seiten ließen über 20 000 Soldaten auf der Walstatt von Lützen. Am 9. Mai nahm Napoleon im Zuge der Verfolgung Dresden ein. Die Verbündeten setzten ihren Rückzug bis Bautzen fort, wo sie sich unter Ausnutzung einer starken Stellung zum Kampfe zu stellen gedachten. Inzwischen war Ney mit vier Korps losgeschickt worden, um Torgau zu nehmen und Berlin zu bedrohen. Napoleon schwebte vor, den Feind durch einen Frontalangriff bei Bautzen zu binden, während Ney nach Süden vorrücken und den rechten Flügel der Verbündeten umfassen sollte.

Am 20. Mai lief dieser Frontalangriff auch an – als Einleitung für Ney's Umfassungsmanöver am darauffolgenden Morgen –, doch der Marschall führte das Unternehmen nicht mit dem gewohnten Ungestüm, so dass sich die Verbündeten der Umklammerung entziehen und der Vernichtung entgehen konnten.

Am 4. Juni gewährte Napoleon den Verbündeten einen siebenwöchigen Waffenstillstand, der schließlich bis zum 17. August verlängert wurde. Aber am 12. August erklärte Österreich Frankreich den Krieg, und Blücher, der inzwischen Wittgenstein ersetzt hatte, trat unter Verletzung des Waffenstillstandes am 14. August nach Westen an.

Durch den Kriegseintritt Österreichs verfügten die Verbündeten jetzt über drei Armeen im Felde: die 110 000 Mann starke Nordarmee unter Bernadotte (jetzt Kronprinz von Schweden), die 95 000 Mann zählende Schlesische unter Blücher und die Böhmische unter Schwarzenberg mit 230 000 Soldaten. Dem Namen nach war der Letztere zwar der Generalissimus, doch in Wirklichkeit übte er diese Funktion kaum aus. Am 21. August griff Napoleon Blücher mit 150 000 Mann an und zwang ihn zum Rückzug, weitere 90 000 standen den sich durch das Gebirge annähernden Österreichern gegenüber und 66 000 unter Oudinot verlegten Bernadotte den Weg nach Berlin. Dem von Hamburg anrückenden Davout schließlich gelang es, einen gemischten Verband der Verbündeten zu schlagen und sich Bernadotte bedrohlich zu nähern.

Saint-Cyr musste unter dem Druck der überlegenen Kräfte Schwarzenbergs, die auf Dresden vorrückten, zwar ausweichen, ging dann aber zum Gegenangriff über und warf das Korps Wittgenstein zurück. Inzwischen hatte Napoleon das Kommando über die Masse seiner Verbände an Macdonald übergeben, der Blücher am weiteren Vordringen hindern sollte, und eilte selber mit dem Rest der Truppen in Gewaltmärschen nach Dresden, wobei die Kaiserliche Garde 145 km in drei Tagen zurücklegte.

Am 23. August kam es zwischen Bernadotte und Oudinot zu einem Begegnungsgefecht, in dessen Verlauf der Letztere auf Wittenberg zurückgeworfen wurde.

Am 26. August stießen auch Blücher und Macdonald unversehens aufeinander, und bei Dresden griff Schwarzenberg Saint-Cry am 26. August an. Napoleon trat mit herangeholten Verstärkungen zum Gegenangriff an und drängte die Verbündeten zurück. Die Verfolgung wurde anderntags fortgesetzt. Heftiger Regen machte es den Grenadieren unmöglich, ihre Musketen abzufeuern und tiefer Morast behinderte die Kavallerie. Doch Napoleon ließ alle verfügbaren Pferde vor die Geschütze spannen, zog diese vor und schlug Schwarzenberg dank der Feuerkraft seiner zusammengefassten Artillerie. Der zurückweichende Feind ließ 38 000 Mann auf dem Schlachtfeld gegenüber 10 000 der Franzosen. Nach diesem Sieg ritt Napoleon wieder zu Macdonald zurück, dessen demoralisierte Truppen Blücher nicht mehr länger standhielten, flößte ihnen allein durch seine Gegenwart neues Selbstvertrauen ein und drängte nun seinerseits Blücher zurück.

Ney, welcher Oudinot im Kommando gefolgt war, versuchte Berlin zu nehmen, doch waren seine Maßnahmen wieder so unzulänglich, dass er am 6. September bei Dennewitz eine Niederlage durch Bernadotte einstecken musste.

Am 24. September begann Napoleon die Rücknahme seiner Truppen auf das andere Elbufer, wo er das weitere Vordringen der Verbündeten abwarten wollte. Da ihm Dresden als zentrale Stellung oder Drehpunkt zu nahe an den Böhmischen Gebirgen gelegen zu sein schien, entschied er sich stattdessen für Leipzig. Blücher und Bernadotte hatten ihre Streitkräfte miteinander vereint, gerieten aber jetzt durch die französischen Marschbewegungen auf Leipzig in die Enge. Anstatt sich nach Osten über die Elbe abzusetzen, wichen sie auf Blüchers Vorschlag nach Westen über die Saale aus. Mitte Oktober setzten sich alle drei Armeen der Verbündeten Richtung Leipzig in Marsch, wo es am 16. mit der Masse des napoleonischen Heeres zur Schlacht kam.

Zwar konnte Napoleon am ersten Tage noch einige örtliche Erfolge erzielen, doch schon am 17. drängten ihn die weit überlegenen Verbündeten näher an Leipzig heran und am 18. tobte ein erbittertes Ringen rings um die Stadt. Wohl gelang es den Franzosen noch, einige Ortschaften zu halten, aber am 19. sah sich Napoleon gezwungen, den allgemeinen Rückzug anzuordnen. Dieser vollzog sich in Anbetracht des nachdrängenden Gegners in größter Unordnung und kostete obendrein noch fast die gesamte Nachhut, da ein französischer Sappeur die Nerven verlor und die einzige intakte Brücke über die Elster voreilig in die Luft jagte. Nach zeitgenössischen Schätzungen ließen die Gegner über 100 000 Mann an Toten und Verwundeten auf dem Schlachtfeld zurück.

Bayern, welches sich mittlerweile ebenfalls den Verbündeten angeschlossen hatte, versuchte jetzt mit seiner Armee Napoleon den Rückweg zu verlegen. Es kam am 30./31. Oktober zum Gefecht bei Hanau, bei dem die massierte französische Artillerie wieder den Ausschlag gab und die Bayern in die Flucht geschlagen wurden. Am 31. Oktober setzte Napoleon über den Rhein bei Mainz, gefolgt von 80 000 Mann in geordneten Verbänden und 40 000 Versprengten.

IBERISCHE HALBINSEL, 1813–14

In Spanien nahm Wellington im Verlauf des Jahres 1813 die Offensive wieder auf, zwang Joseph am 17. Mai, Madrid aufzugeben und drängte ihn weiter auf den Ebro ab. Nachdem am 21. Juni auch noch die Niederlage bei Vitoria gefolgt war, kehrte Joseph nach Frankreich zurück und übergab den Oberbefehl an Soult. Dieser vollführte zwar einen Gegenangriff, musste sich aber in den sechs Tagen während Kämpfen bei Sorauren geschlagen geben und über die Pyrenäen zurückziehen. Am 31. August fiel San Sebastian in die Hand der Briten. Am 10. November, nach der Schlacht von Nivelle, durchstieß Wellington die Pyrenäen und drang in die Ebenen Frankreichs ein. Nach fünftägigem Kampf wurde Soult an der Nive schließlich geworfen und erlitt am 10. April 1814 bei Toulouse eine weitere Niederlage, so dass Wellington auch die Stadt einnehmen konnte.

KÄMPFE IN FRANKREICH, 1814

Bereits am 1. Januar 1814 hatte Napoleon eine neue Armee von 118 000 Mann auf die Beine gestellt, welche sich allerdings in der Masse aus jungen und unausgebildeten Soldaten zusammensetzte. Aber die Verbündeten drangen unaufhaltsam vor. Am 21. Dezember rückte Schwarzenberg über Basel über Langres weiter, Blücher überschritt am 1. Januar den Rhein und drang in Lothringen ein, und Wintzingerode näherte sich wenige Tage später Lüttich. Victor und Ney, unterstützt von Mortier, sollten Schwarzenberg zum Stehen bringen und Marmont sowie Macdonald gegen Blücher operieren, doch war von einem ernsthaften Widerstand vorerst nicht viel zu merken.

Am 26. Januar traf Napoleon in Chalons-sur-Marne ein, wo er von Blüchers Anrücken auf St. Dizier und Schwarzenbergs Marsch auf Bar-sur-Aube erfuhr. Als Erstes warf er sich Blücher entgegen und schlug diesen am 29. Januar bei Brienne und am 30. Januar bei La Rothière. Doch Blücher führte am 1. Februar einen Gegenangriff bei La Rothière und Napoleon zog es vor, seine Truppen auf Troyes zurückzunehmen.

Im Tal der Marne begann Blücher jetzt seinen Vormarsch auf Paris. Napoleon musste seine Offensivpläne aufgeben und an die Sicherung seiner Hauptstadt denken. Er konzentrierte die Masse seiner Verbände bei Nogent-sur-Seine, beorderte Marmont nach Sézanne und ließ Victor von Nogent aus Schwarzenberg in Schach halten. Er selber führte auch aus seiner defensiven Stellung heraus eine Reihe von wuchtigen Schlägen gegen die getrennt aufmarschierenden Korps der Armee Blücher. Am 10. Februar schlug der Kaiser Olssufiew bei Champaubert, am 11. drängte er Yorck nach Norden ab und brachte Sacken bei Montmirail eine Niederlage bei, und am 14. warf er Blücher bei Vauchamps zurück, der mit den Resten seiner Armee – den Korps Meist und Kapzéwitsch – nur mit viel Glück der Einschließung entging.

Inzwischen hatte sich Victor genötigt gesehen, Nogent aufzugeben, das er gegen die überlegenen Streitkräfte Schwarzenbergs nicht mehr länger zu halten vermochte. Napoleon seinerseits wandte sich südwärts, nachdem Blücher erledigt zu sein schien, besiegte Schwarzenberg am 18. Februar bei Montereau und zog am 24. erneut in Troyes ein.

Blücher nutzte die Zeit zur Sammlung und Reorganisation seiner Armee, nahm den Marsch auf Paris wieder auf und überschritt am 27. Februar die Marne bei La Ferté. Marmont und Mortier stellten sich ihm entgegen und brachten zwei Korps zum Weichen. Ein Angriff der gesamten Armee Blücher wurde am 1. März ebenfalls abgewiesen. Nachdem Napoleon Macdonald die Überwachung Schwarzenbergs am 27. Februar übergeben hatte, stürmte er in Eilmärschen nach Norden und traf am 1. März in La Ferté ein. Infolge einer zerstörten Marnebrücke wurde sein Übergang jedoch aufgehalten und nur der Avantgarde gelang es, am 3. März nördlich Rocourt überzusetzen.

Macdonald wurde von Schwarzenberg angegriffen, kaum dass Napoleon ihm den Rücken gekehrt hatte, und das Korps Oudinot bei Bar-sur-Aube geschlagen. Macdonald war daraufhin gezwungen, am 6. März nach Westen über die Seine auszuweichen.

Blücher sah sich jetzt unter dem Druck der nachrückenden Franzosen vor die Frage gestellt, ob er bis über die Aisne zurückgehen sollte. Diesem Rückschlag entging er jedoch durch die voreilige Kapitulation der französischen Garnison von Soissons, welche ihm die Benutzung der Stadtbrücke ermöglichte. Napoleon überschritt die Aisne weiter stromaufwärts. Als Blücher versuchte, verstärkt durch zwei Korps, ihm hier in die Flanke zu fallen, wurde er im Gefecht von Craonne am 7. März geschlagen. Blücher war jetzt weit stärker als Napoleon und bezog bei Laon eine Abwehrstellung. Marmont, welcher den rechten Flügel der Franzosen führte, wurde durch einen Überraschungsangriff geworfen und Napoleon gezwungen, sich am 10. März nach Soissons zurückzuziehen.

Am 14. März gelang es Schwarzenberg, gegen den Widerstand von Macdonald die Seine zu überqueren. Aber ehe man sich dessen versah, erschien Napoleon vor Reims, schlug ein dort vereinzelt kämpfendes preußisches Korps und nahm am 13. die Stadt im Handstreich. Dies zwang Schwarzenberg zur Einstellung seines Vormarsches, und auch Blücher, der im Raum südlich Compiègne stand, zog sich hastig wieder auf Laon zurück. Am 17. März vertraute der Kaiser Marmont und Mortier die Überwachung Blüchers an, und wandte sich selber Schwarzenberg zu. Bei Arcis-sur-Aube wies er einen mit überlegenen Kräften geführten Angriff Schwarzenbergs ab und ging auf St. Dizier zurück. Während Wintzingerode ihm zögernd folgte, rückte die Masse der Verbündeten in drei Heeressäulen auf Paris weiter vor. Die vom Kaiser abgeschnittenen Korps Marmont und Mortier versuchten zwar, sie aufzuhalten, wurden aber am 25. März bei Fère-Champenoise geschlagen. Napoleon kam am 27. März schließlich zu seinem letzten Sieg, indem er Wintzingerode bei St. Dizier schlug. Am 31. März übergab Marmont die französische Hauptstadt. Der in Fontainebleau eingetroffene Kaiser dankte am 11. April ab und zog sich am 4. Mai auf die Insel Elba zurück.

WATERLOO, 1815

Am 1. März 1815 landete Napoleon in Cannes und marschierte auf Paris, wo er am 20. März eintraf. In erstaunlich kurzer Zeit gelang es ihm, neue feldverwendungsfähige Armeen aufzustellen. Die aufgeschreckten Verbündeten beeilten sich ihrerseits mit der Mobilisierung aller verfügbaren Truppen, und so standen im Juni Wellingtons britisch/holländische Armee und Blüchers preußische Armee in Belgien, während die Österreicher unter Schwarzenberg am Rhein aufmarschierten und ein russisches Heer sich unter Führung von Barclay de Tolly nach Westen in Marsch setzte.

Am 11. Juni verließ Napoleon Paris, um sich erst einmal dem nächsten Gegner zuzuwenden, bevor auch die beiden übrigen heranwaren.

Am 14. stand seine Armee unweit Charleroi. Am 16. beauftragte er Ney mit dem linken Flügel Quatre Bras zu nehmen, während er selber Blücher angriff und bei Ligny besiegte. In Quatre Bras wurde Ney durch die Truppen Wellingtons gestoppt. Napoleon setzte dann am 17. Grouchy zur Verfolgung der Preußen an und wandte sich selber mit den restlichen Verbänden gegen Wellington, der eine Verteidigungsstellung beiderseits Waterloo bezogen hatte. Am 18. griff der Kaiser an, vermochte Wellingtons Abwehr aber nicht zu durchbrechen. Als dieser dann schließlich Zuzug durch die Preußen erhielt und Blücher die rechte Flanke der Franzosen bedrohte, trat Wellington zum Gegenangriff an. Die französische Armee wurde vernichtend geschlagen und trat in voller Auflösung ihren Rückzug an.

KAVALLERIE

ALLGEMEINES

Die Kavallerie des französischen Heeres litt weit weniger unter den Umwälzungen der Revolution als die Infanterie. Eigentlich müsste man annehmen, dass es gerade diese aristokratische Waffengattung am meisten hätte treffen sollen – und in der Tat waren die unfreundlichen Blicke der Demokraten auch voller Misstrauen auf sie gerichtet; aber eine berittene Truppe ließ sich eben ganz einfach nicht aus dem Nichts aufstellen. So ergab sich also die Notwendigkeit, alle jene Kavallerieoffiziere zu behalten, die bereit waren, unter der republikanischen Regierung zu dienen.

1791 ging man dazu über, die royalistischen Traditionen auch in der Truppe auszurotten, indem die alten berühmten Regimentsnamen durch Nummern ersetzt wurden. Dieser Maßnahme war jedoch kein voller Erfolg beschieden, denn die alten Namen erfreuten sich eines solchen Ansehens und waren der Stolz derartig vieler Offiziere und Soldaten in so vielen Regimentern, dass sie inoffiziell weitergeführt wurden. Als Marbot[2] bei den 1. Husaren eintrat, konnte er feststellen, dass diese alle Traditionen und Bräuche aus den Tagen vor der Revolution beibehalten hatten, als sie sich noch Berchény-Husaren nannten. (Viele Offiziere und Soldaten waren allerdings emigriert). Marbot zeichnet uns das folgende Bild von einem »marèchal des logis« (Kavallerie-Wachtmeister), der ihn einweisen sollte: »Tschako über den Ohren, nachschleppender Säbel, ein durch zwei riesige Narben geteiltes, entstelltes Gesicht, hochgezwirbelter Schnauzbart von 15 cm Länge, dessen wachsversteifte Enden sich hinter den Ohren verliefen, zwei lange von den Schläfen herunterbaumelnde geflochtene Haarsträhnen, die unter dem Tschako hervortraten und auf die Brust fielen, und dann, ja, welch eine Miene! – die Miene eines bramarbasierenden Raufboldes, unterstrichen durch eine Sprache, welche sich stoßweise in einem äußerst barbarischen französisch-elsässischen Dialekt artikulierte«. Aber obwohl in vielen Regimentern ein ungemeiner »esprit de corps« herrschte, war die französische Kavallerie zu Beginn der

Revolutionskriege doch ein kümmerlicher Haufen. Gewiss mangelte es vielen der alten Verbände nicht an Schneid, und sie kämpften auch nicht schlecht, aber die Moral war eben doch angeknackt und auch die taktische Führung taugte nicht viel. So erwies sich 1793 zum Beispiel die Kavallerie der Nordarmee als völlig bedeutungslos, und im darauffolgenden Jahr, am Rhein, anerkannte Saint-Cyr die Überlegenheit der preußischen Kavallerie und nannten sie »die beste Militärreiterei Europas«. 1796 übernahm Napoleon Bonaparte mit der Italien-Armee eine Kavallerie, welche, sieht man einmal von kleineren Scharmützeln ab, über keinerlei Erfahrungen verfügte, und von der verschiedene Regimenter ganz offenkundig schlecht waren. Marmont schrieb an seine Familie – wahrscheinlich übertrieb er ein wenig, weil der Zorn ihm die Feder führte – dass sich schwerlich ausdrücken ließe, wie schlaff die Kavallerie gewesen sei und fährt dann fort: »Die Unerschrockenheit, welche die Infanterie an den Tag legte, ging der Kavallerie völlig ab.« Sobald sich jedoch die Kämpfe vom Gebirge in die Ebene verlagerten, wo eine berittene Truppe weitaus besser zu operieren vermochte, wuchs auch rasch der Wert der Kavallerie. Murat zeichnete sich schon bald als Reiterführer aus, indem er an der Spitze von zwei Regimentern »Chasseurs à Cheval« die feindliche Kavallerie attackierte und warf. Napoleon selbst schrieb über dieses Ereignis: »Nach ihrem desolaten Zustand konnte sich die französische Kavallerie jetzt erstmalig mit der österreichischen messen und zeigte sich ihr überlegen. Sie erbeutete neun Kanonen sowie zwei Fahnen und nahm 2000 Mann gefangen.«[3]

In diesen ersten Feldzügen lernte die französische Kavallerie vom Gegner, genoss eine praxisbezogene Ausbildung und gewann Einsatzerfahrung.

Auf ihrem Höhepunkt war die napoleonische Kavallerie in der Tat ausgezeichnet, vermutlich die beste ihrer Art, vergleicht man sie auf Regimentsniveau und darüber. In einem Brief an Lord John Russell vom 31. Juli 1826 drückte sich Wellington darüber wie folgt aus: »Obwohl ich glaube, dass eine unserer Schwadronen zwei französischen gewachsen war, war die französische Kavallerie insgesamt der britischen durch ihre sehr viel bessere Ordnung doch beträchtlich überlegen. Deshalb legte ich auch keinen Wert darauf, dass vier britische Schwadronen es mit vier französischen aufnahmen, geschweige denn größere Verbände, bei denen (natürlich) das Problem der geordneten Bewegung noch mehr im Vordergrund stand. Sie konnten galoppieren, vermochten aber keine Ordnung zu halten.«[4] Mit anderen Worten: die Franzosen brillierten in Gefechtsdrill und taktischen Bewegungen, und je größer der Verband, desto stärker kam diese Überlegenheit zum Ausdruck.

Aber selbst im Kriege gegen Preußen, im Jahre 1806, hatte Napoleon noch keine allzu hohe Meinung von seiner Kavallerie, ungeachtet aller Erfolge gegen die österreichische und russische Reiterei bei Ulm und Austerlitz. Die preußische Kavallerie erfreute sich eines hohen Rufs durch ihre Leistungen während der Kriege Friedrichs des Großen, aber ihr jetziger Einsatz machte offenkundig, dass man sie unterschätzt hatte. Bei der Kavallerie beider Seiten versagte in diesem Feldzug die Aufklärung. Der Herzog von Rovigo, General Savary, schrieb darüber in seinen Erinnerungen: »So schneidig unsere Kavallerie auch im Kampfe war, wenn es darum ging, Nachrichten vom Gegner zu beschaffen, ließ ihre Führung jegliche Intelligenz vermissen.«[5]

Auf dem Schlachtfeld bewährte sich die französische Kavallerie immer wieder als eine furchteinflößende Truppe, ungeachtet der schweren Verluste in Russland und der dürftigen Leistungen einiger ihrer Regimenter im Feldzug von 1813.

Und selbst noch in der letzten Schlacht – bei Waterloo – stellten ihre ungestümen Attacken unter Beweis, dass sie nichts von ihrer Tapferkeit und ihrem »élan« eingebüßt hatte. Die Kavallerie – und hier besonders die Leichte Kavallerie – zog den jungen Offizier in ihren Bann, für den der Krieg noch eine romantische Angelegenheit war, dessen Ehrgefühl mit einem frischen Reitergeist verbunden war und der auch seinem Gegner eine ritterliche Behandlung zuteil werden ließ, sofern die Umstände dies erlaubten.

Ein Vertreter des Volkes, 1793

Berittener »Guide«

Divisionsgeneral mit stellvertretenden Generaladjutanten, 1799

Rechte Seite: Der Stab des Kaisers, 1804–15

*Stellvertretender Generaladjutant,
1804–1825*

Grenadier der Linien-Infanterie, 1789

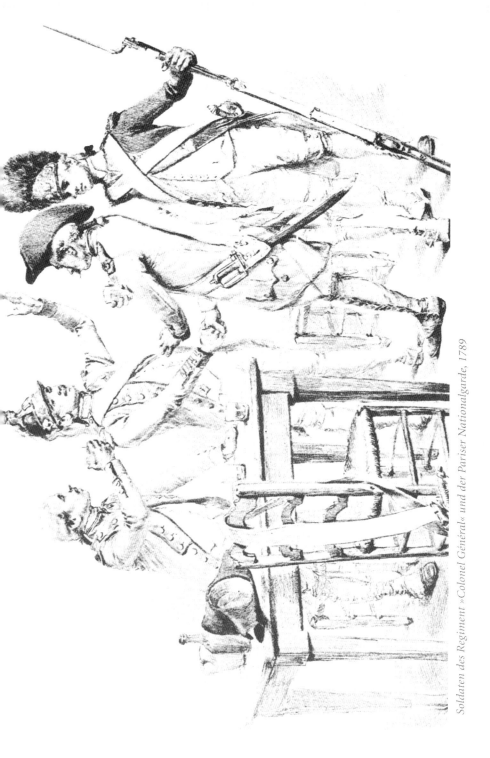

Soldaten des Regiment »Colonel Générak und der Pariser Nationalgarde, 1789

Linien-Infanterie, 1789

Offizier der Linien-Infanterie, 1789

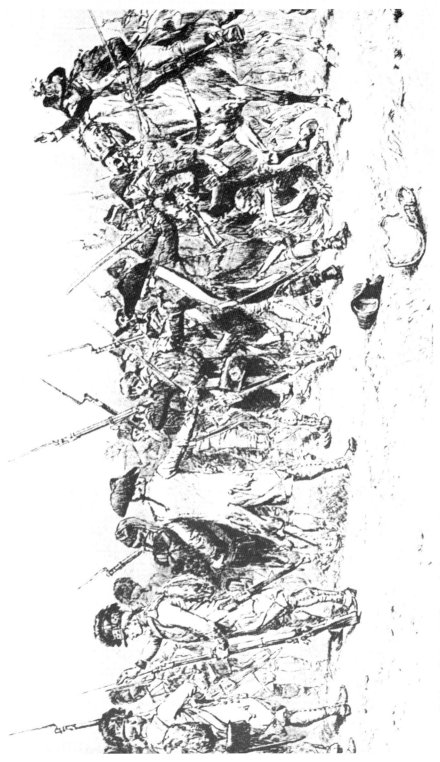

Soldaten in den Weißen und Blauen Uniformen, 1792

Die 23. Halbbrigade, 1796

Grenadier der Linien-Infanterie, 1794

Leichte Infanterie, 1797

Infanterie der Sambre-et-Meuse-Armee, 1795

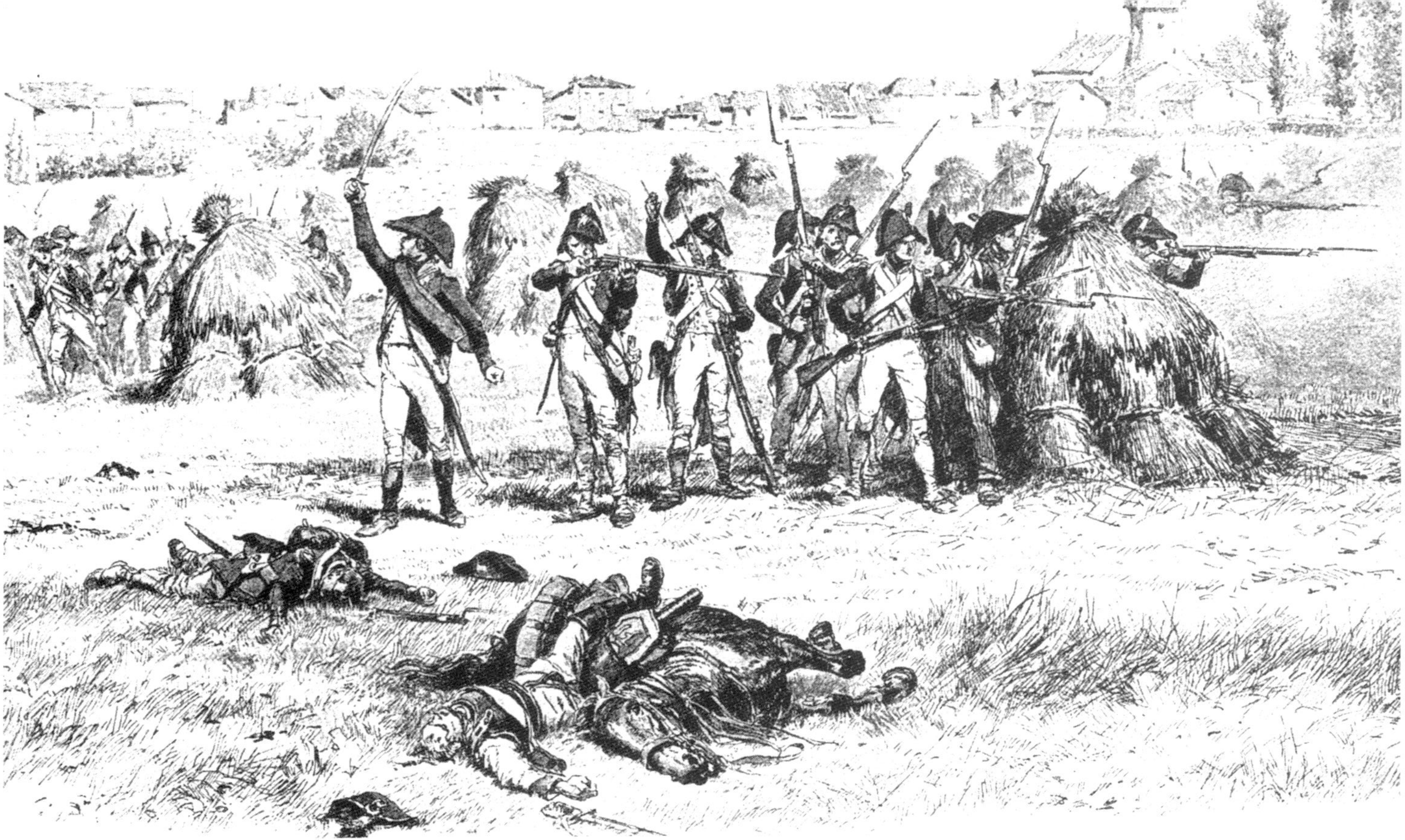

Infanterie im Italienischen Feldzug, 1796

Großes Bild:
Truppen der Italien-Armee ziehen an
Napoleon vorüber, 1796

Soldat der Grenadier-Kompanie der
Linien-Infanterie, 1806

Karabinier der Leichten Infanterie, 1806

Tambour der Linien-Infanterie, 1806

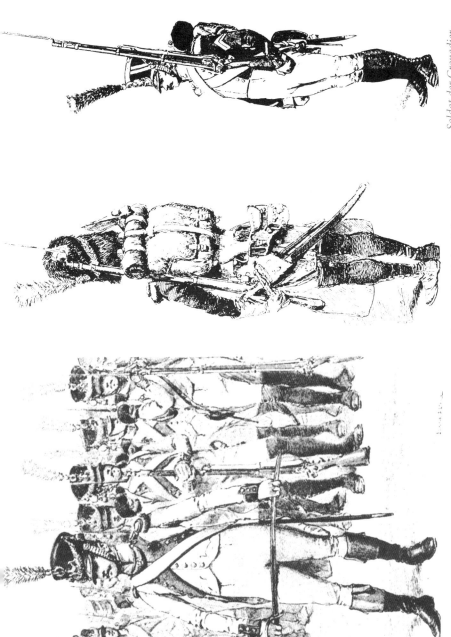

Soldat der Grenadier-Kompanie der Linien-Infanterie, 1812

Sappeur der Linien-Infanterie, 1806

Offizier und Soldaten der Linien-Infanterie, 1806

Regiment der Linien-Infanterie, 1813

Oberst der Linien-Infanterie, 1812

Infanterie auf dem Marsch; Nord-Armee, 1815

1789 waren 62 Kavallerie-Regimenter zu je vier Schwadronen vorhanden. Von diesen gehörten 26 zur Schweren Kavallerie (einschließlich zwei Karabinierregimentern), sechs bestanden aus Husaren, achtzehn aus Dragonern und zwölf aus »Chasseurs«.

Der Regimentsstab setzte sich zusammen aus einem Oberst als Kommandeur, einem Oberst als Stellvertreter, einem Oberstleutnant, einem Major, einem Quartiermeister, zwei Standartenträgern, einem »adjudant« (Regiments-Stabswachtmeister), einem Feldgeistlichen und einem Sanitätsoffizier. In der Schwadron gab es zwei Rittmeister, zwei Oberleutnante, zwei Leutnante, einen Fähnrich, einen »maréchal des logis chef« (Schwadrons-Stabswachtmeister), einen »maréchal des logis« (Wachtmeister), einen »fourrier« (Fourier), acht »brigadiers« (Unteroffiziere), zwei Trompeter, einen Geistlichen Bruder, einen Hufschmied und 132–152 Reiter (je nach Art des Regiments). (In den Jahren davor hieß der Kommandeur eines Kavallerieregiments nicht Oberst, sondern »Mestre de Camp de Cavalerie«). Bei diesem Organisationsschema hätte man auf eine Regimentsstärke von 629 bis 729 Mann kommen müssen, doch tatsächlich wurden diese Zahlen nie erreicht, vielmehr lag die Stärke der Schwadronen im Durchschnitt bei 80 bis 100 Reitern. Die Königliche Kavallerie war jedoch hervorragend ausgerüstet und beritten und die Unteroffiziere ganz ausgezeichnet.[6]

1791 fand eine Umorganisation der Regimenter statt. Der noch vorübergehend beibehaltene Rang des »Mestre de Camp de Cavalerie« verschwand und Kommandeur wurde wieder ein Oberst. Der zweite Oberst wurde durch einen zweiten Oberstleutnant ersetzt und der Majorsrang ganz abgeschafft. Der übrige Regimentsstab bestand aus einem »quartier-maître trésorier« (Quartier- und Zahlmeister), einem Oberstabsarzt, einem Feldgeistlichen, zwei »adjudants« (Regimentsstabswachtmeistern), einem Stabstrompeter und für »maîtres ouvriers« (Sattler, Waffenmeister, Schneider, Schuster und Hosenmacher). Die Regimenter gliederten sich in Abteilungen zu zwei Kompanien, die ihrerseits aus jeweils zwei Schwadronen bestanden. Die Karabinier-, Husaren- und »chasseurs à cheval«-Regimenter gliederten sich in vier Abteilungen, die Dragoner und die Schwere Kavallerie hingegen nur in drei. Die Kompanie setzte sich aus einem Rittmeister, einem Oberleutnant, zwei Leutnanten, einem »maréchal des logis chef«, zwei »maréchaux des logis«, einem »brigadier-fourrier«, vier »brigadier« und 54 Reitern (von denen vier abgesessen waren) sowie einem Trompeter zusammen. 1793 wurde die Zahl der Abteilungen in den Dragoner-Regimentern und bei der Schweren Kavallerie auf vier erhöht, jedoch 1796 wieder auf drei reduziert. Die Anzahl der Reiter in einer Kompanie schwankte mitunter ganz beträchtlich, überstieg aber niemals 100.[7]

Von der Emigration wurde das Offizierkorps der Kavallerie ganz besonders betroffen, was bei einer Waffengattung mit so vielen Adeligen auch nicht anders zu erwarten war. Sogar zwei vollzählige Regimenter – das Royal Allemand (15. Schwere Reiter) und das Saxe Hussards (4. Husaren) – gingen zum Feinde über, so dass die Regimentsnummern dementsprechend abgeändert und neu verteilt werden mussten.

1793 wurde der Titel Oberst durch »chef de brigade« ersetzt und die Oberstleutnante wurden »chefs d'escadron«[8], was etwa dem Major entspricht.

Bei der Schweren Kavallerie gab es zwei »chefs d'escadron« pro Regiment und bei der Leichten drei.[9]

Die Regimentsnummern der verschiedenen Kategorien wurden sowohl 1791 als auch 1792 geändert. Das erste Mal wurde die Gesamtzahl der Regimenter auf 83 erhöht, von denen 29 zur Schweren Reiterei gehörten, 20 waren Dragoner, 23 Jäger zu Pferde und 11 Husaren. 1792 wurde die Schwere Kavallerie auf 27 Regimenter verringert, die Dragoner erhielten ein weiteres Regiment und die Jäger zu Pferde- und Husaren-Regimenter wurden auf 25 bzw. 13 aufgestockt.[10] Der Abbau bei der Schweren Reiterei war auf den Mangel an schweren Pferden zurückzuführen. Als Napoleon Bonaparte Erster Konsul wurde, bildete er aus dem gleichen Grund noch viele andere in Leichte Kavallerie-Regimenter um, so dass es schließlich 1803 nur noch 12 Schwere Kavallerieregimenter gab (alles Kürassiere mit einem stählernen Kürass, der Brust und Rücken schützte), sowie zwei Karabinierregimenter.[11]

Den in der Zeit von 1791–92 neuaufgestellten Regimentern mangelte es anfänglich an erfahrenen Offizieren und der erforderlichen Reiterausbildung, weshalb ihr Kampfwert keineswegs groß war. Die, welche glücklicher dran waren, erhielten Offiziere und Mannschaften von den aufgelösten »Maison du Roi« sowie der Gendarmerie des alten Régime. Andere wiederum, vor allem die »chasseurs à cheval«, wurden aus Mannschaften gebildet, welche aus den Legionen der Departements und einzelnen Korps der freiwilligen Kavallerie stammten.[12]

Im April 1792 wurden jedem »général-en-chef« (Armee-Oberbefehlshaber) eine Kompanie berittener »Guides« (ortskundige Führer) zugewiesen, die zu seinem Begleitschutz sowie als Meldereiter für die Überbringung von Befehlen dienen sollten. Die Einheit bestand aus 21 Offizieren und Soldaten. Als Bonaparte die Italienarmee übernahm, verstärkte er diese Kompanie auf 160 Mann aller Dienstgrade. Sie bildete später den Kern der Gardejäger zu Pferde. Hoche, der Oberbefehlshaber der Sambre-et-Meuse-Armee, führte 1797 eine Neugliederung der Kavallerie bei sich ein, wie sie dann im Allgemeinen auch von Napoleon für die gesamte Kaiserliche Armee beibehalten wurde. Bis zu diesem Zeitpunkt war es üblich gewesen, die Kavallerie unter den verschiedenen Infanteriedivisionen aufzusplittern und nur einige wenige Regimenter als Armee-Regiment zurückzuhalten. Hoche hingegen teilte jeder Division ein Regiment »chasseurs à cheval« als Schutz und für Aufklärungszwecke zu, während die Masse der Kavallerie im Rahmen der jeweiligen Truppengattung Divisionen bildete: Husaren, Dragoner, Jäger und Schwere Reiter. Auf diese Weise hatte er stets ein schlagkräftiges Kavalleriekorps als Reserve zu seiner Verfügung. Moreau, welcher die Rhin-et-Moselle-Armee befehligte, war von dieser Organisationsform nicht angetan und blieb beim alten System. Dafür typisch war die Division Duhème, welche aus sieben Infanterie-Regimentern, einem Regiment Husaren, einem Regiment Dragonern und einem Regiment Schwere Reiter bestand. Moreaus Kavallerie-Reserve setzte sich aus sechs Regimentern Schwere Reiter und einem Dragonerregiment zusammen.[13]

Als Erster Konsul führte Napoleon den Titel »Oberst« wieder ein und genehmigte für dessen Stellvertreter den Titel »Major«. Seine Aufgabe bestand vornehmlich in der Bearbeitung von Verwaltungsfragen, die bis dahin vom Oberstleutnant erledigt wurden. Das Fehlen eines Dienstgrades zwischen »chef d'escadron« und Oberst hatte zu Schwierigkeiten geführt. Obwohl die alten Oberstleutnante »chefs d'escadron« geworden waren, entsprach dies doch praktisch dem Abteilungskommandeur, weshalb ein Ersatz für den Titel Oberstleutnant in einem Kavallerieregiment geschaffen werden musste. Napoleon holte sich hierzu die Meinung einiger seiner hohen Offiziere ein. Berthier und auch noch andere vertraten die Auffassung, dass der Dienstgrad des Oberstleutnant wieder aufleben sollte, was Napoleon jedoch nicht gefiel.

Unter dem Ancien Régime war ein Oberst stets ein vornehmer Herr gewesen, den es mehr bei Hofe als bei seinem Regimente hielt. Verwaltung und Ausbildung desselben lagen vielmehr in den Händen des Oberstleutnants, dessen Titel allein schon darauf hinwies, dass er anstelle des Oberst den Befehl über das Regiment ausübte. Seit der Revolution hatte sich dies allerdings geändert. Ein Oberst führte jetzt sein Regiment und sein Oberstleutnant hatte nicht nur keine echte Aufgabe mehr, sondern sein Dienstgrad trug obendrein zur Verwirrung bei, da alle nachgeordneten Dienstgrade sowohl ihn als auch den Oberst mit »Colonel« anreden mussten. Napoleon bestimmte daraufhin, dass der stellvertretende Regimentskommandeur in Zukunft den Titel Major tragen sollte.[14]

Am 10. Oktober 1801 verfügte Napoleon die Schaffung einer Elite-Kompanie in jedem Kavallerie-Regiment. Diese sollte stets am rechten Flügel reiten und das Gegenstück zu der Grenadier-Kompanie bei der Infanterie darstellen. Von den beiden Kompanien der 1. Abteilung rangierte sie an erster Stelle.[15]

Durch Dekret vom 24. September 1803 wurde die Zahl der Dragoner-regimenter auf 30 erhöht, und 1805 fasste man 24 von diesen zu gemischten Verbänden aus drei berittenen und einer unberittenen Abteilung zusammen, mit jeweils zwei Kompanien pro Abteilung. Aus diesen 24 Regimentern bildete Napoleon im Bedarfsfall ein Dragoner-Armeekorps aus drei berittenen und einer unberittenen Division. Die berittene Division bestand aus zwei Brigaden zu je drei Regimentern.

Aus den abgesessenen Abteilungen der Regimenter wurde die abgesessene Division aufgestellt, während die für eine berittene Brigade bestimmten Abteilungen zu einem Bataillon von sechs Kompanien gegliedert wurden. Mithin bildeten zwei Bataillone einer berittenen Division ein Regiment, so dass die abgesessene Division über drei Regimenter verfügte sowie über zehn zugeteilte Kanonen als Artillerieunterstützung.

Dieser Organisation lag der Gedanke zu Grunde, die Versorgung einer mobilen Truppe bei der geplanten Landung in England zu sichern. Dazu kam es zwar nicht mehr, doch kam diese Gliederung der Dragoner beim

Rheinübergang 1805 zur Anwendung. Der Verzicht auf die Pferde und die Waffengattung kam die Offiziere und Mannschaften gleicherweise hart an, auch wenn Napoleon ihnen das Vorrecht einräumte, stets mit der Garde marschieren zu dürfen. 1808 wurden dem Dragonerregiment zu Fuß noch acht Pioniere zugeteilt.[16]

Am 31. August 1806 erhielt jedes Kürassierregiment noch eine weitere Abteilung, und setzte sich danach aus folgenden Offizieren und Dienstgraden zusammen: im Regimentsstab ein Oberst, ein Major, zwei »chefs d'escadron«, zwei »adjudants majors« (Adjutanten), ein Zahlmeister-Quartiermeister, ein Oberstabsarzt, ein »aide major«, zwei »sous-aides majors«, zwei »adjudants«, ein Trompeter-Unteroffizier, ein Veterinär, sechs »maîtres« (Schneider, Sattler, Schuster, Hosenmacher, Waffenwart und Sporenschmied), und in der Kompanie ein Rittmeister, ein Oberleutnant, ein Leutnant, ein »maréchal des logis chef«, vier »maréchaux des logis«, ein »fourrier«, acht Unteroffiziere, 82 Reiter und ein Trompeter. Die Regimentsstärke variierte zwischen 800 und 960 Reitern.[17]

Napoleon war von der Leistungsfähigkeit der lanzenbewehrten polnischen Reiterei sehr beeindruckt sowie von der Art, wie die Kosaken ihre Waffen handhabten. 1807 gliederte er ein Regiment polnischer Lanzenreiter in seine Garde ein und fügte diesem 1810 ein weiteres hinzu, welches aufgrund seiner Uniform als »Rote Lanzenreiter« bekannt wurde. Zufrieden mit ihren Leistungen am 18. Juni 1811, wandelte er sechs Dragonerregimenter (das 1., 3., 8., 9., 10. und 29.) in die 1. bis 6. Leichten Lanzenreiter um. Ein weiteres Lanzenreiter-Regiment entstand aus dem 30. »Chasseurs à Cheval«.[18]

Der Einsatz der Kavallerie bei Ulm zeigt deutlich, wie weit doch Napoleon die Organisation größerer Kavallerieverbände durch Hoche übernommen hatte.

Jedes der sechs Armeekorps besaß eine Division Leichte Kavallerie (Husaren und Jäger zu Pferd), während die Kavallerie-Reserve unter Murat aus zwei Kürassier-, vier Dragoner- und einer Dragoner-Division zu Fuß bestand. Bei Jena war die Gliederung ähnlich. Jedes der sechs Armeekorps verfügte über eine Division Leichte Kavallerie, während die Kavallerie-Reserve – wieder unter Murat – zwei schwere Divisionen (Kürassiere und Karabiniers), vier Dragoner-Divisionen und zwei leichte Kavalleriebrigaden umfasste.

PFERDE

Die bestausgebildete und -ausgerüstete Kavallerie vermag nichts zu leisten, wenn sie nicht auch entsprechend gut beritten ist. Das bedeutet nicht nur, dass man ein gutes Pferdematerial benötigt, welches imstande ist, Reiter und Ausrüstung zu tragen, sondern es muss auch über Härte und Ausdauer verfügen, um den Anforderungen des jeweiligen Kriegsschauplatzes gewachsen zu sein. Gemessen an diesen Forderungen, war die französische Kavallerie keineswegs stets gut beritten.

Major G. Tylden[19] berichtete von den Begegnungen zwischen der britischen und der französischen Schweren Reiterei auf der Iberischen Halbinsel: »Das schwerste, was sie hatten, waren die Dragoner – also mittlere Kavallerie – und die war in Spanien nicht immer gut mit Pferden versorgt.« Britische Kavallerieoffiziere machten dennoch die Bekanntschaft mit »dem gewaltigen Aufprall wirklich schwerer Reiterei, wenn große Leute auf großen Pferden Knie an Knie attackieren.« In der britischen Armee galt der Hunter als das ideale Reitpferd: der schwere Schlag für die schwere und der leichte für die leichte Reiterei. Aber die Aufzucht des schweren Typs war kostspielig und außerdem benötigte er mehr Futter als der leichte. Aus diesem Grunde war der schwere britische Hunter keineswegs für jeden Kriegsgeschauplatz geeignet, zumal er sich auch nicht mit jedem Klima abfand.

Napoleon interessierte sich sehr für die Pferde seiner Reiterei. Wenn er ein Armeekorps besichtigte, so war dies, wie Marbot uns berichtet, eine äußerst strenge und genaue Inspektion. Zu den Fragen, die an den Kommandeur eines Kavallerieregiments gerichtet wurden, gehörten stets: »Wieviele Pferde haben Sie aus der Normandie? Wieviele aus der Bretagne? Wieviele aus Deutschland?« Diese Fragen erfolgten immer in abruptem Befehlston, begleitet von einem durchbohrenden Blick. Wehe dem Oberst, der nicht gleich wie aus der Pistole geschossen antwortete!

In dem Feldzug von 1806 stellte sich heraus, dass die preußische und die sächsische Kavallerie besser beritten waren als die französische. Napoleon ließ daher nach der preußischen Niederlage einen beträchtlichen Teil seiner Reiterei mit erbeuteten deutschen Pferden ausstatten.[21]

Dessen ungeachtet verfügten viele französische Regimenter über ein vorzügliches Pferdematerial, und die guten Kommandeure ließen sich die laufende Qualitätsverbesserung ganz besonders angelegen sein. Die Regimenter waren für die Beschaffung der benötigten Remonten selber verantwortlich, und ein Oberst besaß die Vollmacht, seinen Bedarf durch örtliche Einkäufe zu decken.[22]

Parquin, der 1803 bei den 20. »Chasseurs à Cheval« eintrat, weiß zu berichten[23], dass sein Regiment hervorragend beritten gewesen sei und die 1. Abteilung schwarze, die 2. rotbraune, die 3. kastanienbraune und die 4. (einschließlich Musikkorps und Trompeter) graue Pferde besessen hätten.

Für die Pferde der Gardekavallerie gab es ganz bestimmte Normen. 1810 wurden die Grenadiere zu Pferd durchweg mit Rappen aus der Normandie equipiert, deren Alter zwischen 4–5 Jahren lag, die lange Mähnen und Schweife besitzen mussten und die alle in Caen gekauft worden waren. Die Pferde der »Chasseurs à Cheval« waren entweder rot- oder kastanienbraun. Bei den Polnischen Lanzenreitern besaß jede Schwadron ihre eigene Farbe für die Pferde: kastanienbraun, schwarz, rotbraun oder dunkelgrau, und die Gardedragoner ritten auf rot- oder kastanienbraunen Pferden.[24]

Die Pferde der schweren französischen Reiterei stammten aus der Normandie und aus Flandern, konnten viel Gewicht tragen, waren dafür aber auch selber sehr schwer und langsam. Als sie nach einem anstrengenden Tag bei der Schlacht von Eggmühl abends noch einmal attackieren sollten, war Trab die äußerste Gangart.

Die deutschen Beutepferde wurden alle der Leichten Kavallerie zugeteilt, die aber sonst überwiegend auf Pferden französischer Herkunft saß.[25]

Über die Pferde in der russischen Armee hat sich General Sir Robert Wilson ausgelassen, der ihr während des Feldzuges von 1806–1807 zugeteilt war. Er schreibt[26]: »Die russische Kavallerie ist mit Sicherheit die am besten berittene in ganz Europa, da die englischen Pferde klimaabhängig sind und nur zu Hause viel leisten.« (»Zumindest solange«, fährt er zu diesem Punkt fort, »wie die englischen Pferde in warmen Ställen und luxuriösen Betten aufgezogen werden, d.h. so lange, wie man ihrem Aussehen zu Hause mehr Gewicht beimisst als ihrer Leistungsfähigkeit im Felde.«) »Die schweren russischen Pferde«, meint Wilson, »sind unübertroffen, was die Kombination von Größe, Kraft, Temperament und

Härte betrifft. Zwar ähneln sie dem Aussehen nach der Masse der englischen Zugpferde, stehen aber andererseits so hoch im Blut, dass sie niemals plump wirken ... Ihr Hauptaufzuchtsgebiet liegt in den Ebenen von Don und Wolga. Andererseits ist die irreguläre Kosaken-Kavallerie«, heißt es da noch,»mit einem kleinen und anspruchslosen Pferd ausgestattet, welches im Schritt leicht 8 km in der Stunde zurücklegt und es in puncto Geschwindigkeit mit jedem anderen aufnimmt.«

Wie das Pferd des französischen Schweren Reiters beschaffen war, zeigt folgender Vorfall. Nachdem Marbot einmal sein Pferd verloren hatte, erhielt er vorübergehend ein anderes von einem benachbarten Kürassierregiment.

»Es war ein riesiges Tier«, erzählte er später,[27] »ungemein schwer und außerstande, einen Adjutanten rasch von einem Ort zum anderen zu tragen.« Das lässt vermuten, dass einzelne Kürassierregimenter auch mit schweren Zugpferden ausgestattet waren, vielleicht vom Percheron-Typ. Marschall Lannes bemerkte Marbots missliche Lage und auf seine Veranlassung ließ der Kommandeur der Württembergischen Leichten Reiter seine Ordonnanz absitzen und sein ausgezeichnetes Pferd Marbot übergeben. Dieses Pferd trug auf der linken Hinterhand ein eingebranntes Hirschgeweih als Regimentsabzeichen (eine damals wahrscheinlich sehr notwendige Maßnahme).

Nach der Katastrophe in Russland im Jahre 1812 erwies sich das Pferdematerial für die neu aufgestellte Kavallerie als überaus dürftig, und auch die Offiziere und Soldaten hatten von der Reiterei in vielen Fällen kaum eine Ahnung. Baron von Odeleben, der als Offizier in Napoleons Stab 1813 Dienst tat, berichtet[28], dass zur Auffrischung der neuen Regimenter die Pferde aus allen Depots herangezogen und aus sämtlichen Départements zusammengetrieben wurden. Eilmärsche und das ungewohnte Sattelzeug setzten ihnen bald arg zu. Ihr Zustand war in der Tat so kümmerlich, dass man einen neuen Kavallerieverband allein schon an dem Geruch erkannte, der von dem Satteldruck der unglücklichen Tiere ausging.

UNIFORMEN UND AUSRÜSTUNG

Vor der Revolution trug die Kavallerie blau, mit Ausnahme der Dragoner, welche grüne Uniformen anhatten. Unter dem neuen Regime blieben die Farben der Uniformen im Wesentlichen unverändert (im Gegensatz zur Infanterie, wo der größte Teil vom traditionellen Weiß zum Blau übergehen musste). Die blauen Röcke der Königlichen Schweren Reiter trugen Aufschläge, die sich je nach dem Regiment in der Farbe unterschieden. Hosen und Westen waren aus Leder, der Hut ähnelte dem der Infanterie, und es wurden lange Reitstiefel getragen.

Die Patronentasche saß auf einem gekreuzten Bandelier und die Satteldecke war aus blauem Tuch, eingefasst in den Farben des jeweiligen Oberst. Den Kürass fand man nur noch bei einem Regiment, nämlich bei den »Cuirassiers du Roi«, aus denen 1791 die 7. Schweren Reiter hervorgingen. Die Husaren trugen ihren traditionellen Dolman nebst Pelz, welche sich in vielerlei Farben voneinander unterschieden. Der »Mirliton« wurde 1802 durch einen hohen Tschako ersetzt, dessen Ausschmückung von Regiment zu Regiment variierte. Die »Chasseurs à cheval« hatten das gleiche Grün wie die Dragoner, doch während die Ersteren die Standardkopfbedeckung der Armee trugen, besaßen die Letzteren einen visierlosen Messinghelm mit Rosshaarschweif.[29]

Die Revolution hatte keine einschneidenden Änderungen der Uniformen zur Folge, nur wurden sie einfacher und verloren viel von ihrer früheren Eleganz. Die Insignien der Obersten verschwanden und wurden durch eine dreifarbige Kokarde am Hut ersetzt. 1792 gestattete man den Reitern der Schweren Kavallerie, den Husaren und Jägern zu Pferd einen Schnurrbart zu tragen und den Hut ein wenig über das rechte Auge zu rücken. (Dieses Privileg galt jedoch nicht für die Dragoner).

Zu den Waffen der Kavallerie gehörten Pistole, Karabiner (oder andere Steinschlossflinten mit glattem Lauf), Pallasch, Lanzen und gelegentlich auch Bajonette. Und hierbei blieb es eigentlich auch während des gesamten Verlaufs der napoleonischen Kriege. Die Schwere Kavallerie (später Kürassiere und Karabiniers) besaß eine Pistole, einen Karabiner und einen Pallasch. Nach 1812 wurde der Karabiner durch eine Muskete mit längerem Lauf und größerer Reichweite ersetzt. Diese wurde den Kürassieren während der letzten Feldzüge aber wieder weggenommen und an die neu aufgestellte Infanterie ausgegeben, während die Reiter mit einer zweiten Pistole vorliebnehmen mussten. Die Leichte Kavallerie (Husaren und Jäger zu Pferd) war mit Pistole, Muskete und einem schweren Säbel bewaffnet, und die Dragoner mit einem Pallasch, Pistole und einer leichten Muskete (tauglich auch für den gelegentlichen Einsatz als Infanterie).[30]

Die Kavallerieuniformen, welche die Kaiserzeit ohne wesentliche Änderungen überdauerten, waren durch Dekret vom 24. September 1803 in allen Einzelheiten festgelegt.

Die Kürassierregimenter trugen einen kurzen blauen Rock und darüber den Küraß, der aus Brust- und Rückenpanzer bestand. Als Kopfbedeckung diente ein stählerner Helm mit einem wehenden Helmbusch aus schwarzem Rosshaar. Sie wurden in Gruppen zu jeweils drei Regimentern zusammengefasst, die sich durch die Farben auf Kragen und Kürassfutter und die Farben der Knöpfe voneinander unterschieden: die 1., 2. und 3. »Cuirassiers« hatten Scharlachrot; die 4., 5. und 6. Goldgelb; die 7., 8. und 9. Mattgelb und die 10., 11. und 12. Rosenrot. Die 13. und 14. »Cuirassiers«, die nach 1803 aufgestellt wurden, erhielten die Farbe Weinlaub. Die Karabiniers waren in den kurzen blauen Rock, aber ohne Zusatzpanzer gekleidet und hatten auf dem Kopf eine Bärenfellmütze nach Art der Grenadiere.

Die Dragoner behielten ihren langen grünen Rock, wurden aber ebenfalls zur farblichen Unterscheidung in Gruppen zu sechs Regimentern mit laufender Nummerierung eingeteilt. Die diesbezüglichen Farben waren Scharlachrot, Karmesinrot, Dunkelrot, Mattgelb und Goldgelb. Auf dem Kopf trug man einen Messinghelm, geschmückt mit Tigerfell und wehendem Rosshaarschweif. Die »Chasseurs à cheval«, die ursprüngliche Leichte Reiterei der Franzosen (von denen es seinerzeit 26 Regimenter gab), kleideten sich in einen kurzen grünen Rock – ohne Besatz zwar, aber mit vielen Borten geschmückt – grüne Reithosen und einen Tschako mit Feder, ähnlich wie die Infanterie.

Die traditionelle Husarenuniform stammte aus Ungarn. In der alten französischen Armee setzten sich die Husarenregimenter aus Ausländern zusammen, von denen einige aus Ungarn, die meisten aus Deutschland kamen.

1789 begann sich dies jedoch zu ändern, und bereits 1803 waren die meisten Offiziere und Mannschaften Franzosen. Die zehn Husarenregimenter jener Zeit besaßen die prächtigsten Uniformen der gesamten Armee; sie stellten eine Vielzahl von Farben und sonstigen besonderen Merkmalen zur Schau. Die einzelnen Uniformstücke, die sich farblich jeweils unterschieden, bestanden aus dem Dolman – einem schoßlosen Rock mit Kordelverzierung – einer pelzgefütterten Jacke, die meist von der linken Schulter herunterhing, enganliegenden Hosen und Husarenstiefeln (die im Einsatz oft durch Überhosen ersetzt wurden) und einer um die Hüfte geschlungenen Schnürschärpe. Die 1. Husaren trugen Dolman, Pelzjacke und Reithosen in Himmelblau, mit weißen Tressen und scharlachroter Schnürschärpe. Bei den 2. Husaren waren Dolman und Pelzjacke kastanienbraun, Hosen und Schnürschärpe himmelblau und die Tressen in Weiß. Sämtliche Uniformteile der 3. Husaren waren silbergrau mit weißen Tressen. Die 4. Husaren hatten einen königsblauen Dolman und gleichfarbige Hosen, doch eine scharlachrote Pelzjacke, weiße Schnürschärpe und gelbe Tressen. Der Dolman bei den 5. Husaren war scharlachrot, Pelzjacke dunkelblau, Reithosen himmelblau sowie Schnürschärpe und Tressen zitronenfarben. Die 6. Husaren hatten Dolman und Pelzjacke in den gleichen Farben wie die 5., nur Hosen und Schnürschärpe in Scharlachrot und dazu gelbe Tressen. Bei den 7. Husaren waren Dolman und Pelzjacke beide in Dunkelgrün, Hosen und Schnürschärpe scharlachrot und die Tressen in Mattgelb. Die 8. Husaren trugen die gleichen Farben wie die 7., lediglich die Paspelierung war weiß. Die 9. Husaren hatten himmelblaue Pelzjacken, Hosen und Schnürschärpe, hingegen einen scharlachroten Dolman und gelbe Tressen. Die 10. Husaren unterschieden sich davon nur insofern, als bei ihnen Dolman, Pelzjacke und Hosen in Himmelblau gehalten waren, die Schnürschärpe jedoch in Scharlachrot und die Paspelierung in Weiß. Die Farben der Husaren wurden in der Ära Napoleon unverändert beibehalten, und bildeten eine von jedem Regiment eifersüchtig gehütete Tradition.

Husarengenerale pflegten im Einsatz häufig die Uniform des Regiments zu tragen, das sie früher befehligt hatten.[31]

Die Soldaten in den Elite-Kompanien der Chasseur- und Husarenregimenter trugen Pelzmützen mit einem roten Federstutz, wohingegen die Dragoner-Kompanien mit den Bärenfellmützen der Grenadiere ausgestattet waren. Außerdem hatten Chasseurs und Dragoner rote Epauletten.[32]

Im August 1806, kurz vor dem Feldzug gegen Preußen, wurde den Soldaten befohlen, ihre Zöpfe abzuschneiden und desgleichen die langen geflochtenen Haarlocken bei den Chasseur- und Husarenregimentern. Diese Anordnung löste viel Unwillen aus.[33]

Für den gleichen Einsatz wurden die »chasseurs à cheval« mit Bajonetten ausgerüstet. In Parquins Regiment, dem 20., wussten die Männer damit nichts besseres anzufangen, als sie kurz vor der Schlacht von Jena zum Kartoffelbuddeln zu benutzen, wobei die meisten liegenlieben.[34]

Irgendwann vor oder nach diesem Feldzug erfuhr die Uniform der Chasseurs eine Änderung. Anstelle des grünen Husaren-Dolman und der tressenbesetzten Hosen trat ein langer grüner Rock nebst langen Hosen mit Schaffellverzierungen.[35]

In seinem Bericht über die Schlacht von Wagram vermerkt Marbot, dass es bei den Stutzern in der Armee üblich geworden sei, weit ausbauschende Hosen zu tragen. Zu Pferde hätte das zwar ganz gut ausgesehen, wäre zu Fuß aber recht hinderlich gewesen. Hierbei erwähnt er einen jungen Offizier mit Namen La Bourdonnaye, der zum Stabe des Marschall Lannes gehörte. Während der Schlacht befahl Lannes La Bourdonnaye abzusitzen und zu Fuß einen Befehl an eine Einheit zu überbringen, welche an einer Brücke eingesetzt war. »Die Sporen des jungen Mannes«, schreibt Marbot, »verfingen sich in seinen Hosen. Er fiel hin und wir hielten ihn für tot! Doch rasch war er wieder auf den Beinen und lief weiter. Der Marschall rief darauf ›Ist es nicht verrückt, mit Hosen in den Krieg zu ziehen, bei denen einem sechs Ellen Stoff um die Beine baumeln?‹

La Bourdonnaye, zum ersten Mal im Einsatz und bemüht unter den Augen des Marschalls seinen Eifer an den Tag zu legen, zog seinen Degen, schnitt und riss die Hose in halber Beinlänge weg und stürmte mit nackten Knien und Beinen weiter! Obwohl wir dem feindlichen Feuer ausgesetzt waren, lachten der Marschall und sein Stab, bis ihnen die Tränen kamen, und als La Bourdonnaye schließlich zurückkehrte, beglückwünschte man ihn ob seiner Geistesgegenwart.«[36]

Der lange Uniformrock der Dragoner wurde 1812 durch einen kurzen, gleichfalls grünen ersetzt, an dem gewölbte Messingknöpfe saßen. Dazu wurde Reithose und Weste getragen, weiß bei der Parade und grau im Felde. Die zu den Reithosen gehörenden langen Stiefel wurden allmählich durch lange graue Hosen mit Ledereinsätzen verdrängt. Der Helm aus dem Jahre 1803 wurde beibehalten. Diese Uniformänderungen ließen – wenn auch etwas verspätet – den Wandel erkennen, den die Dragonerregimenter inzwischen von der Berittenen Infantrie zur Schweren Kavallerie durchgemacht hatten. Er kam ferner dadurch zum Ausdruck, dass den Reitern gestattet wurde, sich einen Schnauzbart wachsen zu lassen. (In Spanien trugen viele von ihnen auch noch Kinn- und Backenbart, wie auch die Sappeure).[37]

Da die in Spanien stehenden Regimenter vielfach außerstande waren, sich Uniformtuch in der passenden Farbe zu besorgen, und auch die Depots nichts zu liefern vermochten, wurden Ersatzuniformen aus braunem Stoff angefertigt, den man in den Kapuziner-Klöstern aufgetrieben hatte.[38]

Die Gardekavallerie besaß besondere Uniformen. Die Grenadiere zu Pferd trugen den blauen Rock der Grenadiere zu Fuß, mit orangefarbener Fangschnur und Epauletten, weißen Reithosen, langen Stiefeln sowie die Pelzmütze der Grenadiere: ohne Schild zwar, dafür aber mit orangefarbener Paspelierung. Bei Paraden und zu Galaveranstaltungen wurde ein Rock mit weißen Rabatten, weiße Weste und enge weiße Hosen sowie ein Federstutz an der Mütze getragen, der über der Kokarde saß. Die Pferdedecken waren blau mit orangefarbener Einfassung. Der Mantel des Reiters war weiß und wurde im Allgemeinen zusammengelegt hinter dem Sattel mitgeführt.[39]

Bei den Jägern zu Pferd der Kaisergarde waren Offiziere und Mannschaften nach Art der Husaren gekleidet, mit grünem Dolman, scharlachroter Pelzjacke und einer Fangschnur an der linken Schulter. Die Pferde der Offiziere trugen Pantherfell-Schabracken. Diese Uniform stammte von den »Guides«, Napoleons ehemaliger Stabswache während des Feldzuges in Ägypten. Allerdings waren nicht alle »Guides«-Einheiten einheitlich uniformiert. Als Masséna 1799 die Donau-Armee kommandierte, trugen seine »Guides« einen mit blauem Tuch gedeckten Ledertschako – überragt von einem gelben Federbusch – einem blauen Dolman mit weißer Borte und hohem roten Kragen, sowie blaue Hosen mit weißen Streifen und langen Reitstiefeln.[40]

Die Gardedragoner (aufgestellt 1806), ähnelten in ihrer Uniform den Gardegrenadieren, nur dass sie einen langen grünen Rock trugen, und einen mit Pantherfell geschmückten Messinghelm mit herabwallendem Pferdeschweif und rotem Federstutz. Da dem Regimentskommandeur diese Uniform nicht gefiel, kleidete er 1808 zwei seiner Unteroffiziere nach eigenem Geschmack ein: kurzer grüner Rock mit Fangschnur an der rechten Schulter (zum Unterschied gegenüber den Jägern, welche diese links trugen), weiße Hirschlederhosen, Stulpenhandschuhe und einen Helm, der, im Gegensatz zu dem früheren, einen Adler nebst rotem Federbusch als Zier aufwies. Der Kaiser stimmte dieser neuen Uniform zu und ließ sie einführen.[41]

Die von den sieben französischen Lanzenreiter-Regimentern getragenen Uniformen bestanden aus grüner Jacke und Hose, bei denen sich die Quasten der Epauletten und die Bordüren in ihren Farben regimentsweise unterschieden. Diese Farben waren: 1. Lanzenreiter scharlachrot, 2. goldgelb, 3. rosenrot, 4. karmesinrot, 5. himmelblau, 6. krapprot und 9. lederfarben. Als Kopfbedeckung diente eine Art Dragonerhelm aus Kupfer mit schwarzem Rosshaarkamm. Die 1. und 2. Polnischen Lanzenreiter der Kaisergarde, aus denen später die 7. und 8. wurden, behielten ihre alten Uniformen sowie die Tschapka als Kopfbedeckung. Die 7. trugen Blau mit karmesinroter Einfassung, die 8. Jacken, Hosen und Helmzier in Scharlachrot mit blauen Aufschlägen und weißen Hosenstreifen. Die Lanze bestand aus einem 2,70 m langen Eichenschaft mit gerader Maserung und einem roten oder weißen Wimpel an der Spitze. 1813 wurden die Regimenter umbewaffnet. Eine Hälfte behielt Lanzen und ritt stets vorne, während die Reiter der hinteren Glieder Säbel und Musketen bekamen.[42]

Die Mäntel dienten in der Kavallerie häufig zugleich auch als Schutz. Zumindest war es bei den Chasseurs üblich, den Mantel so zu rollen und schräg über die Brust zu schlingen (manteaux es sautoir), dass er sowohl den Schwertarm freiließ, als auch gegen Säbelhiebe schützte.[43]

Die Fellmütze der Husaren ist eine interessante Kopfbedeckung. In der französischen Armee nannte man sie »colback«, ein Name, der wahrscheinlich vom »kalpak« der türkischen Armee abgeleitet ist. Ihr Ursprung ist unbekannt, doch kam sie vermutlich mit den Türken nach Europa, denn ein Kavalleriekorps des alten Ottomanenheeres trug bereits eine konisch geformte, pelzverbrämte Mütze, deren Spitze in einer Hängetasche nach unten fiel. Diese Reiter – »Gunalis« genannt, hatten ebenfalls eine Pelzjacke. Die Türken trugen den »kalpak« auch später, meist mit einem drumherumgeschlungenen Turban, bis schließlich Mohammed der Reformer im 19. Jahrhundert den Fez als nationale Kopfbedeckung einführte.

Eine ähnliche Mütze tragen die Usbeken von Buchara, und auch die Kosaken, mit denen Napoleon es zu tun bekam, waren so gekleidet, so dass der Ursprung vielleicht östlich des Kaspischen Meeres zu suchen ist. Die Ungarn übernahmen sowohl den Kalpak als auch die Pelzjacke von den Türken, von dort gelangte die Mode nach Deutschland und weiter nach Frankreich. Die Hängetasche wurde schließlich zum Schmuckzipfel der heutigen Pelzmützen, so wie sie die britische Armee noch bei der Paradeuniform der Husaren, Königlichen Artillerie, der Ingenieur- und Nachrichtenkorps verwendet.[44]

Die Uniform der Kosaken, sagt Wilson[45], bestand aus einem mittels Haken zu schließenden blauen Rock (mit weißem Besatz auf Manschetten oder Kragen), bauschigen Hosen, die so gefaltet waren, dass die Öffnung vorne verdeckt blieb, einer Mütze aus dem Fell ungeborener Lämmer mit herunterhängendem Pandurenbeutel und einem Federbusch an der Seite oder – noch gebräuchlicher, mit Ausnahme bei den Atamanenregimentern – einer Tuchmütze mit hinten sitzendem Beutel, in welchem Lebensmittel oder sonstige Dinge mitgeführt wurden, sowie einem kurzen Tscherkessenmantel aus schwarzem oder weißem Fell.

Abgesehen von den Mamelucken, waren die Kosaken der einzige wirklich ernstzunehmende Reiterverband, mit dem die Franzosen die Klingen kreuzten. Wilson zufolge setzte sich die Bewaffnung aus Lanze, einer Pistole im Gürtel und einem Säbel zusammen. »Der Kosak empfängt seine Lanze nicht erst, wenn es in den Krieg geht oder er zum Mann herangereift ist, sondern sie ist bereits das Spielzeug seiner Kindheit und Gegenstand ständiger Übungen in jungen Jahren. Trotz ihrer Länge von 4,30 bis 5,50 handhabt er sie mit der gleichen Gewandtheit und Leichtigkeit, wie die besten europäischen Degenfechter ihre Waffe... Das Kosakenpferd hat nicht viel an Ausrüstung zu tragen – eine Trense und ein Halfter, welches stets in der Hand gehalten wird, um beim Absteigen das Tier rasch anbinden oder leicht führen zu können und ein Sattelgestell mit einem aufgebundenen Kissen, in dem der Kosak seine Habe mitführt und auf dem er sitzt – mehr gibt es an Gepäck nicht zu schleppen.[46]

TAKTIK UND TAKTISCHER EINSATZ

Die Leichte Kavallerie (Husaren, Chasseurs und später Lanzenreiter) hatte im Wesentlichen für die Aufklärung und die Sicherung zu sorgen (d.h. Vorhuten, Flanken, Nachhuten und Vorposten), während die Schwere Kavallerie (Kürassiere und Karabiniers) den geschlossenen Reiterangriff zu führen hatte. Die Dragoner galten ursprünglich als eine besondere Kategorie, welche entweder als bewegliche Feuerkraft oder bei Überraschungsangriffen Verwendung fand, doch für gewöhnlich kamen sie zusammen mit der Schweren Kavallerie zum Einsatz, was dann schließlich auch ihre ureigene Rolle wurde. Aber woher der Reiterverband auch immer stammte, grundsätzlich wurde von ihm verlangt, dass er jeder kavalleristischen Aufgabe gewachsen war.

Napoleon verstand seine Kavallerie meisterlich einzusetzen und sagte dazu selber: »Der Einsatz der Reiterei verlangt Kühnheit und Können und vor allem keine falsche Sparsamkeit im Ansatz... Wenn Pferde Menschen einzuholen vermögen, dürfen sie nicht geschont werden... Man höre nicht auf das Gejammer der Kavallerie, denn wenn es einmal darum geht, eine ganze feindliche Armee zu vernichten, dann kann der Staat es auch ertragen, wenn ein paar Hundert Pferde an Erschöpfung zugrunde gehen.«[47] Die Richtigkeit dieser Erkenntnis ist nicht nur ganzen Generationen von Kavalleristen entgangen, sondern auch den Befehlshabern von Panzerverbänden und Schlachtflotten.

Im Gegensatz zu vielen anderen Generalen (vor allem im Amerikanischen Bürgerkrieg) verwendete Napoleon seine Reiterei nicht zu groß angelegten Operationen oder Fernkampfaufträgen, weit abgesetzt von der Masse des Heeres. Vielmehr hielt er seine Schweren Reiter und Dragoner stets als operative Reserve zurück, als Angriffsreserve für die zu Fuß kämpfenden Truppen – als Rammbock gegen die wankenden feindlichen Linien und zur Ausweitung des Erfolges.[48]

Aber die Kavalleriereserve gelangte noch anderweitig zum Einsatz und nicht nur in der eigentlichen Schlacht. Im Zuge der Annäherungsbewegung für die Kämpfe im Raum Ulm, im Jahre 1805, überschritt das Gros der französischen Armee den Rhein zwischen Mannheim und Kehl auf einer Frontbreite von 112 km in einer weit ausholenden Umfassungsbewegung. Das Kavallerie-Reservekorps, welches noch tags zuvor die gleiche

Straße wie das Infanterie-Korps benutzt hatte, und vor diesem marschiert war, schwenkte jetzt auf den Schwarzwald zu und drang bis zu einer gewissen Entfernung in dessen Täler ein.

Dadurch sollte nicht nur der Rheinübergang der Armee gedeckt, sondern auch der Gegner über die wahre Vormarschrichtung getäuscht werden. Es sollte der Eindruck entstehen, als sei ein Frontalangriff aus dem Schwarzwald zu erwarten. Sobald dieses Täuschungsmanöver fühlbar wurde, konnte die Kavallerie unter Vermeidung der Engpässe den Schwarzwald nach Norden wieder verlassen und den Schutz der rechten Flanke der auf die Donau anrückenden Armee übernehmen. Die Nahdeckung der Infanterie-Korps während des Marsches wurde von deren eigenen leichten Kavallerie-Divisionen sichergestellt.[49]

Wie Napoleon seine Kavallerie-Reserve für die Fernaufklärung und -sicherung einsetzte, erkennt man gut an den ihr zugewiesenen Aufgaben nach Beendigung der Kämpfe um Ulm und anschließend auf dem Wege über Wien nach Brünn. Die abgesessene Dragoner-Division wurde zur Erkundung auf Pilsen angesetzt. Eine Dragoner-Division blieb in Wien beim Korps Davout, um die Straße zwischen Wien und Brünn freizuhalten, eine zweite überwachte die Südwestgrenze Böhmens, eine dritte befand sich auf dem Marsch nach Wien, nachdem sie zuvor bei der Sicherung der Versorgungsbasis Augsburg geholfen hatte, und die letzte Dragoner-Division schließlich bildete, zusammen mit den beiden Kürassier-Divisionen, die Avantgarde der anrückenden Armee.[50]

Die Dragoner mit ihrer großen Feuerkraft waren eine bemerkenswert vielseitige Truppe, und einem gemischten Verband aus Schweren Reitern und Dragonern traute man genügend Durchschlagskraft zu, um jederzeit mit den feindlichen Nachhuten fertig zu werden.

Ein Mangel an Kavallerie vermochte eine Operation sehr erheblich zu beeinträchtigen. So hatte die praktische Vernichtung der Reiterei in Russland auch zur Folge, dass Napoleon den Feldzug von 1813 nicht so planen konnte, wie er eigentlich wollte.

Das lag nicht nur an den wenigen Reiterregimentern, die ihm erneut zur Verfügung standen, sondern auch an deren schlechter Ausbildung und dem Umstand, dass sie ihm keine Aufklärungsergebnisse brachten. Er sagte selber, dass es unmöglich sei, »etwas anderes zu tun als zur Verteidigung überzugehen und sich mit Gräben und natürlichen Hindernissen zu sichern, wenn die eigene Kavallerie nicht an Stärke ungefähr der des Feindes entspricht... Wenn man eine Schlacht verliert, ist die Armee verloren... Eine Armee mit überlegener Kavallerie vermag stets ihre Bewegungen abzuschirmen, ist über alle Verschiebungen beim Gegner im Bilde und kann die Schlacht annehmen oder verweigern. Wird sie geschlagen, sind die Konsequenzen nicht so fühlbar, ist sie aber erfolgreich, so bedeutet dies die Entscheidung.«[51]

Aufgrund dieses Missverhältnisses musste Napoleon zu Beginn des Feldzuges von 1813 seine Aufmarschbewegungen im Schutz der Saale vollziehen, da für diese typische Kavallerieaufgabe ganz einfach zu wenig Regimenter vorhanden waren. Berthier schrieb in einem Brief an Eugène: »Der Kaiser beabsichtigt die Überwachung des gesamten Saalelaufes, um zu verhindern, dass Teile des Gegners sich am linken Ufer festsetzen.«[52]

Die Kavallerieattacke war eine häufig geübte und wichtige Kampfart im Rahmen der napoleonischen Schlachten. Bei Marengo brachte ein Flankenangriff der Kavallerie-Brigade Kellerman die Entscheidung. Bei Austerlitz zerschlug Murat den rechten russischen Flügel durch einen Angriff mit der Kavalleriereserve: 96 Schwadrone mit annähernd 15 000 Reitern.[53] Bei Preußisch-Eylau wurde die Schlacht durch die Attacke der Schweren Reiterei und der Garde gerettet, und bei Waterloo schließlich war der denkwürdigste Augenblick die große französische Kavallerieattacke gegen Wellingtons rechten Flügel.

Napoleon pflegte seine Kavalleriereserve in dem Augenblick in die Schlacht zu werfen, in dem der Gegner mit der französischen Infanterie im Nahkampf stand, und so zur Abwehr des Reiterangriffs keine Karrees mehr formieren konnte.

Falls hierfür der falsche Zeitpunkt gewählt wurde – wie bei Waterloo zum Beispiel –, so lag die Schuld bei seinen Untergebenen. Die Kavallerieattacke napoleonischer Prägung hatte in aufeinanderfolgenden Wellen stattzufinden, und zwar mit soviel Platz zwischen der vordersten und der nachfolgenden Brigade, dass Rückschläge aufgefangen und aus der Tiefe heraus wieder stabilisiert werden konnten.[54]

Einzelheiten über den Einsatz von Reiterregimentern finden wir verschiedentlich bei Parquin und Marbot. Das Regiment, in welchem Parquin an der Schlacht bei Preußisch-Eylau teilnahm, war das 20. »Chasseurs à Cheval«. Zusammen mit den 7. »Chasseurs à Cheval« bildete es eine Brigade, welche zum IV. Korps des Marschall Soult gehörte. Die Brigade, mit dem 20. im ersten und dem 7. im zweiten Treffen, war vor der Artilleriestellung aufmarschiert. An ihrer rechten Flanke befand sich das 27. Infanterieregiment. Den ganzen Morgen über schoss die feindliche Artillerie, doch sie zielte schlecht und richtete nur geringen Schaden an. Es war kalt und dicke Schneeflocken trieben einem ins Gesicht. Parquin berichtet dann weiter: »Gegen zwei Uhr nachmittags begann sich eine ungeheure Reitermasse im Schrittempo gegen uns in Bewegung zu setzen. Eine raschere Gangart war wegen des Schnees und sumpfigen Untergrunds nicht möglich. Die Luft war erfüllt vom gegnerischen Hurrah-Geschrei. Einige Jäger antworteten mit dem Ruf »Au chat!«, was eine Anspielung auf die französische Aussprache von »Hurrah! (Au Rat!)« sein sollte. Andere folgten ihrem Beispiel und im Nu hatte sich der Ruf des ganzen Regiments bemächtigt. Colonel Castex fragte, ob die Karabiner geladen seien. Nachdem das bestätigt worden war, befahl er: »Den Karabiner hoch!« (hierbei nahm die rechte Hand das Gewehr aus dem Haken des Bandeliers und brachte es vor die Mitte des Leibes, den Kolben oberhalb des rechten Knies).

Dann befahl er die Offiziere zurück ins Glied. Inzwischen hatte sich die unübersehbare Kavalkade im Schritt weiter genähert. Als die Russen bis auf 20 m heranwaren, befahl er plötzlich: »Feuer!« Der Befehl wurde wie bei einer Übung ausgeführt und seine Wirkung war schrecklich: nahezu das ganze erste Glied der feindlichen Dragoner wurde niedergemäht. Schon wenig später waren die Toten und Verwundeten durch die Reiter des zweiten Treffens aber wieder ersetzt und es kam zu einem allgemeinen Handgemenge. Ohne Capitaine Kirmanns Geistesgegenwart wäre das Regiment übel drangewesen, denn ein Trupp Kosaken schickte sich an, von der linken Flanke her anzugreifen, so dass das Regiment sich nach zwei Seiten hätte wehren müssen. Aber mit dem schnell gegebenen Befehl »Schwadron, links um!« vereitelte er die gegnersiche Absicht. Als die Dragonermasse schließlich wieder kehrtmachte – sicher war sie doppelt so stark wie wir –, hatten auch wir gehörig bluten müssen. Über 100 Mann der 20. Chasseurs waren tot oder verwundet. Der Feind verlor mindestens 3000 Mann, da das Karree des 27. Regiments durch wohlgezieltes Feuer den Russen auf dem Rückzug noch schwere Verluste zufügte.«[55]

Ein andermal, aber während des gleichen Feldzuges, wurde das Regiment den ganzen Tag über von einem Kosakentrupp belästigt. Obwohl die

Chasseurs verschiedentlich anzugreifen suchten, gelang es doch nie, an sie heranzukommen. Die Taktik der Kosaken bestand darin, sich im Galopp in den Schutz der eigenen Artillerie zurückzuziehen. Durch das unerwartete Artilleriefeuer erlitt die nachdrängende Kavallerie beträchtliche Verluste. Als diese immer fühlbarer wurden, beschloss Parquins Oberst, sich den Umstand zunutze zu machen, dass die eigene Infanterie in der rechten Flanke der 20. Chasseurs ein Gehölz genommen hatte, und legte eine Schwadron hier in den Hinterhalt. Sie sollte nicht eher attackieren, als bis die eigene Truppe das Feuer eröffnet hätte.

Dann schickte er eine Schwadron auf die andere Seite des Waldstücks und gab dem Chef den folgenden Befehl: »Reiten Sie im Trab an und avancieren Sie etwa 35 m über den Waldrand hinaus – das vorderste Glied mit schussbereiten Waffen. Der Feind vor Ihrer Front wird darauf mit einer geschlossenen Attacke reagieren. Bevor er nicht auf 20 m heran ist, lassen Sie nicht schießen. Er wird zu einem neuen Angriff ansetzen. Er wird mit Säbeln und Lanzen auf Sie eindringen, um Sie zu werfen –, Sie aber werden nicht die Flucht ergreifen. Ich werde Sie im Auge behalten.« Diese Anweisungen wurden peinlich genau befolgt. Sobald die Schwadron das Feuer eröffnete, brach die andere aus dem Wald hervor und griff die Kosaken im Rücken an. Zwei weitere Schwadronen des Regiments attackierten frontal und jagten die Kosaken in die Flucht, wobei diese viele Gefangene verloren und eine große Zahl von Toten zurückließen.[56]

Marbot erwähnt zwei interessante Beispiele, welche die Stärke und Schwäche der Lanze als Waffe beleuchten. Sein Regiment, die 23. »Chasseurs à Cheval«, kämpfte 1812 in der Schlacht von Polotsk gegen Garde-Kosaken, die als Bewaffnung eine Lanze führten. Nachdem der Einbruch in die vordersten Reihen der Russen gelungen war, lagen alle Vorteile bei den Franzosen, da der Säbel der Lanze im Nahkampf eindeutig überlegen ist. Aber von der Schlacht an der Katzbach, die 1813 stattfand, weiß er dann etwas anderes zu berichten: »Das Plateau von Jauer und die Ufer der Katzbach wurden urplötzlich zum Schauplatz einer blutigen Schlacht. Preußische Truppen drangen von allen Seiten vor. Schon nach kurzer Zeit sah sich mein Regiment einer feindlichen Infanteriebrigade gegenüber, deren Musketen durch den Regen außer Gefecht gesetzt waren und die nicht einen einzigen Schuss abzufeuern vermochte. Ich versuchte, das preußische Karree aufzubrechen, doch unsere Pferde wateten bis zu den Sprunggelenken im Dreck und konnten nur im Schritt gehen. Ohne heftigen Anprall ist es für Kavallerie aber nahezu unmöglich, in eine gut geführte und festgeschlossene Infanterie mit ihrem starrenden Wald von Bajonetten einzudringen.

Wir waren einander so nahe, dass wir sie anrufen und mit unseren Säbeln auf ihre Musketen einschlagen konnten. Hätte General Sebastiani die Brigadeartillerie nicht an einen anderen Ort dirigiert, wäre es ein Leichtes gewesen, sie zu werfen, so aber kamen wir nicht voran. Die Situation begann allmählich lächerlich zu werden, denn der Gegner konnte nicht schießen und wir konnten mit unseren kurzen Säbeln nicht an ihn heran. Nachdem dieser Zustand eine Weile angehalten hatte, schickte uns General Maurin, welcher die Nachbarbrigade führte, das 6. Lanzenreiter-Regiment zu Hilfe. Ihre langen Waffen reichten über die feindlichen Bajonette hinweg, und im Handumdrehen waren so viele Preußen getötet, dass nicht nur die Lanzenreiter, sondern auch die 23. und 24. Chasseurs in das Karree einzubrechen vermochten...«[57]

James Smithies, der mit den Royal Dragoons bei Waterloo die Attacke mitritt, weiß zu berichten, dass die französischen Lanzenreiter, mit denen sie es zu tun bekamen, die Lanze an einem Fuß befestigt hatten und »als wir dicht heranwaren, richteten sie dieselbe mit aller Kraft nach vorne. Gelang es nicht, den auf einen gerichteten Stoß zu parieren, so war es aus.«[58] Nach diesem Bericht will es scheinen, als ob die französischen Lanzenreiter-Regimenter beim Reiterkampf die rechte Hand zum Gebrauch des Säbels frei hatten.

Die napoleonische Armee der letzten Jahre sah so viele Nationalitäten in ihren Reihen vereint, dass sich gelegentlich Regimenter gleicher Herkunft als Gegner gegenüberstanden. Marbot zitiert den folgenden bemerkenswerten Vorfall:

»Zu den ungewöhnlichen Vorkommissen, die sich bei der Schlacht von Wagram ereigneten, muss ich auch den Kampf zweier Reiterregimenter erwähnen, die trotz gleicher Herkunft nicht nur miteinander die Klingen kreuzten, sondern sogar auch noch den gleichen Chef hatten, nämlich den Prinzen Albert von Sachsen-Teschen. Er hatte die gefeierte Erzherzogin Christine von Österreich geheiratet, die Statthalterin in den Niederlanden.

Da er in beiden Ländern den Titel eines Prinzen führte, besaß er in Sachsen ein Husarenregiment und ein Kürassierregiment in Österreich. Beide nannten sich nach ihm und, wie es damals der Brauch war, für beide Regimenter ernannte er auch die Offiziere. Und da es überdies seit langem keinen Krieg mehr zwischen Österreich und Sachsen gegeben hatte, setzte Prinz Albert die verfügbaren Offiziere dort ein, wo immer sich gerade eine offene Stelle bot. Es konnte daher geschehen, dass Mitglieder der gleichen Familie bei den sächsischen Prinz-Albert-Kürassieren dienten. Auf dem Schlachtfeld von Wagram wollte es nun der Zufall – beklagenswert und ungewöhnlich zugleich –, dass sich diese beiden Regimenter gegenüberstanden. Beseelt vom gleichen Pflichtbewusstsein und dem gleichen Ehrgefühl attackierten sie einander. Bemerkenswerterweise wurden die Kürassiere von den Husaren geworfen. Diese legten einen hohen Kampfgeist an den Tag und trachteten danach, sich unter den Augen Napoleons und der französischen Armee zu bewähren, um so die Scharte wieder auszuwetzen, welche das zweimalige Versagen der sächsischen Infanterie an diesem Tag hinterlassen hatte. Die Letztere hatte ihren Mut zwar schon häufig unter Beweis gestellt, verfügte aber nicht annähernd über so gute Leute und Ausbildung wie die Kavallerie, welche als eine der besten Europas galt –, und dies nicht ohne Grund.«[59]

1 Edouard Detaille und Jules Richard, »L'Armee Francaise, 1885–89«
2 Mémoires du Général Baron de Marbot«, 39. Ausgabe, 1891
3 Colonel R. W. Phipps, »The Armies of the First French Republic«, ed. Colonel C. F. Phipps and Elizabeth Sandars, 1926–39 (5 Bände)
4 Sir Charles Oman, »Wellington's Array«, 1912
5 F. Loraine Petre, »Napoleon's Conquest of Prussia – 1806, 1907«
6 Detaille und Richard, op. cit.*
7 ibid.**
   Colonel Ruby et Capitaine de Labeau, »Historique de 12 Regiment de Cuirassiers«, 1944
8 ibid.
9 Detaille und Richard, op.cit.
10 Phipps, op. cit.
11 Detaille und Richard, op. cit.
12 Phipps, op. cit.
13 ibid.
14 Marbot, op. cot.

15 Ruby et de Labeau, op cit.
16 Detaille und Richard, op. cit.
17 Ruby et de Labeau, op. cit.
18 Detaille und Richard, op. cit.
19 Major G. Tylden, »Horses und Saddlery«, 1965
20 Marbot, op. cit.
21 Petre, op. cit.
22 Marbot, op. cit.
23 «Souvenirs de Capitaine Parquin«, mit einer Einführung von F. Masson, 1892
24 Henry Lachoque, bearbeitet von Anne. S. K. Brown, »The Anatomy of Glory«, 1961
25 F. Loraine Petre, »Napoleon and die Archduke Charles«, 1909
26 Sir Robert Wilson, »The Russian Army and the Campaigns in Poland 1806–1807«, 1810
27 Marbot, op. cit.
28 Baron von Odeleben, »A Circumstantial Narrative of the Campaign in Saxony; Französische Ausgabe herausgegeben von Aubrey de Vitry, englische Übersetzung A. J. Kempe, 1820
29 Brig. Gen. V. J. Esposito und Col. J. R. Elting, »A Military History and Atlas of the Napoleonic Wars«, 1964
   Ruby et de Labeau, op. cit.
30 Detaille und Richard, op. cit.
31 ibid.
32 ibid.
   Parquin, op. cit.
33 ibid.
34 ibid.
35 ibid.
36 Marbot, op. cit.
37 Detaille und Richard, op. cit.
38 ibid.
39 Lachoque, Brown, op. cit.
40 Phipps, op. cit.
   Lachoque, Brown, op. cit.
41 ibid.
42 ibid.
   Detaille und Richard, op. cit.
43 Parquin, op. cit.
44 Colonel H. C. B. Roger's, »The Mounted Troops of the British Army«, 1959
45 Wilson, op. cit.
46 ibid.
47 Graf Yorck von Wartenburg, »Napoleon as a General«, herausgegeben von Major W. H. James, 1902
48 Sir Charles Oman, »Studies in the Napoleonic Wars«, 1929
49 Wartenburg, op. cit.
50 ibid.
51 ibid.
52 F. Loraine Petre, »Napoleon's Last Campaign in Germany 1813«, 1912
53 Oman, »Studies in the Napoleonic Wars.«

54 ibid.
   Marbot, op. cit.
55 Parquin, op. cit.
56 ibid.
57 Marbot, op. cit.
58 Rogers, op. cit.
59 Marbot, op. cit.

* op. cit. = opere citato = im Buch zitiert
** ibid. = ibidem = an der gleichen Stelle

INFANTERIE

ALLGEMEINES

Wie in den meisten anderen Heeren im Verlauf der Militärgeschichte der letzten Jahrhunderte, galt auch Napoleons Infanterie gemeinhin als der eigentliche Kern der Armee.

Wahrscheinlich trifft dies zu, wenngleich Napoleon selber – von Haus aus Artillerieoffizier – hier gewisse Einschränkungen machte. Aber in der Vorstellungswelt des Volkes ließ die lange Kette französischer Siege so etwas wie einen Mythos entstehen, eine Legende, deren bestes Symbol der »grognard«, der alte Haudegen der Kaiserlichen Garde ist, jener angegraute Eisenfresser, den nichts zu erschüttern vermochte und der überallhin folgte, wohin Napoleon ihn auch rief, dessen Schnauzbart den Mund aber nur dann freigab, wenn es zu räsonieren galt. Die Künstler jener Epoche haben diesem Mythos noch Vorschub geleistet und dadurch verstärkt, dass sie auf ihren Bildern den Grenadier der Garde stets als reiferen, wenn nicht sogar älteren Mann darstellen. Die Wirklichkeit sah natürlich ganz anders aus, denn solche Leute hätten nie und nimmer die langen Märsche und Strapazen der napoleonischen Feldzüge ausgehalten. Marschall Bugeaud zufolge, der mit den »grognards« kämpfte und lebte, betrug das Durchschnittsalter seiner Soldaten zwischen 25 und 30 Jahren, und nur sorgfältig ausgesuchte Leute wurden in die Garde aufgenommen. Sie waren alt an Erfahrung, aber nicht an Jahren.[1]

Während der Frühzeit der Republik focht die Infanterie häufig mit großer Tapferkeit, da jedoch viele Einheiten weder über Ausbildung noch Disziplin verfügten, mangelte es bei Rückschlägen an der erforderlichen Standfestigkeit, so dass die panikartige Flucht ganzer Bataillone, ja Armeen, die Folge sein konnte. Am 15. September 1792, vor der Schlacht bei Valmy, befand sich Domouriez's gesamte Armee auf der Flucht.

Am 17. Mai 1793, bei der Rheinarmee, eröffnete ein unerfahrenes Bataillon das Feuer auf die eigene Kavallerie, die unerwartet aufgetaucht war; dann ergriff es die Flucht und riss in diese auch noch 6000 Mann Hilfstruppen mit hinein. Bei der gleichen Armee trat im Oktober 1793

Stärke von 100 000 Mann besitzen, doch schon nach einem langen und mühsamen Marsch sah das ganz anders aus: hinten schleppten sich jetzt 20–30 000 mühselig hinterher, alte Soldaten, die zu alt waren, um noch Schritt halten zu können und junge, schwächliche Konskribierte, die sich nun gemeinsam über das Land ergossen und die Bewohner ausplünderten.[8] Der General Duc de Fézansac schreibt in seinen »Souvenirs Militaires de 1804 à 1814«, dass sich 1807, nach der Schlacht von Preußisch-Eylau, 60 000 Mann von der Truppe entfernt hätten. Bei fast allen handelte es sich um Marodeure und dies in einer Armee, »von der man glaubte, daß sie nahezu vollständig aus pflichtbewußten grognards bestünde«.[9]

Jedoch, solange jemand dem feindlichen Feuer tapfer die Stirn bot und sich den Anstrengungen der langen Märsche gewachsen zeigte, war der Kaiser geneigt, ein Auge zuzudrücken, sofern der Erfolg seiner Operationen nicht durch die mangelnde Disziplin seiner Truppen in Frage gestellt wurde. Wahrscheinlich war diese Nachsicht sogar ein bewusster Bestandteil seiner Menschenführung, um die Soldaten für seine militärischen Abenteuer bei Stimmung zu halten.

Auch war es ihm gegeben, seinen Soldaten einen gewissen Sinn von Selbstachtung einzuflößen, der sie daran hinderte, Dinge zu tun, die ihren Ehrenschild befleckt hätten. So wurden zum Beispiel, einen Tag nach der Schlacht, Männer, die sich vom Kampf gedrückt hatten, von einem inoffiziellen Kriegsgericht abgeurteilt. Alles in allem wurde die Truppe nur durch eine lose Form der Disziplin zusammengehalten, die im Kaiserkult und der Regimentsehre ihren Ausdruck fand. Ihnen war es im Grunde zu danken, dass die Armee derartig lange Märsche und harte Kämpfe zu bewältigen vermochte, obwohl sie in der Regel schlecht ernährt, versorgt und bezahlt wurde.[10]

Doch Marschall Bugeaud hielt die britische Infanterie der französischen für überlegen. Er focht lange gegen sie auf der Iberischen Halbinsel und bildete sich dort eine hohe Meinung von ihrem kämpferischen Wert. Trochu trifft bei der Schilderung dieses Feldzuges immer wieder die gleiche Feststellung: »L'infanterie anglaise est la plus redoutable de l'Europe; heureusement il n'y a pas beaucoup.« (Die am meisten gefürchtete Infanterie Europas ist die englische; glücklicherweise gibt es davon nicht viel).[11]

Im Kampf mit österreichischen Truppen, ihren hauptsächlichsten

Gegnern, blieb die napoleonische Infanterie zumeist erfolgreich. Der österreichische Infanterist war standhaft, aber sehr langsam und wenig wendig. Standen sich französische und österreichische Infanterie unter etwa gleichen Bedingungen im offenen Gelände gegenüber, wo die Paradeformationen der Letzteren zur Geltung gebracht werden konnten, war der Ausgang durchaus offen. Aber in durchschnittenem oder hügeligem Gelände, oder gar im Ortskampf, waren die wendigen und zu plötzlichen Überfällen geneigten Franzosen unendlich überlegen. Das Gleiche ließ sich auch im Allgemeinen von den Preußen sagen, deren Kampfesweise sich seit den Tagen Friedrichs des Großen nicht geändert hatte.

Die russische Infanterie wird von Wilson[12] wie folgt beschrieben: »Die Infanterie setzt sich im allgemeinen aus athletisch gebauten Männern zwischen 18 bis 40 Jahren zusammen, von kleiner Statur zwar, aber von großer Körperkraft, martialischem Auftreten und Aussehen. Sie sind an extreme Wetterbedingungen und Strapazen gewöhnt, an schlimmste und kümmerlichste Verpflegung, und können bei jeweils vier Stunden Ruhe und sechs Stunden Bewegung tage- und nächtelang auf dem Marsch sein. Sie vermögen schwer zu arbeiten und große Lasten zu tragen, sind wild aber diszipliniert und von sturer Tapferkeit. Sie sind einer überschwänglichen Begeisterung fähig und ihrem Herrscher, Vorgesetzten und Vaterland treu ergeben.« In der Verteidigung erwiesen sich die Russen als ungemein zäh, aber im Angriff waren sie den Franzosen unterlegen.

1789, zu Beginn der eigentlichen Revolution, gab es 102 Linien-Infanterieregimenter (79 aus Franzosen und 23 aus Ausländern), zwölf Bataillone »chasseurs à pied«, sieben Kolonialregimenter, ein Regiment Marineinfanterie und die Provinzial-Infanterie. Jedes dieser Regimenter bestand aus zwei Bataillonen, ausgenommen das 28. – das Regiment »Le Roi« –, welches deren vier aufwies. Von den beiden Bataillonen eines Regiments setzte sich das eine aus vier Füsilier- und einer Grenadier-Kompanie zusammen, und das andere aus einer »chasseur«-(Leichte Infanterie) und vier Füsilier-Kompanien. Die Stärke einer jeden Kompanie belief sich auf etwa 120 Mann aller Grade. Zum Regimentsstab gehörten ein Musikzug sowie ein Zug Sappeure.[13]

Die regulären Regimenter ergänzten ihren Bestand durch Freiwillige. Ein Soldat verpflichtete sich auf acht Jahre und konnte jeweils um weitere zwei Jahre kapitulieren, nicht jedoch über eine Gesamtdienstzeit von vierundzwanzig Jahren hinaus. Er wurde dann entweder entlassen oder invalidiert.

Normalerweise konnte ein freiwillig Dienender nicht über den Rang eines Unteroffiziers hinauskommen. Trotzdem gab es, ungeachtet der bestehenden Barrieren zwischen Offizieren und Unteroffizieren, einige seltene Ausnahmen, in denen Männer aus dem Mannschaftsstand zum Offiziersrang aufstiegen und sogar Oberste und Generale wurden. In der Tat wurden sogar zwei Offizierstellen eigens für ungewöhnlich tüchtige Leute aus dem Unteroffizierskorps offengehalten, nämlich die des Fahnenträgers und des Leutnants in der Grenadier-Kompanie.[14]

In Bezug auf das Rangdienstalter rangierte die Artillerie an der Stelle des 64. Infanterieregiments (obwohl sie selber aus acht Regimentern bestand), und die Provinzial-Infanterie stand kollektiv an 97. Stelle. Die Letztere rekrutierte sich durch Gemeinde-Wahlen und bestand aus acht königlichen Regimentern, vierzehn Provinzial-Regimentern und achtundsiebzig Garnisons-Bataillonen. Im Kriege wurden die Provinzial-Truppen herangezogen, um die Garnisonen der regulären Regimenter zu übernehmen und zusätzliche Kontingente für das Feldheer zu stellen.[15] Außer den Linien-Regimentern und den Provinzial-Truppen waren noch sechs Bataillone der französischen und vier Bataillone der Schweizer Garde vorhanden.

Die Qualität der französischen Infanterie hatte sich 1789 allgemein verschlechtert. Die im Verlauf der Kriege des XVIII. Jahrhunderts erlittenen Niederlagen wirkten sich auf ihr Ansehen aus, und jene Verbände, welche in Amerika gefochten hatten, brachten den Keim von Freiheit und Unabhängigkeit mit nach Hause. Auch die Moral wurde durch schlechte Unterbringung, dürftige Verpflegung und strikte Disziplin negativ beeinflusst. Die meisten Offiziere hatten keinerlei Kontakt zu ihren Männern und nur geringen zu ihren Unteroffizieren, obwohl gerade diese das Rückgrat der Armee sein sollten. Es gab viel zu viel Offiziere, von denen die meisten nichts zu tun hatten, diente doch noch nicht einmal ein Drittel von ihnen wirklich bei der Truppe.

Zu höheren Rängen stiegen nur Adelige auf, die dem König vorgestellt worden waren. Da es sich aber bei den meisten um Landedelleute handelte, die zu arm waren, um in Versailles verkehren zu können, bot sich ihnen kaum eine Chance, es weiter als bis zum Hauptmann zu bringen.[16]

Inmitten der ersten Unruhen des Jahres 1789 verhielten sich die Regimenter, dank der innewohnenden Disziplin, zunächst ruhig und korrekt. Aber nachdem 800 Mann der französischen Garde die Bastille gestürmt hatten und nach der Revolte durch das Regiment »du Roi« in Nancy (was beweist, dass auch die Privilegierten nicht mehr länger loyal waren), bereitete sich die Unzufriedenheit rasch aus und viele Regimenter gingen zu offener Meuterei über.[17]

Ein Dekret vom 1. Januar 1791 schaffte die alten aristokratischen Regimentsnamen ab, und am 4. März wurden die Provinzial-Truppen aufgelöst und durch die nutzlose, neu ausgehobene Nationalgarde ersetzt. Im späteren Verlauf des Jahres 1791 ordnete dann die Nationalversammlung die Aushebung von 169 neuen Freiwilligen-Bataillonen an, deren Rekrutierung und Aufstellung in den Händen der Departements liegen sollte. Bei diesen Bataillonen handelte es sich um vergleichsweise gute Truppen, da sie sich weitgehend aus den Offizieren, Unteroffizieren und Mannschaften der aufgelösten Provinzialverbände zusammensetzten. 1792 erging an die Departements die Aufforderung zur Gestellung eines weiteren Schubs von sogenannten Freiwilligen-Bataillonen. Doch diesmal handelte es sich zumeist um widerstrebende und unausgebildete Leute, bei denen nur das Los entschieden hatte, untauglich und bar jeder Disziplin. Die schlimmsten unter ihnen waren die sogenannten »Fédérés«, eine Sonderaushebung von 20 000 Mann, die nach Paris gesandt wurden, und aus deren Reihen man Vertreter für den Nationalfeiertag vom 14. Juli 1792 »föderierte«. Ein aus Marseilles stammendes Bataillon von ihnen beteiligte sich an der Abschlachtung der Schweizer Garde in den Tuilerien, nachdem der König den Befehl zum Feuereinstellen bereits gegeben hatte.

1793 befahl der Konvent eine »levée en masse«, doch die auf diese Weise gewonnenen Leute hatten wenig Wert für die Armee, und viele von ihnen desertierten.[18]

Aus all dem wird deutlich, dass die Infanterie während der ersten Jahre der Republik sowohl bezüglich der Qualität als auch der Zusammensetzung sehr unterschiedlich war. Es gab zwei Grundformen: einmal die alten regulären Regimenter, mit neuen Nummern anstelle der ehemaligen Namen, welche mit ihren beiden Bataillonen früher zusammengehörten und jetzt getrennt und zu neuen Verbänden zusammengefasst wurden, und zum anderen die Freiwilligen – entweder wirklich freiwillig oder durch Wahl dazu bestimmt –, die zu Bataillonen formiert und nach dem Departement benannt wurden, das sie aufgestellt hatte (z.B. 1. Vosges, 2. Vosges und 3. Vosges.)

Um den Zusammenhalt zu fördern und mehr Ausgewogenheit zu erreichen, wurde bestimmt, dass neue Regimenter zu drei Bataillonen aufgestellt werden sollten, jeweils mit einem regulären und zwei freiwilligen Bataillonen. Aus politischen Gründen wählte man für sie die Bezeichnung »demi-brigade« anstatt Regiment. Dieses Verfahren, welches die Bezeichnung »Amalgame« trug, wurde mit Gesetz vom 21. Januar 1793 eingeführt, obwohl es tatsächlich erst am 8. Januar 1794 in Kraft trat. Jedes aktive Linien-Regiment bildete den Kern zweier Halbbrigaden, zu denen jeweils noch zwei Freiwilligen-Bataillone hinzukamen. (Dort, wo die Freiwilligen-Bataillone unterbesetzt waren, konnten auch drei oder mehr herangezogen werden). Die Halbbrigade bestand dann aus dem 2. Bataillon als Stamm und dem aus Freiwilligen zusammengesetzten 1. und 3. Bataillon. So wurde zum Beispiel am 8. Dezember 1794 das 1. Bataillon des 1. Regiments mit dem 5. Pariser- und dem 4. Somme-Bataillon zusammengelegt und aus ihnen die 2. Linien-Halbbrigade gebildet. Halbbrigaden, die aus Linien-Regimentern als Kern entstanden, nannten sich »demi-brigades de bataille«, während jene, bei denen ein Regiment »chasseurs à pied« Pate gestanden hatte, die Bezeichnung »demi-brigades légères« führten. Jedes Bataillon verfügte über neun Kompanien, von denen eine Grenadiere und der Rest Füsiliere waren.

Außerdem gab es noch eine Regimentsbatterie zu ursprünglich sechs, und ab 1795 zu drei Geschützen.[19]

Das Ergebnis der ersten Neuaufstellung waren 198 »demi-brigades de bataille« und 15 »demi-brigades légères«, doch wurde die Zahl der Ersteren allmählich auf 211 und die der Letzteren auf 32 erhöht, nicht gerechnet die verschiedenen provisorischen und Departement-Halbbrigaden. Am 8. Januar 1796 befahl das Direktorium eine Umorganisierung der Infanterie, welche die Anzahl der »demi-brigades de bataille« auf 100 und die der »demi-brigades légères« auf 30 reduzierte. Die schwächeren Halbbrigaden wurden aufgelöst und die Mannschaften anderen Einheiten zugeteilt. So kamen zum Beispiel zwei Bataillone der 161. Halbbrigade zur 2. Halbbrigade und wurden dieser eingegliedert.[20] Am 30. März 1796 wurden die »demi-brigades de bataille« jedoch erneut auf 110 vermehrt.

Diese demi-brigade-Organisation behielt man zunächst bei, bis schließlich am 24. September 1803 alle aktiven Halbbrigaden durch eine Verfügung des 1. Konsuls wieder zu Regimentern umgebildet wurden. (Die Bezeichnung Halbbrigade wurde allerdings in den darauffolgenden Jahren für die fallweise Zusammenstellung von Verbänden aus mehreren Bataillonen weiter verwendet). Die Anzahl der Linien-Regimenter wurde 1803 auf 90 festgelegt. Von diesen besaßen 19 vier Bataillone und 71 drei, während von den 27 Leichten Regimentern 3 über vier und der Rest über drei Bataillone verfügten.[21]

Die Batterie beim Regiment wurde im Zuge dieser Reorganisation wieder abgeschafft; allerdings erwies sich das in der Praxis als so nachteilig, dass Napoleon 1809 anordnete, dass jedes Infanterieregiment des Korps Masséna mit zwei erbeuteten österreichischen Drei- oder Fünfpfündern ausgestattet werden sollte, desgleichen die Korps Davout und Oudinot. Die Bedienung wurde von den jeweiligen Regimentern gestellt, und ihr Platz in der Marschordnung war stets bei den Adlern.

Für gewöhnlich wetteiferten die besten Offiziere und Mannschaften um die Ehre, der Regimentsartillerie angehören zu dürfen. Indessen wurden die Kanonen den Regimentern 1812 wieder weggenommen, was wahrscheinlich auf die angespannte Rüstungslage zurückzuführen war.[22]

1806 mussten diejenigen Regimenter, die über vier Bataillone verfügten, häufig das 4. abgeben, welches dann als Stammeinheit für die Neuaufstellung von provisorischen Regimentern und Halbbrigaden diente. Die Gliederung der Infanterie im Jahre 1806 war von Napoleon in einer Verfügung vom 18. Februar festgelegt worden. Die ersten sieben Artikel dieser äußerst interessanten Anweisung hießen wie folgt:

1. Unsere Infanterieregimenter der Linie sowie der Leichten Infanterie werden sich künftig aus einem Stab und fünf Bataillonen zusammensetzen. Die ersten vier führen die Bezeichnung Einsatzbataillone und das fünfte heißt Depot-Bataillon.

2. Jedes Einsatzbataillon wird von einem »chef de bataillon« geführt, dem ein Adjutant und zwei Stabsfeldwebel zur Seite stehen. Es besteht aus sechs Kompanien gleicher Stärke, von denen eine Grenadiere, eine Leichte Infanterie und vier Füsiliere sind.

3. Jedes Depot-Bataillon hat aus vier Kompanien zu bestehen. Der Major wird dem Bataillon ständig attachiert sein. Unter seiner Verantwortung wird das Depot-Bataillon von einem Capitaine befehligt, den der Minister aus drei vom Colonel vorgeschlagenen Bewerbern ernennt. Er wird gleichzeitig auch eine Kompanie führen. Ferner werden dem Depot-Bataillon ein Adjutant und zwei Stabsfeldwebel angehören.

4. Die Stärke des Regimentsstabes sowie der einzelnen Kompanien – Grenadiere eines Karabiner-Bataillons (in einem leichten Regiment), Leichte Infanterie oder Füsiliere – wird wie folgt festgelegt:

Stab		Kompanie	
Oberst	1	Hauptmann	1
Major	1	Oberleutnant	1
Bataillonskommandeure	4	Leutnant	1
Adjutanten	5	Oberfeldwebel	1
Quartiermeister/Zahlmeister	1	Feldwebel	4
Rechnungsführer	1	Furier	1
Adlerträger	1	Unteroffiziere	8

Stab		Kompanie	
Feldchirurg	1	Grenadiere/	
Chirurgische Assistenten	4	Leichte Infanteristen	
Stellvertretende Adjutanten	5	oder Füsiliere	121
Stabsfeldwebel	10	Tamboure	2
2. und 3. Adlerträger	2		140
Tambourmajor	1		
Tambour-Unteroffizier	1		
Spielmannszug			
(einschl. 1 Zugführer)	8		
Handwerksmeister	4		
	50		

Mithin wird die Stärke eines jeden Regiments 3970 Mann aller Grade betragen, von denen 108 Offiziere und 3862 Unteroffiziere und Mannschaften sind.

5. Zu jedem Einsatz-Bataillon treten vier Sappeure. Sie werden aus der Grenadierkompanie ausgewählt, zu der sie auch weiter gehören, und unterstehen einem Unteroffizier, der sämtliche Sappeure des Regiments befehligt.

6. Im Einsatz kämpft die Grenadierkompanie auf dem rechten Flügel des Bataillons und die der Leichten Infanterie auf dem linken.

7. Wenn alle sechs Kompanien eines Bataillons beieinander sind, wird stets divisionsweise marschiert und gehandelt. Sind die Grenadiere und die Leichte Infanterie nicht da, manövriert und marschiert das Bataillon zugweise. Zwei Kompanien werden eine Division, jede Kompanie einen Zug und jede Halbkompanie eine Sektion bilden.«[23]

Hierzu muss bemerkt werden, dass die im Zusammenhang mit den Regimentern benutzten Ausdrücke »Division«, »Zug« und »Sektion« als taktische Verbände und nicht als formelle Untergliederungen verstanden sein wollen.

Für die Infanterie der Kaiserlichen Garde galten Sonderbestimmungen. Durch Dekret vom 16. Januar 1809 wurde ihre Zusammensetzung aus den folgenden sechs Regimentern festgelegt: Grenadiere, Füsilier-Grenadiere, Plänkler-Grenadiere, Chasseure, Füsilier-Chasseure und Plänkler-

Chasseure. Ein Regiment bestand aus zwei Bataillone zu je vier Kompanien à 200 Mann. Die Grenadiere und Chasseure standen an erster Stelle der Rangordnung und setzten sich aus Soldaten mit mindestens zehnjähriger Dienstzeit zusammen. Bei ihnen aufgenommen zu werden, bedeutete eine Anerkennung der in einem Linien-Regiment geleisteten Dienste, und jeder Angehörige rangierte als Unteroffizier. Um bei den Garde-Füsilieren anzukommen, musste man zumindest zwei Jahre bei den Plänklern der Garde gestanden haben sowie lesen und schreiben können. Alle Füsiliere mit vierjähriger Dienstzeit konnten bei den Grenadier-Chasseuren der Garde eintreten, sofern der Kaiser dem zustimmte. Die Plänkler-Regimenter setzten sich aus Konskribierten aller Depots zusammen und wurden wie Soldaten der Linie behandelt.[24] Die Gliederung der Garde war jedoch während der Kaiserzeit beträchtlichen Änderungen unterworfen.

Am 23. März 1809 wurde der Dienstgrad eines »Colonel en Second« eingeführt, zu dem ausgewählte Majore heranstanden. Bei den meisten von ihnen handelte es sich um Infanterieoffiziere, die dann mit der Führung einer »demi-brigade d'élite« betraut wurden. Diese entstanden durch Zusammenfassung mehrerer provisorischer Bataillone von Grenadieren der leichten Infanterie-Kompanien, die den Linien-Regimentern weggenommen worden waren. Derartige Halbbrigaden wurden zuvor von Majoren geführt.[25]

UNIFORMEN, STANDARTEN UND WAFFEN

Die französischen Infanterie-Regimenter trugen vor der Revolution weiße Uniformen, hingegen waren die der schweizerischen und irischen Regimenter in französischen Diensten krapprot und die anderer ausländischer Regimenter von dunklem Himmelblau.

Die königlichen Regimenter hatten blaue Aufschläge (Kragen, Manschetten und Rabatten), die prinzlichen Regimenter hingegen scharlachrote Aufschläge und die übrigen waren in Gruppen aufgeteilt, bei denen die diesbezüglichen Farben Himmelblau, Veilchenblau, Stahlgrau, Rosenrot, Mattgelb, Karmesinrot, Silbergrau, Goldgelb und Dunkelgrün waren. Die»Chasseurs à pied« trugen grüne Aufschläge, die sich jedoch von Regiment zu Regiment unterschieden. Provisorische Verbände trugen Weiß mit königsblauem Kragen.[26]

Nach der Revolution wurde Blau als Farbe für die Uniformen der Infanterie festgelegt. Nach der»Amalgame« (Mischung) trugen die»demibrigades de bataille« blaue Röcke mit roten Aufschlägen und weißem Futter, weiße Westen, weiße Hosen und lange Gamaschen. Die»demibrigades légères« waren ganz in Blau gekleidet, abgesetzt mit weißen Borten. Schnitt und Aussehen der Uniformen waren fast wie in den Tagen der Monarchie und blieben auch so, ohne wesentliche Änderungen, bis 1803. Da die Qualität anfangs jedoch sehr schlecht war, verschlissen sie rasch, weshalb die Soldaten eigentlich alles anzogen, was ihnen in den Griff kam, einschließlich vom Gegner erbeutete Uniformen, die aus wesentlich besserem Material bestanden.[27]

Viele der Berufssoldaten lehnten die Aufgabe des traditionellen Weiß völlig ab. Was die Offiziere anbelangt, so hat»Cannonier« Bricard überliefert, dass sich am 10. August 1793 ein Volksvertreter in einer Ansprache an die Truppe darüber beschwerte, dass die Offiziere noch immer ihre langen weißen Uniformröcke und weiße Epauletten trügen, entgegen dem Verbot des Nationalen Konvent, und dass ihnen zum Ablegen jetzt eine letzte Frist gesetzt würde. Nach der Meinung des wackeren republikanischen Freiwilligen Bricard war es einfach lächerlich, wenn Offiziere, die es unter dem alten Regime noch nicht einmal bis zum Sergeanten gebracht hatten, eine Verachtung für die nationale Uniform an den Tag legten.[28]

Aber nicht nur die Offiziere lehnten das Blau ab. Nachdem die alten Berufssoldaten gezwungen wurden, ihre weißen Röcke abzulegen, trugen sie diese außerhalb des Paradedienstes dennoch einfach weiter oder nähten die alten Regimentsknöpfe an die neuen blauen Waffenröcke.[29]

Doch gleichgültig, wie der Schnitt oder die Qualität der Uniformen auch sein mochte, die Kampftüchtigkeit der französischen Infanterie wurde dadurch keineswegs beeinträchtigt. (Sie beeinflusste aber auch den Kampfwert der neapolitanischen Infanterie offenkundig nicht, denn der König von Neapel soll zu jemandem gesagt haben, der ihm einen neuen Uniformänderungsplan vorlegte: »Ob Sie sie in Blau, Rot oder Gelb einkleiden – davonrennen werden sie genauso!«[30])

Als 1803 die neuen Bestimmungen für die Uniformen festgelegt wurden, dachte Napoleon zunächst daran, Weiß wieder einzuführen. Es ist denkbar, dass er diesen Gedanken aus zweierlei Gründen nicht weiter verfolgt hat: einmal, weil Weiß leicht schmutzt und zum anderen, weil Blau inzwischen schon eine gewisse Tradition erlangt hatte und mit siegreichen Feldzügen assoziiert wurde. Doch der Schnitt der Uniformen wurde geändert. Die Weste entfiel bei den Linienregimentern, die Rockschöße wurden kleiner und kürzer, und anstelle der Kniehosen und Gamaschen trug man lange Beinkleider. Der Tschako, zunächst nur der Leichten Infanterie vorbehalten, ersetzte schließlich auch die alte Kopfbedeckung – jenen großen Dreispitz, den man quer getragen hatte, (– »en bataille«, wie es die Soldaten nannten), mit der dreifarbigen Kokarde vorne. Die radikalste Änderung erfuhren jedoch die Standarten. Über die Art und Form der Fahnen und Standarten der französischen Armee sind ganze Bücher geschrieben worden, so dass es genügt, an dieser Stelle nur auf die allgemeinen Prinzipien und Veränderungen hinzuweisen.

Unter der Monarchie führte das jeweils erste Bataillon eines jeden Regiments eine weiße Fahne mit einem in Gold gefassten, durchgehenden weißen Kreuz, und das zweite Bataillon ein durchgehendes weißes Kreuz auf einem in den Regimentsfarben gehaltenen Feld. Den Abschluss der Kreuze bildete in beiden Fahnen eine goldene Lilie, während von der Spitze der Fahnenstange ein weißes Band herabhing.

1790 erfolgte die erste Änderung, und zwar wurde mit Dekret vom 22. Oktober verfügt, dass das weiße Fahnenband durch ein anderes in den neuen Nationalfarben Blau-Weiß-Rot zu ersetzen sei. Da das weiße Band an den Sieg des Marschalls Franz von Luxembourg in der Schlacht von Fleurus erinnerte, am 1. Juli 1690, stieß dieser Wechsel auf eine ungemein heftige Ablehnung. Diese war in der Tat so groß, dass die Regimentskommandeure am 26. Mai 1791 in einem Rundschreiben aufgefordert werden mussten, diesem Befehl nun endlich Folge zu leisten.

In der bereits an anderer Stelle erwähnten Verfügung vom 1. Januar 1791 erhielten die Regimenter neue Nummern, welche zugleich auch das Rangdienstalter neu festlegten. Ferner wurden die Regimenter in Gruppen zu je 12 Regimentern zusammengefasst, die sich durch die Farbe ihrer Rockaufschläge voneinander unterschieden. Diese waren in Bezug auf Farbe und gleichzeitig Rangfolge: schwarz, violett, rosenrot, himmelblau, karmesinrot, scharlachrot, königsblau, dunkelgrün und hellgrün. Hinsichtlich der Regimentsfahnen hieß es in der Verfügung, dass für jedes Bataillon eine eigene und ganz spezielle vorgesehen sei, für die sich die Ausführungsbestimmungen in Vorbereitung befänden, gemeinsam mit der neuen Vorschrift über Uniformen und Ausrüstung. Auch wurde eigens bestimmt, dass die Bataillonsfahne von einem Oberfeldwebel zu tragen sei, den der Oberst persönlich auszuwählen habe.

Die Bekanntgabe der Ausführungsbestimmungen erfolgte schließlich am 30. Juni 1791. In ihnen wurde ziemlich vage festgelegt, dass künftig die Fahne des jeweils I. Bataillons die Nationalfarben zeigen, und die übrigen mit den neuen Einfassungen sowie den geänderten Farben und Regimentsnummern versehen sein müssten.

Um den Soldaten an seine angestammte Pflichten zu erinnern, sollten alle Fahnen außerdem die Inschrift »Discipline et Obéissance à la Loi« tragen.[31]

Am 29. September erließ das Militärkomitee genauere Bestimmungen. Die Fahne des ersten Bataillons sollte in der linken oberen Ecke – nächst der Fahnenstange – eine eingefasste Trikolore tragen. Die Fahne des zweiten Bataillons sollte das weiße Kreuz auf einem in den Farben der Rockaufschläge gehaltenen Grund und in einer Form tragen, die sich zwischen den Regimentsgruppen zu unterscheiden hatten. Innerhalb dieser Gruppen war die Form des Kreuzes jedoch gleich (bei differierenden Aufschlagfarben). Die jeweilige Regimentsnummer, umgeben von einem Kranz, hatte die Fahnenmitte zu bilden, während die vorerwähnte Inschrift auf den Balken des Kreuzes stehen sollte. Nach Abschaffung der Monarchie wurden die Regimenter am 28. November 1792 angewiesen, die Lilien entweder zu entfernen oder aber mit Rauten aus dreifarbigem Stoff zu überdecken.[32]

Die «Amalgame» machte natürlich auch völlig neue Fahnen notwendig. Das ranghöchste Bataillon einer jeden Demi-brigade war das zweite oder mittlere, und seine Fahne entsprach derjenigen eines ersten Bataillons eines aktiven Regiments. Sie war weiß mit horizontal liegender Trikolore in der oberen inneren Ecke, und blau-weiß-rot eingefasst. In der Mitte aber befand sich ein Liktorenbündel, gekrönt von einer phrygischen Mütze, eingerahmt von zwei unten zusammengehaltenen Eichenzweigen. Auf der einen Seite der Fahne fand sich die Inschrift »République Française« und auf der anderen »Discipline et Obéissance aux Lois Militaires«. Jede Ecke wies die Nummer der Halbbrigade auf. Die Fahnen des ersten und dritten Bataillons waren in Gestaltung und Inschrift gleich, nur dass sie auf dem Fahnentuch eine Trikolore führten, welche sich innerhalb der Halbbrigaden durch ihre Form unterschied.[33]

In Napoleons Italienarmee traten jedoch schon bald die ersten Abweichungen von diesen Vorschriften auf. Liktorenbündel und Mützen verschwanden von der Vorderseite und wurden durch Erinnerungen an ruhmreiche Schlachten oder Aussprüche Napoleons ersetzt, wie zum Beispiel »Le Terrible 57ᵉ qui rien n'arrete«. Leichte Halbbrigaden trugen offenbar Fahnen, welche ganz und gar nicht mit den Standardausführungen übereinstimmten, dafür aber stets ein Signalhorn aufwiesen. Nachdem Napoleon 1. Konsul geworden war, verlieh er in einer Verfügung vom 10. Juni 1802 allen leichten Halbbrigaden neue Fahnen. Die 9. Leichte Halbbrigade, welche sich bei Marengo besonders ausgezeichnet hatte, erhielt schon einen Monat früher ihre Fahnen, welche sich von den Ausführungen bei den übrigen Halbbrigaden unterschieden.

Die Ausrufung des Kaiserreichs zog auch Änderungen bei den Fahnen und Standarten der Armee nach sich. Napoleon wählte einen Adler mit ausgebreiteten Schwingen als kaiserliches Emblem und ließ Fahnen einführen, deren Ecken abwechselnd blau und rot waren und in deren Mitte sich eine weiße Raute mit einer Erdkugel als Wappen und der Inschrift befand: »Napoleon Empereur des Français au–ᵉ Régt d'Infanterie« (oder einer andere Waffengattung). Überragt wurde das Ganze durch den Adler mit einem Blitz in den Fängen, über dem »Empire Français« und unter welchem der Wahlspruch »Valeur et Discipline« stand.[34] Diese Fahne wurde jedoch niemals ausgegeben, da Napoleon plötzlich anderen Sinnes wurde: anstatt auf der Fahne abgebildet zu werden, sollte der Adler jetzt die Standarte selber verkörpern und in Metall gegossen die Spitze der Fahnenstange krönen. Er schrieb an Berthier: »Der Adler mit ausgebreiteten Schwingen, wie auf dem Kaiserlichen Siegel, soll die Spitze der Fahnenstange bilden, genau wie bei den römischen Legionen. Das Fahnentuch wird im gleichen Abstand zum Adler befestigt, wie beim Labarum.«[*]

Die Regimentsfahne verlor mithin ihren ursprünglichen Charakter und wurde zum ornamentalen Dekor des Adlers.

Der Adler bestand aus vergoldetem Kupfer und unterhalb des Blitzes, auf dem er thronte, befand sich eine Messingtafel, welche in erhabenen Lettern die Regimentsnummer trug. Die Fahnenstange war 2,45 m lang, und das seidene Tuch wies 82,5 cm in der Höhe und 87,5 m in der Breite auf. Die weiße Raute sowie die abwechselnd in Blau und Rot gehaltenen Ecken wurden beibehalten. In einer jeden von ihnen befand sich, umgeben von einem Kranz, die Regimentsnummer. Auf der Vorderseite stand die Inschrift »Empire Français« und »L'Empereur des Franfais au–ᵉ Régiment d'Infanterie de Ligne« (oder andere Waffengattung), und auf der Rückseite »Valeur et Discipline«, mit der jeweiligen Nummer des Bataillons bzw. der Kavallerieabteilung darunter. Unter dieser wiederum folgte eine etwaige Schlachtenzitierung oder ein Ehrentitel.[35]

Jeder Adler wurde persönlich vom Kaiser übergeben, und so wurde er infolge des ihm zwangsläufig anhängenden Nimbus zu der begehrten Trophäe auf dem Schlachtfeld. Napoleon erteilte daher im Zusammenhang mit der Schlacht bei Austerlitz die Anweisung, dass die Husaren und Jäger zu Pferd (die sich aufgrund ihres Einsatzes häufig zu weit auseinanderzogen, als dass sie die Adler noch hätten schützen können) bei den Feldzügen keine Adler mehr mitführen sollten. Dieser Befehl wurde später auch auf die Dragoner und die leichten Infanterieregimenter ausgedehnt.

Nachdem 1808 eine Anzahl von Adlern während der Kämpfe verlorengegangen waren, reduzierte Napoleon dieselben, so dass fortan nur noch die Regimenter einen besaßen und nicht mehr jedes Bataillon bzw. jede Kavallerieabteilung. Diese neue Anweisung war in den Artikeln 17, 18 und 19 der oben angeführten Verfügung vom 18. Februar 1808 enthalten und hatte folgenden Wortlaut:

* Labarum – röm. Feldzeichen, Lanze mit Querstange, von der ein rotes quadratisches Tuch hinabhing.

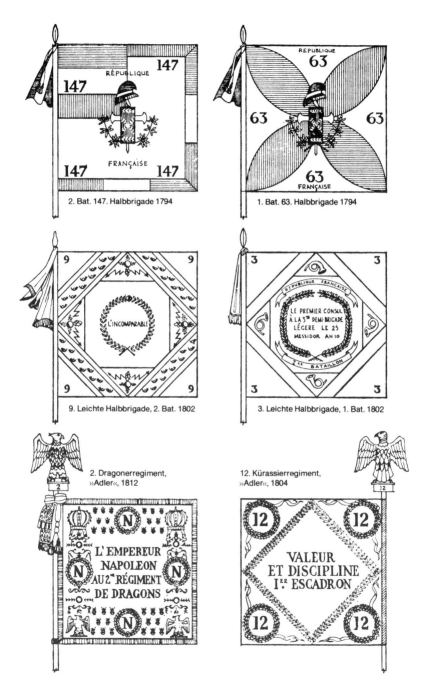

2. Bat. 147. Halbbrigade 1794

1. Bat. 63. Halbbrigade 1794

9. Leichte Halbbrigade, 2. Bat. 1802

3. Leichte Halbbrigade, 1. Bat. 1802

2. Dragonerregiment,
»Adler«, 1812

12. Kürassierregiment,
»Adler«, 1804

»17. Jedes Regiment erhält einen Adler. Dieser wird von einem Adlerträger getragen, der Oberleutnant oder Leutnant ist und mindestens vier Dienstjahre oder aber die vier Feldzüge von Ulm, Austerlitz, Jena und Friedland hinter sich haben muss. Zwei gute Leute, ausgewählt aus dem Kreise von des Lesens und Schreibens unkundigen Soldaten, die aus diesem Grunde auch nicht befördert werden können, erhalten den Titel eines zweiten und dritten Adlerträgers und weichen nie von seiner Seite. Sie werden dem Rang nach Feldwebel sein und die Besoldung eines Oberfeldwebels erhalten. An beiden Armen tragen sie je vier Winkel. Der Adler ist stets dort, wo die meisten Bataillone sind. Die Adlerträger gehören zum Regimentsstab. Sie werden von UNS ernannt und können auch nur von UNS wieder abgesetzt werden.

18. Jedes »bataillon du bataille« erhält eine Standarte, welche ein vom Bataillonskommandeur ausgesuchter Unteroffizier des Bataillons trägt. Das »bataillon de depot« erhält keine Standarte.

19. Nur die Linien-Regimenter führen als Fahne den Adler. Die anderen Korps haben Standarten. Wir behalten uns die Verleihung weiterer Adler und Standarten an neue Regimenter vor.«[36]

Durch die Beschränkung der Adler nur auf die Linien-Regimenter beabsichtigt Napoleon den Ausschluss der provisorischen Regimenter sowie anderer Einheiten, die nicht zur regulären Armee gehörten. Sie sollten dafür die zuständige Flagge an der normalen Fahnenstange erhalten.

Mit Beginn des Oktobers 1811 wurde für die Adler eine beträchtlich verfeinerte Fahnen-Ausführung an die Truppe ausgegeben. Auf blau-weiß-rotem Felde waren waagerecht verlaufende Streifen in Gold aufgestickt: in den beiden oberen Ecken eine kaiserliche Krone, in den beiden unteren je ein Adler, dazwischen auf jeder Seite ein großes »N«, umgeben von einem Kranz, und an der Ober- und Unterkante nochmals ein »N«, beidseits umschwärmt von acht Bienen. Die jeweilige Inschrift stand im Zentrum der Flagge, die ihrerseits in Gold eingefasst war.

Nachdem die Stadt Paris dafür gestimmt hatte, dass den Adlern all jener Regimenter, die bei Jena und dem Feldzug an der polnischen Grenze mit dabei waren, ein goldener Kranz verliehen werden sollte, kamen verschiedene Adler noch zu einem zusätzlichen Schmuck. Napoleon war von dem Gedanken sehr angetan und regte auch noch die Hinzunahme der bei Austerlitz beteiligten Regimenter an. Dem Wunsch wurde natürlich entsprochen – wenngleich auch nicht ohne Zögern. Ungeachtet all des Glanzes, der die Adler umgab, muss allerdings bedauerlicherweise festgehalten werden, dass sie im Landserjargon allgemein »Kuckuck« genannt wurden![37] Bei vielen Regimentern war es üblich, vor dem Ausrücken das Fahnentuch von der Stange abzunehmen. Als ein Bataillonskommandeur während des Krieges auf der Iberischen Halbinsel gefragt wurde, welche Inschrift und Einsatzbelobigungen seine Regimentsfahne denn trüge, konnte er nur mit den Achseln zucken. Er hatte sie noch nie gesehen. Sie sei, erklärte er, bereits zu einem Zeitpunkt von dem Adlerstab entfernt und eingerollt worden, bevor er als Leutnant überhaupt zum Regiment kam. Jetzt würde sie, seines Wissens, in Frankreich im Depot in der Regimentskiste aufbewahrt.[38]

Die Standardwaffe der Infanterie war die Steinschlossflinte des Modells 1777 und später eine im Jahre 1801 ausgegebene Verbesserung derselben. Das Bajonett war dreikantig und wurde in einer Scheide an der linken Hüfte getragen. Daneben steckte in einer anderen Scheide die Stoßwaffe, welche von der rechten Schulter in einem Degengehenk gehalten wurde. Gekreuzt wurde dieses von einem Patronentaschengurt, der über die linke Schulter hing.[39]

TAKTIK

Die Infanterie der alten regulären Armee focht sowohl im Angriff als auch in der Verteidigung in Linie. In den Kriegen, welche der Revolution folgten, wurde zwar noch in Linie zu drei Gliedern verteidigt, aber beim Angriff war jetzt die Kolonne üblich – gemeinhin die Bataillons-Kolonne, mit den Kompanien zu drei Gliedern hintereinander; der Grund dafür war ursprünglich, dass die frisch Ausgehobenen in bezug auf Disziplin und Ausbildung zu schlecht waren, als dass man sie hätte in Linie angreifen lassen können. Doch da die Franzosen das Beispiel der Österreicher nachahmten und ihre Front mit Plänklern deckten, und zwar in beträchtlich verstärktem Maß, zeitigten die Angriffe in Kolonne erhebliche Erfolge. Diese Plänkler, mitunter aus ganzen Jägerbataillonen bestehend, bewegten sich für gewöhnlich vor der anrückenden Front der Kolonnen in aufgelöster Ordnung, wobei sie von jeder Deckungsmöglichkeit Gebrauch machten. Sobald sie auf Schussentfernung angelangt waren, eröffneten sie auf die dichtgedrängten Linien des Gegners das Feuer, und dies wenn möglich aus der Deckung heraus. Auf diese Weise boten sie dem Feind wenig Ziele und fügten ihm dennoch hohe Verluste zu, so dass er schon angeschlagen war, wenn die Kolonnen schließlich eintrafen und ihn mit der Wucht ihres Anpralls vollends warfen.[40]

Diese Angriffsmethode entsprach auch dem charakteristischen Individualismus des französischen Soldaten. Sie war besonders erfolgreich in bewaldetem, hügeligen Gelände, wo das durchschnittene Terrain keine durchgehende starre Verteidigungslinie zuließ. Mit zunehmender Erfahrung lernten die Franzosen auch, ihre Kampfweise zu variieren und den Umständen anzupassen. Ein Beispiel hierfür liefert die nachfolgende anschauliche Schilderung eines emigrierten französischen Offiziers (de Rison) von einem Angriff, den er 1794 von Ferinos Division der Mosel-Armee vorgetragen sah: »Plötzlich beobachteten wir, wie sich die Ebene vor uns mit einer ungeheueren Menge von Soldaten füllte. Weit auseinandergezogen stiegen sie von dem Höhenrücken herab, den die Republikaner besetzt hielten, und bewegten sich in raschester Gangart auf den Ort Bersheim zu.

Kaum waren sie auf Pistolenschussweite heran, als sie sich auch schon zu Trupps und sogar ganzen Bataillonen formierten und zum Sturm auf diesen für sie so wichtigen Ort ansetzten, Noch bevor wir das Manöver ganz begriffen hatten, befand sich Berstheim bereits in der Hand der Republikaner. Dieser kühne Streich machte im Handumdrehen alle Anstrengungen unserer Artillerie zunichte. Meine Hochachtung jenen Soldaten unseres Landes, die so etwas vermögen. Wahrscheinlich sind sie die einzigen in Europa.«[41]

Nachdem sich unter Napoleon die französische Armee allmählich aus einer gut ausgebildeten und standhaften Infanterie zusammensetzte, wurde auch die Taktik mehr formal, und als die feindlichen Heere dazu übergingen, den französischen Plänklern mit der gleichen Waffe zu begegnen, ging man dazu über, ihre Reihen vor dem Infanterieangriff mit Artilleriefeuer zu erschüttern. Die Kolonne wurde zwar beibehalten, doch fanden auch andere Formationen Anwendung.

Die taktische Gliederung der Infanterie, so wie sie 1809 von Napoleon festgelegt wurde, ist schon an anderer Stelle dieses Kapitels gebracht worden: Bataillons-Kolonnen konnten entweder durch Divisionen (Doppel-Kompanien) oder durch Züge (einzelne Kompanien) gebildet werden. Aber Napoleon scheint der »ordre mixte« den Vorzug gegeben zu haben, bei der ein Regiment mit seinem mittleren Bataillon – oder Bataillonen – in Linie zu drei Gliedern aufmarschierte, während sich die Flank-Bataillone zu Divisions-Kolonnen formierten. Ein derartiger Verband besaß eine gute Feuerkraft und konnte sich zugleich eines flankierenden Kavallerieangriffs erwehren. Dennoch scheinen die vorbereiteten Angriffe gegen die entscheidenden Punkte der gegnerischen Schlachtordnung durch starke Kolonnen vorgetragen worden zu sein. [42]

Wellington fand als Erster ein wirksames Gegenmittel gegen die französischen Kolonnen-Angriffe.

Er richtete eine mit leichter Infanterie und beweglichen Schützen bemannte Vorpostenlinie ein, welche den französischen Plänklern die Annäherung an seine Hauptverteidigungsstellung verwehrte. Die Letztere bestand aus einer Infanterielinie zu zwei Gliedern, so dass jede Waffe eingesetzt werden konnte, und befand sich für gewöhnlich direkt am oberen Rande eines Hinterhangs, außerhalb des Blickfeldes der französischen Artillerie. Marschall Bugeaud, der als Infanterieoffizier in Spanien kämpfte, hat berichtet, was geschah: »Sieben Jahre diente ich da unten. Manchmal schlug ich die Engländer in Einzelgefechten oder bei Überraschungsangriffen, die ich als detachierter Befehlshaber selbstständig planen und führen konnte. Aber nur wenige Begegnungen erlebte ich in diesem langen Krieg – zu meinem Bedauern muss ich es gestehen –, bei denen uns die Engländer nicht überlegen waren. Der Grund dafür war offenkundig. Wir griffen unseren Gegner fast jedesmal ohne Rücksicht auf die gemachte Erfahrung an, dass die Methoden, mit denen wir den Spaniern gegenüber erfolgreich waren, bei den Engländern ganz einfach versagten.

Für gewöhnlich hielten die Engländer eine sorgfältig gewählte Verteidigungsstellung in ansteigendem Gelände besetzt, wo nur wenig von ihnen zu sehen war. Dann ging die herkömmliche Artilleriebeschießung los. Anschließend, überhastet und ohne Studium der gegnerischen Stellung, ja, ohne auch nur die Annäherungsmöglichkeiten oder Wege für einen Umgehungsangriff erkundet zu haben, marschierten wir geradewegs auf den Feind los, als gälte es ›den Stier bei den Hörnern zu packen‹.

War man auf 1000 yards heran, wurden unsere Soldaten unruhig und begannen ihre Eindrücke auszutauschen, sie beschleunigten ihr Tempo, und Unordnung fing an sich auszubreiten. Die Engländer hingegen verhielten sich völlig still, die Waffen schussbereit. In ihrem teilnahmslos erscheinenden Schweigen sahen sie wie eine lange rote Mauer aus – ein imposantes Bild, welches unsere jungen Soldaten stets beeindruckte.

Die Entfernung verkürzte sich rasch. Vereinzelte Rufe wie ›Vive l'Empereur!, En avant!, A la Bajonnette!‹ klangen auf und Tschakos wurden auf den Gewehrmündungen geschwenkt. Aus dem Marschieren wurde allmählich ein Laufen, die Reihen gerieten durcheinander, und während sich die Erregung in einem vielstimmigen Aufschrei entlud, feuerten die meisten ihre Flinten ab. Nicht so die Engländer. Mit griffbereiter Waffe verhielten sie sich selbst dann noch unbeweglich und schweigend, als wir auf 300 yards heranwaren. Es war, als würden sie von dem sich zusammenbrauenden Sturm überhaupt keine Notiz nehmen.

Dieser Gegensatz drängte sich jedem auf. Manch einer von uns vermerkte voll Unbehagen, wie der Gegner sein Feuer zurückhielt und war sich über die böse Wirkung klar, wenn es plötzlich auf uns herniederprasseln würde. Diese unerschütterliche Ruhe (selbst wenn sie gar nicht vorhanden ist) übte auf eine ungeordnet und lärmend vorstürmende Masse eine solche Wirkung aus, dass der Angriffsschwung sichtlich erlahmte.

Lange sollte dieses fast schmerzhafte Warten aber nicht dauern. Die Engländer machten eine Vierteldrehung nach rechts und brachten die Musketen in Anschlag. Ein unbeschreibliches Gefühl kroch in uns hoch und alles begann wild zu schießen. Vom Gegner schlug uns nun eine zusammengefasste und wohlgezielte Salve entgegen. Die Wirkung war niederschmetternd. Wankend und mit gelichteten Reihen versuchten wir erneut in Schwung zu kommen. Doch plötzlich löste sich das feindliche Schweigen und drei furchterregende Hurrah-Rufe ertönten. Beim Klang des dritten waren sie schon da und warfen unsere ungeordneten Haufen zurück. Zur allgemeinen Überraschung nutzten sie ihren Erfolg jedoch nicht aus. Kaum hatten sie uns 100 yards zurückgedrängt, als sie auch schon kehrtmachten und schweigend in ihre Ausgangsstellung zurückgingen, um dort den nächsten Angriff abzuwarten.

Kam dann Verstärkung, griffen wir in der gleichen Weise erneut an – wieder erfolglos und verlustreich.«[43]

Wie andere Armeen, bildeten auch die Franzosen Elite-Sturmbataillone, indem sie die Grenadierkompanien verschiedener Regimenter zusammenfassten. Das Ergebnis war nicht immer gut, denn während einerseits die Regimenter ihre besten Truppen abgeben mussten und in ihrer Schlagkraft geschwächt wurden, mangelte es andererseits diesen Bataillonen am erforderlichen Zusammenhalt und Korpsgeist, so dass sie häufig schlechter kämpften als ein durchschnittliches Linien-Bataillon.[44] Mitunter schlugen sie sich allerdings auch hervorragend. Ein britischer Offizier schrieb am 8. August 1813 von Vitoria: »Das 34. französische Grenadier-Bataillon war das beste, welches mir je begegnet ist. Sie waren prächtig uniformiert und bestens ausgerüstet, die Stoffqualität durchwegs wie bei Sergeanten. Auf den Schultern trugen sie hübsche rote Epauletten und auf dem Kopf große Bärenmützen mit einem ungeheuer langen Federstutz. Aufmarschiert in Linie sahen sie zum Fürchten aus. Unser Regiment griff sie als erste an und sie schlugen sich so beispielhaft, daß kaum einer überlebte. «[45]

Das Durcheinander, welches sich 1813 während der Kämpfe in Deutschland bei der Infanterie zeigte, ergab sich aus einem Wandel der napoleonischen Taktik. Die Regimenter waren jetzt zu kompakten Truppenkörpern zusammengefasst, mit der Artillerie in den Zwischenräumen, während die leichten Verbände das durchschnittene Gelände rundum,

Ortschaften, Häuser und die Wälder besetzten. Der Infanterieangriff musste jetzt den Erfolg der Artilleriebeschießung ausnutzen.[46]

Trotz der bereits früher erwähnten mangelnden Marschdisziplin war es erstaunlich, was Napoleons Infanterie auf diesem Gebiet mitunter leistete. Während seines ersten Feldzuges von 1796 hatte Napoleon in der Woche vom 5. bis 11. September zwei Gefechte und schlug eine Schlacht. In diesem Zeitraum legte Massénas Division 160 Kilometer zurück (einschließlich eines Flussübergangs mittels Fähren) und Augereaus Division sogar 182 Kilometer. Graf Yorck von Wartenburg bemerkte hierzu: »Nur ein Genie vermag gewöhnlich Sterbliche zu derartigen Leistungen mitzureißen.«[47]

Im Jahre 1805 trafen die Korps Soult und Lannes am 13. November in Wien ein, nachdem sie innerhalb von 13 Tagen 243 km schlechte Landstraßen hinter sich gebracht hatten, die durch Umwege zusammengekommenen weiteren Kilometer noch nicht einmal hinzugerechnet. Davouts Korps marschierte in 16 Tagen 240 km (Luftlinie) über zum Teil schwierige Bergstraßen. »Auf diese Weise«, sagte Graf Yorck, »besiegte Napoleon seine Gegner nicht nur durch die Schlachten von Ulm und Jena – so verheerend sich diese auch auswirkten –, sondern durch seine unglaublichen Gewaltmärsche.«[48]

Als Davout am 25. Oktober 1806 in Berlin einrückte, lag die Schlacht von Auerstedt rund 265 km (Luftlinie!) hinter ihm, und das alles nur innerhalb von 14 Tagen.

Die Marschmusik der napoleonischen Armee ist berühmt geworden. An erster Stelle ist wahrscheinlich »Veillons au Salut de 1 Empire« zu nennen, welches bei Paraden und zum Angriff gespielt wurde. Die Kapelle der Gardegrenadiere spielte die Melodie beim Auszug aus Moskau, und als Napoleon seine Truppen vor der Schlacht von Waterloo Revue passieren ließ, hörte man sie wohl zum letzten Mal. Es wir berichtet, dass die Garde bei Waterloo unter den Klängen des »Marengo-Marsch« zum letzten Gefecht antrat. Es handelte sich um den Lieblingsmarsch der Garde, welcher erstmals bei Marengo ertönte und welcher davor unter dem Namen »Marsch der Konsulargarde« bekannt war. Während der Schlacht von Austerlitz wurde ein volkstümlicher Armeemarsch von den Tombouren der Kaiserlichen Garde geschlagen, aus dem anschließend der »Austerlitz-Marsch« wurde.[49]

Trompeter der »Garde Constitutionelle«, 1791

Dragoneroberst, 1789

Offizier und Reiter des Regiments »Mestre de Camp General«, 1789

Trompeter des Sächsischen Husarenregiments, 1789

Reiter des 7. Kavallerie-Regiments, 1789

»Chasseur à Cheval« (Jäger zu Pferd), 1789

Uniform der Kavallerie-Regimenter, 1793

»Chasseur à Cheval«
(Jäger zu Pferd), 1796

EDOUARD DETAILLE 1886.

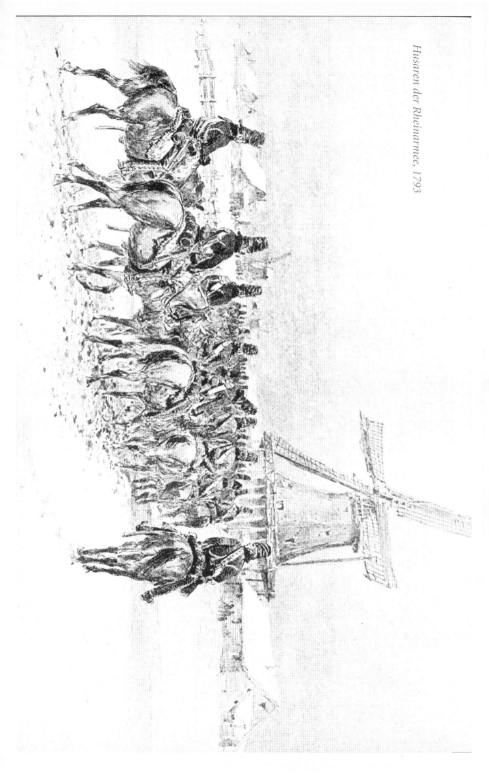

Husaren der Rheinarmee, 1793

Kamel-Schwadron eines Dragoner-Regiments, Ägypten-Armee, 1798

Husarenparade vor dem Ersten Konsul, 1800

EDOUARD DETAILLE
1886.

»Chasseurs à Cheval«- und Husaren-Offiziere, 1805

Dragoner während des Italienischen Feldzugs, 1800

Karabiniers, 1806

Unten: »Chasseurs à Cheval« auf dem Marsch durch Berlin, 1806

Oben: Kürassiere, 1806

Polnische Lanzenreiter, 1807

Plänkelnde Husaren, 1805–15

Trompeter des 1. Kürassier-Regiments, 1812

General La Salle, Kommandeur der Leichten Kavallerie- Division, mit seinem Stab, 1806

»Chasseurs à Cheval«- Offiziere, 1812

»Chasseurs à Cheval« der Kaiserlichen Garde, 1805–15

Dragoner der Kaiserlichen Garde, 1810–15

1 General L. J. Trochu, »L'Armée Françis en 1867, 1868«
2 Colonel R. W. Phipps, »The Armies of the First French Republic«,
  ed. Colonel C. F. Phipps und Elizabeth Sanders, 1926–1939 (5 Bände)
3 ibid.
4 ibid.
5 Trochu, op. cit.
6 Comeau, »Mémoires des Guerres d'Allemagne«, zitiert von F. Loraine in
  »Napoleon and the Archduke Charles«, 1909
7 Trochu, op. cit.
8 ibid.
9 ibid.
10 Colonel Vachee, »Napoleon at Work«, Übers. von G. Frederick Lees, 1914
11 Trochu, op. cit.
12 Sir Robert Wilson, »The Russian Army and the Campaigns in Poland 1806–07«,
   1810
13 Edouard Detaille und Jules Richard, »L'Armée Français, 1885–89
14 ibid.
15 ibid.
16 Colonel J. Revol, »Histoire de l'Armee Française, 1929
17 Detaille, op. cit.
18 Phipps, op. cit.
19 Detaille, op. cit., Phipps, op. cit.
   »Journal du Canonier Bricard«, Einführung durch L. Larchey, 1894
20 Bricard, op. cit.
21 Detaille, op. cit.
22 ibid.
23 Commandant Saski, »Campagne de 1809, 1899
24 ibid.
25 ibid.
26 Detaille, op. cit.
27 ibid.
28 Bricard, op. cit.
29 Phipps, op. cit.
30 ibid.
31 O. Hollander, »Les Drapeaux des Demi-Brigades d'Infanterie«, 1913
32 ibid.
   Jean Brunon, Ergänzung zu obigem – Brief an den Verfasser vom 20. Dez. 1952
33 O. Hollander, op. dt.
34 ibid.
35 Edward Fraser, »The War Drama of the Eagles«, 1912
36 Saski, op. cit.
37 Fraser, op. cit.
38 ibid.
39 Henry Lachoque, bearbeitet von Anne S. K. Brown, »The Anatomy of Glory«, 1961
40 Phipps, op. cit.
41 ibid.
42 Sie Charles Oman, »Studies in the Napoleonic Wars«, 1929
43 Trochu, op. cit.

44 Phipps, op. dt.
45 Lt. R. Garrett, »A Subaltern in the Peninsular War«, Journal of the Cociety for Army Historical Research, Band XIII, No. 49
46 Baron von Odeleben, »A Circumstantial Narrative of the Campaign in Saxony«; französische Ausgabe, Ed. Aubrey de Vitry, engl. Übersetzung A. J. Kempe, 1820
47 Graf Yorck von Wartenburg, »Napoleon as a General«, herausgegeben von Major W. H. James, 1902
48 ibid.
49 Major J. Regnault, »French Napoleonic Marches«, Journal of the Society für Army Historical Research, Band XIII, Nr. 51

ARTILLERIE

ALLGEMEINES

Die Revolution war an der Artillerie fast spurlos vorübergegangen, und auch Freiwillige brauchte sie nicht in größerer Zahl aufzunehmen. Unter dem alten Regime hatte sich die »Königliche Artillerie« eines besonderen Rufs und hohen Ansehens erfreut. Eine derart technische Waffengattung jetzt zu verwässern, hätte geheißen, sie zugleich unwirksam zu machen. Die Siege von Valmy und Jemappes im Jahre 1792 sowie der von Wattignies 1793 waren in erster Linie auf die Schlagkraft und disziplinierte Tapferkeit der Artillerie zurückzuführen. Während der ersten Feldzüge bildete sie in den Divisionen und Armeen immer wieder den ruhenden Pol, selbst dann noch, wenn viele Infanterie-Bataillone bereits zu wanken begannen. Die blaue Uniform der regulären Artillerie schien den Revolutionären annehmbar, und da sie überdies von ihren Leistungen beeindruckt waren, entschied das Direktorium 1797, dass die Artillerie künftig an der ersten Stelle der militärischen Rangfolge stehen sollte, gefolgt von den Pionieren, der Infanterie und der Kavallerie.[1] (Es muss allerdings vermerkt werden, dass die meisten Artillerieoffiziere mit der Revolution sympathisierten, im Gegensatz zu den Offizieren der Kavallerie!)

Napoleon war Artillerieoffizier und drückte seine Vorliebe für diese Waffe bei jeder Gelegenheit aus. In seinen verschiedenen Notizen und in der Korrespondenz heißt es unter anderem: »Eine gute Infanterie ist zweifellos das Rückgrat der Armee, doch wird sie entmutigt und gerät in Unordnung, wenn sie überlegener Artillerie lange standhalten muss.« »Will man eine Entscheidung erzwingen, muss die Artillerie zusammengefasst werden, genau wie jede andere Waffengattung.« »Je schlechter eine Truppe, desto mehr Artillerie benötigt sie. Ich habe Korps, bei denen ich nur ein Drittel der Artillerie brauche, wie bei anderen.«

»Im allgemeinen ist es die Gardeartillerie, welche meine Schlachten entscheidet. Ich habe sie stets zur Hand und kann sie einsetzen, wo immer es sich als nötig erweist«. »Große Schlachten werden von der Artillerie gewonnen«.[2]

Welcher Korpsgeist in Napoleons Artillerie steckte, zeigt ein Vorfall bei Dresden aus dem Jahre 1813, den ein sächsischer Artillerieoffizier beobachtete.[3] Er hörte, wie eine Batterie den Befehl zum Instellunggehen erhielt, und schildert dann weiter: »Die Männer waren nach dem langen Marsch staubüberkrustet und sahen unordentlich aus, doch kaum war der Befehl eingetroffen, machte sich ein jeder daran, die Paradeuniform aus dem Tornister zu holen. Sie schien ihnen für einen solchen Fall allein angemessen. Hierbei entstanden komische Bilder, als einige vor krepierenden Granaten weghüpfen mussten, just in dem Augenblick, wo sie die Hosen wechselten. Alles lachte und war guter Dinge, als ginge es zu einem Fest. So war der Geist, der Napoleons Soldaten beseelte.«

ORGANISATION

Wie im vorangegangen Kapitel bereits erwähnt, stand die Artillerie 1789 an 64. Stelle in der Rangordnung der Infanterie-Regimenter, obwohl es sich um eine gänzlich andere Waffengattung handelte. Sie wurde 1671 als separates Korps geschaffen und erhielt den Namen »Fusiliers du Roi« nebst der Rangfolgenummer 51. 1693 rückte sie auf die 46. Stelle vor und erhielt den Namen »Artillerie-Royal«. Die Einstufung auf dem 64. Platz erfolgte 1776 und wurde am 3. Dezember 1790 erneut auf 63 abgeändert.

Vor der Revolution war die Artillerie in sieben Regimenter unterteilt, während ein achtes für die Kolonialgarnisonen zur Verfügung stand. Ein Regiment gliederte sich in zwei Bataillone zu je zwei Divisionen, die Letzteren zu je fünf Artillerie-Kompanien. In der Kompanie gab es zwei Hauptleute, zwei Oberleutnante und 55 weitere Dienstgrade.

Der Regimentsstab setzte sich zusammen aus einem Oberst, vier Oberstleutnanten, zwei Adjutanten, einem Quartiermeister, zwei Stabsfeldwebeln, einem Ober(-stabsarzt, einem Tambourmajor, einem Tambour-Unteroffizier, acht Spielleuten und drei Handwerksmeistern. Zur Artillerie gehörten ferner acht Mineur-Kompanien (stationiert in Verdun), zehn Pionier-Kompanien, acht Genesungskompanien sowie noch ein paar Kompanien für die Küstenverteidigung. Am 27. August 1792 wurde auch das Kolonialregiment in die Königliche Artillerie überführt.[4]

Während bei der Fußartillerie das Bataillon als Organisationsform beibehalten wurde, fasste man die Reitende Artillerie im Bedarfsfall in Abteilungen zu normalerweise zwei Kompanien zusammen. Ein Reitendes Artillerieregiment hatte sechs Einsatz-Kompanien – von 1–6 durchlaufend nummeriert – und eine Ausbildungsabteilung. Der Ausdruck »Batterie« bezeichnete ursprünglich die Stellung einer gewissen Anzahl von Geschützen. Da eine solche Stellung in der Regel von einer Kompanie übernommen wurde, erhielten »Batterie« und »Kompanie« im Laufe der Zeit nahezu die gleiche Bedeutung. Der damals gebräuchliche Ausdruck »Division« wurde auf Artilleriegerät willkürlichen Umfangs angewandt, der normalerweise für zwei Batterien ausreichte. So erhielt zum Beispiel der Chef d'Escadron Boulart vom 3. Reitenden Artillerieregiment 1805 den Befehl zur Bildung einer Artillerie-Division aus 12 Geschützen, welche der Kaiserlichen Garde zugeteilt werden sollte. Hierzu bekam er zwei Kompanien seines Regiments.[10] Die Artilleriezuteilung sah 1815 bei der Nordarmee so aus, dass in der Regel eine Kompanie Fußartillerie zu jeder Division gehörte, eine Kompanie Berittene Artillerie zu jeder Kavallerie-Division und eine bis vier Kompanien Fußartillerie zu jedem Reserve-Korps. So sah beispielsweise die Kriegsgliederung der Artillerie beim III. Korps wie folgt aus:

Befehlshaber des Artilleriekorps: ein Brigadegeneral mit einem Major als Chef des Stabes.

8. Division:	7. Kompanie, Fußartillerie-Regiment 1.
10. Division:	18. Kompanie, Fußartillerie-Regiment 2.
11. Division:	17. Kompanie, Fußartillerie-Regiment 2.
3. Kavallerie-Division:	4. Kompanie, 2. Regiment Reitende Artillerie.
Korps-Reserve:	1. und 19. Kompanie des 2. Artillerie-Regiments zu Fuß.

Diese Kompanien stellten fünf Batterien Fußartillerie und eine Batterie zu Pferde mit insgesamt 46 Kanonen. Zu ihnen gehörten 30 Offiziere und 645 Mannschaften, sowie weitere 9 Offiziere und 402 Mannschaften im Artillerie-Train. (Es verdient festgehalten zu werden, dass der Regimentskommandeur eine reine Verwaltungsaufgabe hatte und die Feldeinheit die Kompanie war).

In der Kaiserlichen Garde waren vorhanden – zugleich als Artillerie-Reserve – elf Kompanien Artillerie zu Fuß und fünf Kompanien Artillerie zu Pferd. Sie umfassten insgesamt sechzehn Batterien mit 118 Geschützen, 65 Offizieren und 1605 Mannschaften.[11]

ARTILLERIE-AUSSTATTUNG

Beim Ausbruch des Revolutionskrieges im Jahre 1792 war die französische Feldartillerie fast durchwegs mit Vier- und Achtpfünder-Kanonen ausgerüstet. Alle übrigen europäischen Heere – ausgenommen das spanische – besaßen Sechs- und Zwölfpfünder. Als Napoleon Erster Konsul wurde, ordnete er jedoch die Umstellung auf europäische Kaliber an.

Die Feldartillerie sollte mit Sechs- und Zwölfpfünder-Kanonen und 24-Pfünder-Haubitzen ausgestattet werden, und die Belagerungsartillerie sowohl lange als auch kurze 24-Pfünder-Kanonen erhalten. Diese Umstellung war indessen eine langwierige Angelegenheit, und erst nach den Feldzügen gegen Russland 1812 und gegen Deutschland 1813 besaß die Artillerie allerorts das neue Gerät. Das währte jedoch nicht lange, da man infolge der großen Verluste an schweren Waffen auf die alten Vier- und Achtpfünder zurückgreifen musste. Sie wurden aus stationären Verteidigungsanlagen wieder ausgebaut und den erschöpften Feldbatterien zugeführt.[12]

Napoleon begründete den Kaliberwechsel damit, dass kein Offizier überzeugend entscheiden könne, ob Vier- oder Achtpfünder das beste Kaliber seien; es wäre daher logisch, beide durch einen Sechspfünder zu ersetzen. Als Schwerpunktwaffe müsste man jedoch noch ein stärkeres Kaliber haben, wofür ihm eine Zwölfpfünder-Kanone geeignet erschien. Er vertrat die Ansicht, dass der Dreipfünder für die Gebirgsartillerie praktisch sei. Die 15-cm-Haubitze stellte seiner Auffassung nach eine zu große Verschwendung dar, weshalb er sich für das Kaliber 13,75 cm (24-Pfünder) aussprach. Hierbei war der zusätzliche Vorteil, dass auf einem Munitionswagen 75 Granaten befördert werden konnten, im Gegensatz zu 50 beim Kaliber 15 cm. Er schaffte den 25-cm-Mörser ab, behielt aber die Kaliber 15 cm, 20 cm und 30 cm bei. Den vom Kaliber 20 cm hielt er für einen ausgezeichneten Belagerungsmörser und den 15-cm-Mörser für eine nützliche Infanterie-Unterstützungswaffe – sowohl beim Angriff als auch bei der örtlichen Verteidigung.[13]

Eine Batterie Reitende Artillerie sollte nach Napoleons Weisungen über sechs Rohre verfügen und eine Batterie Artillerie zu Fuß über acht. Davon sollten zwei Geschütze jeder Batterie 24-Pfünder-Haubitzen und der Rest 6-Pfünder-Kanonen sein. Dieser große Anteil an Haubitzen war erforderlich, um den Gegner aus Dörfern und anderen verteidigten Plätzen zu vertreiben sowie für die Zerstörung von Schanzen.

Ferner sollte jede Feldbatterie zwei Ersatzlafetten besitzen, eine Schmiede, einen Werkstattwagen (für Reserve-Achsen, -Räder usw.), sechs Munitionswagen (bespannt mit sechs bis zwölf Mauleseln) sowie vier Wagen für die Granaten (mit vier Mauleseln pro Fahrzeug).[14]

Napoleon hätte es lieber gesehen, wenn seine Batterien kleiner gewesen wären, d.h., wenn sie jeweils nur aus vier Rohren bestanden hätten, doch das würde nahezu die Verdopplung der Feuerwerker, Ersatzteile und Schmieden bedeutet haben.[15]

Sämtliche Geschützrohre bestanden aus Bronze. Die Protzen waren eine einfache Holzkonstruktion auf zwei Rädern und wurden mittels eines Drehbolzens angehängt, der in einen Ring am Lafettenschwanz fasste. Die Kanonen verschossen Rundkugeln und Kanister, und die Haubitzen Granaten und Kanister. (Die Kanister oder auch Kartätschen waren mit Deckeln versehene Metallzylinder, angefüllt mit kleinen Büchsenkugeln). Die Geschosse machte man fertig, indem die erforderliche Pulvermenge in einen Kartuschbeutel gefüllt und sodann eine Rundkugel auf einer runden Holzplatte, dem sogenannten »sabot«, befestigt wurde, welche das Rohrinnere nach hinten verschloss. Zu guter Letzt wurde der »sabot« in die Öffnung des Kartuschbeutels eingeführt und dieser mit einem Stück Schnur an einer Auskehlung des Letzteren befestigt. Die Gardeartillerie besaß eine Erstausstattung von 350 Schuss pro Geschütz, doppelt so viel wie normal. Diese Munitionsmenge verteilte sich auf die Lafettenkästen und Munitionswagen sowie auf die Fahrzeuge des Artillerieparks.[16]

Im Feldzug von 1809 hatte die Artillerie der Kaiserlichen Garde achtundvierzig Geschütze, von denen zwölf 12-Pfünder-, achtundzwanzig 6-Pfünder-Kanonen und acht 24-Pfünder-Haubitzen waren. Hierfür wurden folgende Ersatzlafetten mitgeführt: vierzehn 12-Pfünder, vierunddreißig 6-Pfünder und zehn 24-Pfünder. Die Munitionswagen, die alle zur Artillerie gehörten, umfassten zweiundsiebzig für Zwölfpfünder-Munition, vierundachtzig für Sechspfünder, zweiunddreißig für Haubitzen und vierundfünfzig für Infanterie-Handfeuerwaffen.

Des Weiteren waren noch sechzehn Munitionskarren und acht Feldschmieden vorhanden. Diese Geschütze waren in zehn Batterien gegliedert, bedient jeweils von einer Kompanie Artillerie zu Fuß, wobei immer zwei Batterien eine Division bildeten.[17]

ARTILLERIE IM EINSATZ

General Dampierre (den 1793 nur seine tödliche Verwundung vor der Guillotine rettete) meinte, dass der französische Soldat blindlings auf die Überlegenheit seiner Artillerie vertraue und sein Mut merklich nachließe, wenn sich Anzeichen für ein Versagen oder gar für einen Rückzug derselben ergäben. Während aller von der Republik geführten Kriege war es stets der ausgezeichneten französischen Artillerie zu verdanken, dass Mängel bei den anderen Waffengattungen ausgeglichen werden konnten. Die neue Reitende Artillerie trat erstmals bei der Schlacht von Jemappes in Erscheinung, am 6. November 1792, wo sie mit mehreren Batterien eingriff. Obwohl viele ihrer Kanoniere bis dahin kaum reiten konnten, bewährten sie sich doch so glänzend, dass fortan jeder General sie haben wollte.[18]

Marschall Saint-Cyr beschreibt in seinen Memoiren einen Vorfall bei der Belagerung von Kehl im Januar 1797, der zeigt, wie unerhört stolz die Männer der Reitenden Artillerie auf ihre Waffe waren. Einer Kompanie Reitende Artillerie war eine feindliche Batterie zur Niederkämpfung zugewiesen worden. Doch obwohl sie immer wieder in heftiges Flankenfeuer geriet, lehnten die Bedienungen es ab, zu ihrem Schutz Erdwälle zu errichten. Auf diesbezügliche Befehle erwiderte sie nur, dass sie Reitende Artillerie seien und im Freien und nicht hinter Erdbefestigungen kämpfen würden; zugleich baten sie um die Erlaubnis, die Brustwehren niederlegen zu dürfen, die Schutz gegen Frontalfeuer gewährten. Man ließ sie gewähren, und jeden Morgen um 9 Uhr waren ihre Kanonen zerschlagen und die Hälfte der Bedienungen getötet oder verwundet.[19]

Die Überlegenheit der französischen Artillerie beruhte nicht auf der besseren Ausrüstung, sondern allein auf dem besseren taktischen Einsatz sowie der Tüchtigkeit und dem Korpsgeist ihrer Offiziere und Mannschaften. Dieses Übergewicht kam beispielsweise bei Jena und Auerstedt, 1806, besonders zum Ausdruck. Die preußische Armee besaß zwar im Verhältnis zur Infanterie mehr Artillerie als die französische, doch waren ihre Offiziere – genau wie bei den anderen Waffengattungen – noch zu sehr den Lehren Friedrichs des Großen verhaftet. Damals hatten sich diese Lehren als revolutionär erwiesen, aber inzwischen hatte Napoleon, dieser Meister der Kriegskunst, sie sich nicht nur zu eigen gemacht, sondern weiterentwickelt und durch ein eigenes System massierter Artilleriereserve gekrönt, vermittels derer er an den entscheidenden Punkten jederzeit die Artillerieüberlegenheit erringen konnte. Oder ein anderes Beispiel: die russische Artillerie war in Bezug auf die Ausrüstung hervorragend, doch mangelte es an geeigneter Führung. Sir Robert Wilson schreibt[20]: »Die russische Artillerie besitzt eine außergewöhnliche Schlagkraft. Kein anderes Heer führt so viele Kanonen mit sich und in keinem sind die Ausstattungen besser und die Bedienungen schneidiger. Das Geschützrohr ist gut geformt und ruht auf einer nicht zu schweren, aber soliden Lafette. Das Geschirr und Seilzuggerät einspricht allen Anforderungen, und auch das übrige Zubehör ist vollständig und gut geordnet. Die Zugpferde sind klein, aber von großer Muskelkraft, haben eine kräftige Hinterhand und stehen hoch im Blut. Jeweils vier ziehen die leichten Feldgeschütze und acht die Zwölfpfünder; zuweilen aber auch zehn.« Die Reservepferde benötigte man für die schrecklichen polnischen Straßen, und zwar für die Schlamm-und-Dreck-Perioden vor Einsatz des Dauerfrostes und später für die Monate nach dem Auftauen.

»Die Fahrer«, sagte Wilson, »sind stämmige Kerle. In gefährlichen Situationen bedürfen sie der Aufsicht – wie auch anderswo –, damit sie nicht mit den Pferden abhauen, doch haben sie andererseits auch bei vielen Anlässen großen Mut und Treue bewiesen. Außerdem kommt ihnen das große Verdienst zu, sich sorgfältig um die Pferde zu kümmern. Nie kommt es vor, dass es einer Geschützbespannung, einem Munitionskarren oder sonst einem Artilleriefahrzeug an Futter fehlt. Dank der Vorsorge und Umsicht der Fahrer ist immer irgend etwas da.« Aber die jungen Artillerieoffiziere taugten nicht viel und häufig kam es vor, dass ein aktiver Kavallerie- oder Infanterieoffizier das Kommando über eine Batterie übernahm.

»Die Reitende Artillerie«, meint Wilson, »ist keineswegs schlechter ausgestattet und die berittenen Abteilungen, welche zu den Geschützen gehören, reiten vorzügliche und starke Pferde... Die Kosaken-Artillerie ist eine Einrichtung jüngeren Datums. Sie besteht aus 24 Geschützen leichter Bauart, deren sorgfältig und schön gestaltete Lafetten den russischen Handwerkern zur Ehre gereichen«.

Zu Anfang dieses Kapitels wurde über eine Artillerie-Division berichtet, die Chef d'Escadron Boulart für die Kaiserliche Garde aufstellen sollte. Diese Division gelangte bei Jena zum Einsatz, und Boulart berichtet über seine Erfahrungen das Folgende: »Die Garde rückte auf Jena vor. Es war ein langer Tag und erst bei Einbrechen der Dunkelheit trafen wir dort ein. Wir mussten die Stadt passieren, einschließlich einer Kreuzung, zu deren Seiten einige Häuser brannten. Die Überwindung dieses Hindernisses kostete viel Zeit und Vorsichtsmaßnahmen. Die Kanonen und Fahrzeuge mussten einzeln hindurchgeschleust werden, nachdem zuvor das Futter abgeladen worden war, das sie, wie üblich, transportierten. Ich hatte Glück, dass alles glatt ging. Ich hatte den Befehl erhalten, nach Durchschreiten von Jena auf einem hohen Plateau ein Lager aufzuschlagen. Diese Hochfläche beherrschte sowohl die Stadt als auch das Tal der Saale, wo die Garde Aufstellung genommen hatte.

Aber kaum hatte mein vorderstes Fahrzeug den dahin führenden steilen und tief eingeschnittenen Weg erreicht, als es nicht weiterging, da er sich als zu schmal erwies. Ich war in großer Sorge, wusste ich doch, dass uns anderentags ein harter Kampf bevorstand, und meine vom langen Marsch erschöpften Pferde dringend Futter und Ruhe benötigten. Es war keine Zeit zu verlieren. Ich ließ alle Fahrzeuge anhalten, soweit sie die kritische Stelle noch nicht erreicht hatten, und setzte alle Kanoniere mit sämtlichen verfügbaren Spitzhacken zur Verbreiterung des Weges an. Das Ausbrechen des Gesteins war eine harte Arbeit und ging nur mühsam voran. Ich setzte alles daran, um die Arbeit zu beschleunigen, war überall zur Seite, lobte, drängte und ermutigte die Leute. Angst und Müdigkeit machten mich völlig fertig. Ohne mich, so glaubte ich, würde die Garde nichts ausrichten können. Ich hätte es als entehrend empfunden, wäre meine Artillerie nicht rechtzeitig zur Stelle gewesen. Bei Tagesanbruch schließlich, im gleichen Augenblick, in dem die Garde sich von den Lagerfeuern erhob und zu den Waffen trat, erreichte mein letztes Fahrzeug den Höhenrücken. Ich hatte mein Ziel erreicht und konnte beruhigt aufatmen. Bald darauf vernahm man die ersten Gewehrschüsse und wenig später war der Kampf im Gange. Allmählich entfernte sich das Getöse, ohne dass die Garde jedoch eingriff. Sie bewahrte während der ganzen Zeit ihre Schlachtordnung, rückte höchstens etwas nach, wenn die vorderen Linien Boden gewannen und erwartete voller Ungeduld den Befehl zum Angriff. In der Tat traf ein solcher Befehl gegen Mittag ein, doch bezog er sich nur auf meine Artillerie. Der Kaiser schickte die Anweisung, dass ich sie sofort nach vorne verlegen sollte, während ich selber mich zum Befehlsempfang bei ihm zu melden hätte. Im Handumdrehen machten sich meine Batterien im Trab auf den Weg, während ich davongaloppierte, um mich bei Seiner Majestät zu melden. Bei meinem Eintreffen hatte er gerade seine Ansprache an einen großen Kavallerieverband beendet. Dieser war soeben von einer brillanten Attacke zurückgekehrt, die den Sieg entschieden hatte, und der Kaiser drückte den Reitern seine Zufriedenheit aus. Es war ein erregender Augenblick. Ich meldete mich zum Befehlsempfang. »Gut gemacht!«, sagte er zu mir. »Ich brauche Ihre Artillerie nicht. Kehren Sie zu meiner Garde zurück.«

Kurz nach der Schlacht von Jena traf die Artillerie der Garde ein, und Boularts Artillerie-Division wurde zu einer Infanterie-Sonderdivision Oudinots abkommandiert, die sich aus Grenadier- und leichten Infanteriebataillonen zusammensetzte.

Aber Boulart hatte sich inzwischen einen Namen gemacht, und noch vor Beginn des Feldzugs von 1809 wurde er »Chef d'Escadron« bei der Reitenden Gardeartillerie. Kurz darauf wurde er in einem der neuen Gardeartillerie-Regimenter zu Fuß »Chef de Bataillon« und nahm etwas wehmütig vom blauen Dolman und Pelz der Reitenden Gardeartillerie Abschied.

Als die Franzosen 1809 in Wien einrückten, befehligte Boulart zwei Batterien der Gardeartillerie zu Fuß, mit insgesamt zwölf Geschützen. Der Kaiser besichtigte diese beiden Batterien anlässlich einer der täglichen Paraden in Schönbrunn. Wie üblich fragte er nach jeder Kleinigkeit, fand aber nichts auszusetzen. Doch ein Kanonier meldete dem Kaiser, dass einer der Zwölfpfünder »verrückt« sei, das heißt ungenau schieße.

Bei Tagesanbruch des 22. Mai erhielt Boulart den Befehl, seine beiden nördlich der Insel Lobau dicht am Fluss stehenden Batterien zu verlegen und eine den Gardejägern nach vorne zu schicken. Er ließ eine Batterie in die Nähe der Brücke zurück und folgte mit der anderen den Jägern bis Essling. Dort griff er in den Kampf ein, wurde aber bald vom Feuer der Österreicher niedergehalten. Sein Batterie-Chef verlor einen Arm und er selber wurde leicht verwundet. Da die Stellung sich als unhaltbar erwies, verlegte er die Batterie näher an die Jäger heran und bezog in einer Ziegelfabrik bei Groß-Aspern erneut Stellung. Aber auch hier standen seinen sechs Geschützen 12 feindliche gegenüber.

Als die Munition ausging, versuchte er, weitere nach vorne zu holen, doch das ganze rückwärtige Gelände lag unter schwerem Feindbeschuss.

Als schließlich die Hälfte seiner Bedienungen und ein Drittel der Pferde ausgefallen waren, zwang ihn der Munitionsmangel zum Feuereinstellen, worauf ihn eine frische Batterie ablöste.

Marschall Masséna befand sich jetzt 300–400 m weiter rückwärts bei der Gardejäger-Division. Boulart meldete sich bei ihm und blieb dort bis zur Beendigung der Kämpfe. Wie er von Masséna erfuhr, hatten die Österreicher die Brücke über die Donau zerstört und die rückwärtigen Verbindungen abgeschnitten. Daraufhin zog sich die Armee im Schutze der Nacht auf die Insel Lobau zurück. Boulart schreibt weiter: »Sobald am 26. die Brücke wiederhergestellt war, nahmen die Garde und meine Artillerie Uferwechsel vor und verlegten nach dem Ort Ebersdorf, wo sich das Kaiserliche Hauptquartier befand. Ich war noch keine Stunde dort, als auch schon der Kaiser nach mir sandte. Ich wurde in seinen Gefechtsstand geführt, wo er an einem mit Karten bedeckten Tisch stand. ›Haben Sie Ihre ganze Artillerie mit zurückgebracht?‹ fragte er mich. ›Zu Befehl, Sire‹. ›Haben Sie irgendwelche Munition zurückgelassen?‹ ›Ein paar Kartätschen, aber keine Rundkugeln‹. ›Und warum haben Sie die nicht dem Feind ins Gesicht gespuckt?‹ ›Die Schussentfernung war zu groß, Sire, und meine Batterie unterstand den Truppen, denen ich attachiert war. Marschall Masséna war an Ort und Stelle und kann bezeugen, dass ich mein Bestes getan habe‹. ›Wieviel Soldaten und Pferde haben Sie verloren?‹ ›Sire, – ‹ (und ich gab ihm die Zahlen). ›Und das verrückte Geschütz, hat es auch gut geschossen?‹ – Was für ein Gedächtnis, sich an eine solche Kleinigkeit zu erinnern. Nichts entging ihm. ›Jawohl, Sire, es hat besser geschossen. Ich habe mich persönlich darum gekümmert.‹ ›Und befinden sich auch die anderen Geschütze in gutem Zustand?‹ ›Sire, bei einem ist der Zündkanal beträchtlich ausgeschlagen und muss neu ausgegossen werden.‹ ›Und warum ist das noch nicht geschehen, mein Herr?‹, fügte er mit ärgerlicher, hoher Stimme hinzu, ›in welchem Regiment haben Sie gedient?‹ Dieser völlig unverdiente Ausbruch brachte mich ein wenig aus der Fassung. ›Sire, als ich auf der Insel Lobau eintraf, gab es dort keinerlei Reparatureinrichtungen. In Wien befindet sich ein Arsenal, wo die Arbeit durchgeführt werden kann. Ich habe bereits alle Anstalten getroffen, um das Geschütz dorthin zu schicken.‹ ›Ja, beeilen Sie sich. Morgen werde ich Ihre Artillerie inspizieren und mir von Ihnen das reparierte Geschütz zeigen lassen.‹ ›Wie Sie befehlen, Sire.‹ Ich wusste, dass dies unmöglich war, hielt es aber für besser, nichts zu sagen. Für den Kaiser war nichts unmöglich.

Als ich ihn verließ, war ich aufs Äußerste beunruhigt und entschlossen, sofort etwas zu unternehmen. Ich schickte Hauptmann Lefrançais mit dem Geschütz nach Wien, wo er die beschleunigte Reparatur überwachen sollte, sofern im Arsenal eine Maschine zur Ausbesserung des Zündkanals aufzutreiben war. Trotzdem war nicht daran zu denken, dass er bis zu der kaiserlichen Inspektion rechtzeitig zurück sein würde. Da es mir vor allem darauf ankam, dass der Kaiser eine vollzählige und einsatzbereite Batterie vorfand, eilte ich zu General Songis, um von meinem Kummer zu berichten und seine Hilfe zu erbitten. ›Ich würde Ihnen gerne helfen‹, sagte er, ›aber im Artilleriepark haben wir tatsächlich nur österreichische Zwölfpfünder, wenngleich auch vom gleichen Kaliber wie die Ihren. Wenn Sie wollen, stelle ich Ihnen einen zur Verfügung.‹ Da mir nichts anderes übrigblieb, nahm ich dankend an und sah der Besichtigung am nächsten Tage mit Sorge entgegen. Der Kaiser würde bestimmt das Fehlen der Kanone entdecken, und wenn er dann noch immer schlechter Laune wäre...? Auf alle Fälle hatte ich nicht mehr unternehmen können, und wenn es böse ausging, wäre eben noch eine ›Breitseite‹ fällig. Anderntags um 11 Uhr begab ich mich zum Quartier Seiner Majestät, wo ich mich zunächst lange im Vorzimmer mit dem russischen Oberst Czernischeff aufhielt, einem gut aussehenden und prächtig uniformierten jungen Mann.

Schließlich wurde ich gerufen. Es war aber nicht der gleiche Mann, dem ich am Vortag gegenübergestanden hatte. Aus Italien waren vorzügliche Nachrichten eingetroffen, und Napoleon zeigte sich zufrieden und in guter Stimmung. Ich sah das auf den ersten Blick und war beruhigt. ›Nun, Commandant, ist Ihr Zwölfpfünder wieder zurück?‹ ›Noch nicht, Sire. Aber ich habe Nachricht, dass er noch heute eintreffen wird. In der Zwischenzeit habe ich ihn durch ein von General Songis ausgeliehenes Geschütz ersetzt.‹ ›Haben Sie Ihre Munitionsbestände wieder aufgefüllt?‹ ›Zu Befehl, Sire. ich bin einsatzbereit.‹ ›Gut. Ich werde Sie nicht inspizieren.‹ All das erfolgte in freundlichem Ton und mit viel Charme.«[21]

Dieser Bericht von Boulart verrät uns mehr über die Persönlichkeit jenes bemerkenswerten Mannes, des Kaisers Napoleon, als es viele über ihn geschriebene Bücher vermögen.

In der Schlacht von Wagram, welche kurz nach dem geschilderten Vorfall stattfand, verschoss die französische Artillerie 96 000 Granaten. Einen Tag nach der Schlacht nahm Boulart die Gegend in Augenschein, welche die französischen Geschosse aufgewühlt hatten. Das Ergebnis, so stellte er fest, stand in keinem Verhältnis zum Aufwand. An anderen Stellen des Gefechtsfeldes verstärkte sich dieser Eindruck. Trotzdem hatte nie zuvor eine derartige Artilleriemassierung stattgefunden, hatte man noch nie einen derartig schnellen, anhaltenden und Furcht einflößenden Feuerwechsel gehört. Vernahm man den Gefechtslärm aus der Ferne, musste man glauben, dass sich hier zwei Heere vernichteten.[22]

Nach Wagram wurde Boulart zum Major der Garde befördert, was dem Rang eines Oberst der Linie entsprach und ihm den Titel »Colonel-Major« eintrug.

1 Colonel R. W. Phipps, »The Armies of the First French Republic«, herausgegeben von Colonel C. F. Phipps und Elizabeth Sanders, 1926–1939 (5 Bände)
2 Graf Yorck von Wartenburg, »Napoleon as a General«, herausgegeben von W. H. James, 1902
3 F. Loraine Petre, »Napoleon's Last Campaign in Germany 1813«, 1912
4 Edouard Detaille und Jules Richard, »L'Armée Française, 1885–89
5 ibid.
6 Phipps, op. cit.
6 ibid.
7 Detaille, o. cit.
8 ibid.
    Henry Lachoque, bearbeitet von Anne S. K. Brown, »The Army of Glory«, 1961
9 Detaille, op. cit.
10 »Memoires Militaires du Général Baron Boulart«
11 Detaille, op. cit.
12 Colonel H. C. B. Rogers, »Artillery through the Ages«, 1971
13 ibid.
14 ibid.
15 ibid.
16 ibid.
    Lachoque, op. cit.
17 Commandant Saski, »Campagne de 1809; 1899
18 Phipps, op. cit.
19 ibid.
20 Sir Robert Wilson, »The Russian Army and the Campaigns in Poland 1806–07«; 1810
21 Boulart, op. cit.
22 ibid.

Pioniere und Nachrichtentruppe

Organisation der Pioniere

Pioniere als separate Waffengattung gab es vor der Revolution nicht, lediglich einen Stab von Pionieroffizieren. 1789 existierten sechs Mineur- und sechs Sappeur-Kompanien. Erstere waren der Artillerie zugeteilt, Letztere gehörten zu ihr. Allem Anschein nach hielt die Artillerie dies aber für eine große Verschwendung von Menschen, denn aus den Sappeur-Kompanien machte sie sechs Kompanien Artillerie zu Fuß.

Der erste Schritt zur Errichtung eines eigenen Pionierkorps erfolgte am 23. Oktober 1793 mit der Trennung der Mineur-Kompanien von der Artillerie, unter gleichzeitiger Versetzung zu den Pionieren, mit Wirkung vom 15. Dezember. Ferner sah ein Dekret des Konvents vom gleichen Datum die Aufstellung von zwölf Sappeur-Bataillonen zu je acht Kompanien à 200 Mann vor, die ebenfalls zu den Pionieren kommen sollten. Dieses Datum kann daher als der eigentliche Gründungstag des Pionierkorps angesehen werden.[1]

1791 erfolgte die Bildung eines Zentralkomitees für das Befestigungswesen. Laut Verfügung vom 3. April 1795 wurde diese Dienststelle jedoch reorganisiert und zugleich die Gliederung der Pioniere weitgehend festgelegt. Die vorgesehene Truppenstärke betrug 437 Offiziere und sechs Mineur-Kompanien. Erstere setzten sich aus 7 Generalinspekteuren zusammen (3 Divisionsgeneralen und 4 Brigadegeneralen), 30 Direktoren (»chefs de brigade«, d. h. Obersten), 60 stellvertretenden Direktoren (»chefs de bataillon«), 260 Pionier-Hauptleuten (12 davon den Mineuren zugeteilt) und 80 Pionier-Leutnanten (ebenfalls 12 den Mineuren attachiert). Das Komitee für das Befestigungswesen bestand aus den Generalinspekteuren und solchen Offizieren, die der Ausschuss für die Öffentliche Sicherheit hierzu bestimmte.

Ferner wurden in dem Dekret neun Regimenter (offenbar Bataillone) Sappeure aufgeführt, ohne dass allerdings ersichtlich ist, weshalb hier eine Schrumpfung gegenüber den 12 Bataillonen zwei Jahre zuvor erfolgte. Allem Anschein nach gehörten diese Einheiten nicht zum Pionierkorps, sondern waren diesem nur zugeteilt, so wie auch die Mineur-Kompanien. Am 24. Januar 1798 reduzierte eine weitere Verfügung die Zahl der Sappeur-Bataillone auf vier.[2]

Unter dem Kaiserreich fanden eine ganze Reihe einschneidender Veränderungen bei der Pioniergruppe statt. Die sechs Mineur-Kompanien wurden zunächst auf fünf reduziert, dann auf neun erweitert und schließlich, 1808, zwei Bataillone aus ihnen gebildet, nachdem noch eine 10. Kompanie hinzugekommen war. Wenig später wurde in jedem Bataillon die Zahl der Kompanien auf sechs erhöht. Auch die Sappeur-Bataillone erfuhren eine Vermehrung auf insgesamt acht: fünf französische, ein niederländisches, ein italienisches und ein spanisches. Doch die Verluste im Feldzug von 1806 hatten eine Verkleinerung auf fünf Bataillone zur Folge. Eine kaiserliche Neuerung war das dringend benötigte Pionier-Train-Bataillon, und 1806 erging die Anweisung an jedes Sappeur-Bataillon, sich einen Gerätepark anzulegen. Eine Anzahl von Pionier-Kompanien wurde aufgestellt, um Hilfsdienste bei Ingenieurarbeiten zu leisten.[3]

Die Sappeur- und Mineur-Bataillone stellten eigentlich »Personallager« dar, aus denen die Armeen und Korps Kompanien und mitunter auch Detachments abriefen, je nachdem, was sie gerade brauchten. Die Pioniere gelangten vor allem bei Belagerungen zum Einsatz, waren für Straßenbauarbeiten im Felde verantwortlich, berieten die Infanterie bei der Anlage von Geländeverstärkungen, legten die Arbeiten für die Schutzwälle der Geschützstellungen fest und waren voll verantwortlich für den Bau von festen Verteidigungsanlagen. Sie unterstanden dem Chef der Pioniere, ausgenommen beim Einsatz im Felde.

Wie im letzten Kapitel bereits erwähnt, gehörten die Ponton-Brücken zur Artillerie, doch der Bau von Joch- und festen Brücken fiel in die Zuständigkeit der Pioniere. Der einzige Grund für diese unlogisch scheinende Lösung bestand darin, dass nur der Artillerie-Train imstande war, den Einsatz und den Transport der schweren Pontons zu gewährleisten.[4] Aber im Verlauf der späteren Feldzüge des Kaiserreichs erhielten dann auch die Pioniere ihren eigenen Train, was zur Folge hatte, dass schließlich auch sie über schweres Brückenbaugerät verfügten, genau wie die Artillerie. Da zwischen beiden Korps stets eine heftige Rivalität auf diesem Gebiet bestand, hat Napoleon den Pionieren wahrscheinlich die Zusage gegeben, dass der Brückenbau allmählich ganz ihre Angelegenheit werden würde.

Im März 1809 richtete Napoleon ein Schreiben an General Bertrand, den Befehlshaber der Pioniere in Deutschland, in dem er den Einsatz der Pioniere im kommenden Feldzug in allen Einzelheiten festlegte. Die Kriegsausstattung der Pioniere sollte auf 48 Sechsspänner-Wagen mitgeführt werden und 30 000 Pioniergeräte, etwa 300 Pferde und zwischen 180 und 200 Mann umfassen. Bertrand sollte acht Ponton-Kompanien von der Rhein-Armee erhalten, von denen je eine an die 3 Korps, eine an die Garde (zusätzlich zu der bereits vorhandenen) und eine an die Kavallerie zu gehen hätten. Die restlichen drei hätten beim Pionierpark zu verbleiben. (Wie man sieht, unterstanden die Ponton-Kompanien den Pionieren und nicht der Artillerie). Die Pionierverbände eines jeden Korps sollten aus einer Ponton-Kompanie, zwei Sappeur-Kompanien und 6000 Pionier-Geräten bestehen. Der Pionierpark hätte folgende Einheiten zu umfassen: ein Bataillon Marine-Pioniere zu 800 Mann, ein Bataillon Marineinfanterie zu 1200 Mann, 9 Sappeur-Kompanien mit 900 Mann und zwei Chirurgen, 3 Mineur-Kompanien mit 300 Mann und einem Chirurgen, 3 Ponton-Kompanien mit 300 Mann und einem Chirurgen, 4 Pionier-Kompanien mit 600 Mann und einem Chirurgen und zwei Artillerie-Kompanien mit 6 Geschützen. Aus den Sappeur- und Mineur-Kompanien sollten zwei Bataillone gebildet werden, ein Bataillon aus den Ponton-Kompanien und ein Bataillon aus den Pionier-Kompanien. Diese vier Bataillone sollten einem Pioniermajor unterstehen. Das Marine-Pionierbataillon hingegen, sowie die Marineinfanterie, sollten zu drei Bataillonen formiert und dem Kommando eines Oberst unterstellt werden, eines »Capitaine de Vaisseau«, einem Seeoffizier also. Dieser gesamte Pionierpark hätte als Reserve zu dienen und dem Befehl eines Generals zu unterstehen, zu dem des Weiteren noch ein Stabsfeldwebel und 4 Ambulanzen kämen.[5]

Am 30. Januar 1809 traten zu den Pionieren noch die Militärgeographen als neuer Dienstzweig hinzu, denen in erster Linie die Aufgabe zufiel, das Gerät zu überwachen und Landkarten für die verschiedenen Kriegsschauplätze anzulegen. Er umfasste 4 Obersten, 4 »chefs d'escadron«, 24 Hauptleute 1. Klasse, 24 Hauptleute 2. Klasse und 6 »Eleven« im Range eines Leutnants oder darunter. Die unteren Ränge dieser Einrichtung kamen aus der »Ecole Polytechnique«.[6]

BEFESTIGUNGSANLAGEN

Die wahrscheinlich wichtigste Aufgabe der napoleonischen Pioniere bestand in der Anlage von Befestigungen. Napoleon nannte den Befestigungsbau »eine schwierige Wissenschaft, in welcher der geringste Fehler großen Einfluss auf den Erfolg eines Feldzuges und das Schicksal einer Nation haben kann.« Den Grund, weshalb er so großen Wert darauf legte, zeigt der folgende Satz: »Es gibt immer wieder Militärs, die nach dem Sinn von Festungen, befestigten Lagern und der Ingenieurwissenschaft fragen. Ich für meinen Teil möchte diese Leute fragen, wie man denn mit unterlegenen oder gleichstarken Kräften manövrieren soll, wenn weder Stellungen, Befestigungen oder sonstige Pionier-Hilfsmittel zur Verfügung stehen?«

Napoleon selber schrieb einen »Essai sur la fortification de campagne«, in welchem er zwischen den verschiedenartigen Pionier-Aufgaben unterscheidet.

Es gab Arbeiten (zumeist Schanzarbeiten), die mit den herkömmlichen Pioniergeräten, welche jeder Soldat mit sich führen sollte, in fünf Minuten bis zu einer halben Stunde bewerkstelligt werden konnten. Andere Anlagen wiederum, die nach einer Stunde zwar schon einen gewissen Schutz boten, mussten so geplant werden, dass sie nach einem vierundzwanzigstündigen Arbeitsaufwand stark genug waren, um dem Angriff einer doppelten Übermacht standzuhalten. Oder um Napoleon zu zitieren: »Die für gewöhnlich vorhandenen natürlichen Stellungen bieten keinen ausreichenden Schutz gegen einen überlegenen Feind, es sei denn, sie werden künstlich verstärkt.« Bei den beiden angeführten Verteidigungsanlagen handelte es sich um Feldbefestigungen, welche sowohl die Infanterie als auch die Artillerie selber anzulegen hatten, wenngleich auch unter Pionieranleitung.

In eine gänzlich andere Kategorie waren hingegen die zeitweiligen Befestigungsanlagen einzuordnen, welche zum Schutz wichtiger Plätze entlang der rückwärtigen Verbindungen angelegt wurden. Bei ihnen handelte es sich um reine Pionieraufgaben, die mehrere Tage in Anspruch nehmen konnten und – so Napoleon – aus leichtem Mauerwerk und Holz bestehen sollten. Trotzdem waren auch sie kein Ersatz für ständige Befestigungsanlagen, benötigten doch diese eine sehr viel schwächere Garnison.[7]

Napoleon legte besonderen Wert auf befestigte Brückenköpfe. 1808 erklärte er: »Kein Fluss, sei er breit wie die Weichsel oder reißend wie die Donau an ihrer Mündung, stellt ein Hindernis dar, sofern man Zugang zum gegenüberliegenden Ufer hat und stets zur Aufnahme der Offensive bereit ist.« Um 1813 sagte er in Bezug auf die Elbe: »Nie hat man einen Fluss für ein Hindernis gehalten, das einen Angriff länger als ein paar Tage aufzuhalten vermag. Den Übergang kann man nur verhindern, indem man starke Brückenköpfe am anderen Ufer errichtet, aus denen man unverzüglich zum Angriff übergeht, sobald der Gegner mit dem Uferwechsel beginnt. Nichts ist gefährlicher als der Versuch einer nachhaltigen Verteidigung eines Flussufers, denn sobald der Feind den Übergang erzwungen hat – und irgendwo gelingt eine Überraschung ihm immer – stößt er auf eine überdehnte Verteidigungslinie, und kann deren Konzentration stets verhindern.«

Er hatte sehr klare Vorstellungen, wo die Befestigungsanlagen für die Verteidigung eines Brückenkopfes genau liegen sollten. Die am Weichselufer errichteten fanden nicht seinen Beifall, da sie sich zu eng an den Fluss anlehnten und somit zu wenig Platz für die ersten Truppen boten, die im Zuge des Übergangs dahinter zunächst einmal Schutz suchen mussten. Auf St. Helena äußerte er sich dahingehend, dass die Pioniere »zwischen ihren Befestigungsanlagen und dem Fluss genügend Raum lassen müssen, damit die Armee sich dahinter versammeln kann, ohne in die Befestigungen eindringen zu müssen (was deren Sicherheit in Frage stellt)... Die Brückenköpfe, welche die Pioniere bei Marienwerder ausgebaut hatten, lagen zu nah an der Weichsel und hätten wenig Wert für die Armee gehabt, hätte diese den Fluss auf dem Rückzug überwinden müssen.«[8]

BALLONE UND BRIEFTAUBEN

Die erste Ballon-Kompanie wurde am 2. April 1794 innerhalb der Sambre-et-Meuse-Armee aufgestellt und verblieb dort bis zu ihrer Versetzung zur Ägypten-Armee, im Jahre 1797, mit der sie dann später auch aufgelöst wurde. Eine zweite Ballon-Kompanie wurde am 23. Juni 1794 in Meudon aufgestellt und nahm erst an den Kämpfen der Nord- und dann der Rhein-Armee teil. Ihre Auflösung erfolgte am 17. Februar 1799. Auch eine Schule für Militär-Ballonfahrer wurde 1794 in Meudon gegründet, welche bis 1800 bestand.

Der vormalige Marquis de Dampierre, welcher Dumouriez am 4. April 1793 im Kommando über die Nordarmee folgte, war ein begeisterter Ballonfahrer. 1788 hatten ihn seine Ballonfahrten derart in Anspruch genommen, dass er darüber das Ende seines Urlaubs vergaß. Als er bei seinem Regiment schließlich wieder eintraf, steckte man ihn dafür in Arrest.

Die Franzosen setzten ihre Ballone schon während der ersten Feldzüge vielfach ein, sowohl für die Aufklärung als auch für die Nachrichtenübermittlung. Allerdings scheint die Auflösung der Ballon-Kompanien darauf hinzudeuten, dass ihre Leistungen in Napoleons Augen den Aufwand nicht lohnten.

Während der Belagerungen von Valenciennes und Condé im Jahre 1793 verwendeten die französischen Garnisonen Ballone, um die Verbindung mit dem Hauptquartier der benachbarten französischen Feldtruppen aufrecht zu erhalten. Mindestens ein Ballon von jeder dieser beiden Städte fiel dabei in Feindeshand. Der aus Valenciennes hatte eine Brieftaube an Bord, welche vermutlich der eingeschlossenen Garnison eine Botschaft zurückbringen sollte. Doch ihre Dienstzeit endete vorzeitig, da die Österreicher sie brieten und aufaßen.[10]

Überhaupt scheinen Tauben für die Übermittlung von Nachrichten ziemlich häufig eingesetzt worden zu sein. Noch bevor die Alliierten 1793 mit der Belagerung von Le Quesnoy begannen, ersuchte der Kommandierende dieses Gebiets, General Gobert, den »Conseil Général«, ihm zur Aufrechterhaltung der Nachrichtenverbindungen zwischen der Festung und Cambrai Brieftauben zur Verfügung zu stellen. Der »Conseil« bewilligte die Anforderung – sofern er für die Tauben nichts zu zahlen habe.[11]

Das vielleicht wichtigste Ereignis bei der Schlacht von Fleurus, am 26. Juni 1794, war die Tatsache, dass hier erstmalig ein Luftfahrzeug in Erscheinung trat. Es war der berühmte französische Ballon »Entreprenant«, hergestellt von Guyton und Contille in Meudon. Sein Führer war André-Jacques Garnerin, der Erfinder des Fallschirms, der wenige Tage zuvor die Ballon-Kompanie in Meudon aufgestellt hatte. Es handelte sich um einen Fesselballon, in dessen Korb sich außerdem noch General Morlot und ein Pionieroffizier befanden. Sie sollten Feindaufklärung betreiben und ihre Beobachtungsergebnisse auf Zetteln an den Halteseilen nach unten gleiten lassen. Ob sie nun zu unerfahren oder zu hoch waren – jedenfalls lieferten sie wenig brauchbare Ergebnisse und einige Meldungen waren schlicht falsch.[12]

Die Österreicher nahmen den Ballon unter Beschuss, und wenn sie ihn auch nicht trafen, so dürfte es sich hier dennoch um das erste Flakfeuer in der Militärgeschichte gehandelt haben.

Capitaine Charles François schreibt über die Schlacht von Fleurus: »Über unseren Köpfen schwebte ein von Seilen festgehaltener Ballon. Zwei Offiziere saßen in seinem Korb und übermittelten durch Signale die Bewegungen des Feindes. Als wir später eine Batterie von 8 Geschützen nahmen, stellten wir fest, dass einige geladen und auf den Ballon gerichtet waren, dem an unserem Sieg ein großer Anteil zukommt.«[13] Der Ballon verblieb bis 1796 bei der Armee, dann fiel er den Österreichern bei Würzburg in die Hände und wurde anschließend als Trophäe in das Arsenal nach Wien gebracht.

TELEGRAF

Die beiden Brüder Claude und Ignace Chappe erfanden eine Art Semaphoranlage, mittels derer man über eine Kette von festen Stationen Nachrichten über weite Entfernungen übermitteln konnte. Sie nannte sich »Telegraf« oder auch »Lichttelegraf« und stellte das erste brauchbare Signalsystem dar. Die Gesetzgebende Versammlung war so stark beeindruckt, dass sie es 1792 übernahm, um damit ein nationales Nachrichtennetz aufzubauen. Das Gerät bestand aus einem senkrechten Pfosten mit einem Querholz obenauf, an dessen Enden sich je ein drehbarer Arm befand. An deren äußersten Spitzen wurden des Nachts Laternen befestigt. Die Semaphor-Stationen wurden auf Bergspitzen errichtet, die nicht weiter als 12 Kilometer voneinander entfernt sein durften, konnten die Signallaternen darüber hinaus doch nicht mehr abgelesen werden. Nach Einrichtung des Systems strahlten Telegrafen-»Linien« von Paris nach verschiedenen Richtungen aus.[14] Die erste Verbindung wurde 1793 zwischen Paris und Lille aufgebaut. An dieses schloss sich im gleichen Jahr noch Dünkirchen an und ebenso, 1803, Brüssel. Andere Linien entstanden von Paris nach Brest, Lyon und Straßburg. Die Linie Lyon wurde 1805 bis Mailand erweitert und die von Straßburg bis nach Huningen.

Die früheste von diesem System übermittelte Botschaft, welche überliefert ist, stammt vom 15. August 1794 und war an das Komitee für Öffentliche Sicherheit gerichtet. In der Phraseologie jener Tage meldet sie den Fall von Quesnoy: »3000 Sklaven der österreichischen Garnison haben die Waffen niedergelegt und sich bedingungslos ergeben.« Diese Nachricht soll Paris in einer Stunde erreicht haben.[15]

Der Telegraf spielte aber auch im Vorstadium des Feldzuges von 1809 eine bedeutende Rolle. Napoleon war bis zum letzten Augenblick mit Staatsgeschäften in Paris festgehalten. Am 30. März aber schickte er Berthier, seinen Chef des Generalstabes oder »Major-Général«, mit dem Auftrag nach Straßburg, dort das Kaiserliche Hauptquartier zu errichten und mittels Telegrafenlinie mit Paris in Verbindung zu bleiben. Auf diese Weise befehligte Napoleon seine Armee über eine große Entfernung und erhielt Lageberichte von ihr. Wie alle visuellen Nachrichtensysteme war natürlich auch diese Telegrafen-Kette von guten Sichtverhältnissen abhängig – ein Nachteil, den zu allen Zeiten die Generale als Entschuldigungsgrund für verspätetes Eintreffen von ihren Nachrichtenoffizieren nicht anerkennen wollten. Obendrein handelte es sich dann meist um eine Nachricht – alle Nachrichtenoffiziere kennen das! –, deren Verzögerung einen höchst nachteiligen Einfluss auf den Gang der Kampfhandlungen hatte. Am 10. April signalisierte Napoleon Einsatzbefehle an Berthier, doch wurden diese durch Nebel derart aufgehalten, dass sie den Major-Général nicht mehr in Straßburg, sondern erst am 16. April in Augsburg erreichten. Diese durchgegebene Weisung nimmt in der Geschichte der Nachrichtentruppe einen derartig wichtigen Platz ein, dass sie hier im vollen Wortlaut zitiert werden soll:

gestattet und Lindet verpflegte und bezahlte sie. Das Verwaltungs-Korps wurde in Bezug auf sein Personal und die Arbeitsmethoden umgestaltet. Es bestand jetzt aus 60 Haupt-Intendanten (ordonnateurs), 300 Intendanten und 240 Intendanten 2. Klasse. Zu dem Hauptquartier einer jeden Armee gehörte ein »commissaire ordonnateur en chef«, dem sämtliche Verwaltungseinrichtungen der Armee unterstanden. Theoretisch war er nicht dem Armee-Oberbefehlshaber, sondern seinen Verwaltungs-Vorgesetzten in Paris verantwortlich. In der Praxis war er indessen dem Oberbefehlshaber der jeweiligen Armee unterstellt.[2]

Nach seiner Ernennung zum Ersten Konsul reoganisierte Napoleon die Armee. Er trennte die administrativen Funktionen von den militärischen und gründete am 8. März 1802 das Heeresverwaltungsamt. Die Verwaltungsoffiziere behielten ihren Zivilstatus bei, doch der Chef war Divisionsgeneral. 1804 erfolgte eine weitere Umgestaltung dieser Behörde. Die Pflichten der Intendanturbeamten hatten sich jetzt ganz auf die Versorgung zu beschränken, während gleichzeitig eine Inspektion für die Truppenverwaltung und die administrative Kontrolle der Einheiten eingesetzt wurde. Der Zentralausschuss für die Inspektion bestand aus sechs »inspecteurs en chef«, von denen vier in Paris, einer in Italien und einer bei der Küstenverteidigung stationiert waren. Ferner gab es 31 Inspekteure, von denen 24 für Heimatgebiete und 7 für das Feldheer arbeiteten. Unter diesen war Daru der berühmteste und von Napoleon am meisten geschätzte. Er besuchte die Stabsquartiere der Truppenlager und wurde bald darauf Generalintendant der Armee, während die übrigen sich auf die Lager Montreuil, Saint-Omer, Brüssel und Utrecht sowie die in Hannover stehende Armee verteilten.

Fünfzehn Hilfsinspekteure 1. Klasse, 26 2. Klasse und 60 3. Klasse unterstützten ihre Tätigkeit. Die Verwaltungsbeamten setzten sich aus 38 Haupt-Intendanten, 100 Kriegs-Intendanten 1. Klasse, 100 2. Klasse und 50 Assistenten zusammen.[3] Im Heeresverwaltungsamt stand an der Spitze jeder Abteilung ein Direktor, dem ein Verwaltungsrat beigegeben war. So gab es, zum Beispiel, einen Direktor für Bekleidung, von dem die Anweisungen an die Hersteller ergingen und der für die Prüfung der Stoffe verantwortlich war. Auch einen Direktor für die Remontenbeschaffung hatte man. Napoleon aber traute beiden nicht, sah er doch in jedem Zentraleinkäufer von Haus aus einen Dieb.[4]

TRANSPORTWESEN

Zu Beginn der Revolutionskriege wurden alle Transporte von zivilen Einrichtungen durchgeführt. Munition wurde von Zivilkolonnen gefahren und private Fuhrleute beförderten die Kanonen und sonstige Ausrüstung der Artillerie. Im Heer wurden diese bürgerlichen Gespannlenker von oben herab behandelt, und in der Sambre-et-Meuse-Armee hängten ihnen die Husaren die wenig schmeichelhaften Namen »Königliche Wagenschmierer« und »Vierrad-Husaren« an. Während des Kaiserreichs stellte ein großes Unternehmen, die Breidt Company, alle Fahrzeuge, Fahrer und Gespanne für das Heer, doch nachdem sie bei den Kämpfen um Deutsch-Eylau völlig versagt und Napoleon seiner Bewegungsmöglichkeit beraubt hatte, entschloss sich dieser zur Übernahme des Transportwesens durch das Heer und gründete ein Wagen-Transportkommando. Neun Bataillone zu je sechs Kompanien wurden bis zum 26. März 1807 aufgestellt. Bataillonskommandeur war ein Hauptmann, unterstützt von einem Quartiermeister im Leutnantsrang, während die Kompanien von Unteroffizieren hohen Dienstalters geführt wurden. Das neue Korps bewährte sich bald derart, dass die Zahl der Bataillone schließlich auf 23 erweitert wurde, einschließlich eines für die Kaiserliche Garde. Der Stab des Train lag in Evreux, wo auch zwei Stellmacher-Kompanien für die Instandsetzung der Fahrzeuge sorgten.[5]

Die Wagen-Transportbataillone traten erstmalig während des Feldzuges von 1809 besonders in Erscheinung. Das 2. und 5. Bataillon standen zu diesem Zeitpunkt bereits bei der Rhein-Armee, wohingegen sich das 12. noch in Commercy in der Aufstellung befand. Von den in Frankreich liegenden Transport-Bataillon-Depots, welche die spanische Armee versorgten, wurden 200 Fahrzeuge nach Joigny in Marsch gesetzt, um dort zwei weitere Reserve-Bataillone aus ihnen zu bilden. Man ging davon aus, dass für den bevorstehenden Feldzug fünf Transport-Bataillone mit insgesamt 700 Wagen bereitgestellt werden müssten.[6] 1809 erhielt Daru den zivilen Posten eines Generalintendanten jener Truppenteile, aus denen dann die Grande Armée entstehen sollte. Sein Aufgabenbereich umfasste sämtliche militärischen Transporteinrichtungen, Gesundheitswesen, Bekleidung, Schuhwerk, Verpflegung, Requisitionen und Besoldung. Napoleon befahl ihn zum Rapport über den Stand des Militärtransportwesens, und Daru meldete sich am 27. März 1809 bei ihm. Von den beiden Transport-Bataillonen, die sich bereits bei der Armee befänden, sagte er, besäße jedes 136 Fuhrwerke, einschließlich Schmiede- und Munitionswagen. Weiter stünden noch 21 Fahrzeuge in einwandfreiem Zustand zur Verfügung, jedoch ohne Gespanne. Das 12. Bataillon sähe in St. Mihiel seiner Indienststellung entgegen und rechne mit dem Eintreffen der Pferde zwischen dem 28. März und 15. April. In Joigny würde ein provisorisches Bataillon mit 180 Fahrzeugen aufgestellt. Die Mannschaften und Pferde kämen zwischen dem 18. und 20. April und würden auf fünf Kompanien aufgeteilt. Mithin könne mit einem Train insgesamt 609 Transportwagen gerechnet werden. Allerdings bestünde die Hälfte der Gespanne aus noch nicht eingefahrenen Pferden und die Lenker seien ebenfalls erst vor kurzem eingezogen worden. Bei einem langen Marsch müsse daher mit hohen Ausfällen gerechnet werden. Bei Einsatz des kompletten Fuhrparks könnten 600 000 Brotrationen transportiert werden, d.h. der Armeebedarf für zwei Tage.

Um eine laufende Versorgung zu gewährleisten, müssten sich daher die Fahrzeugkolonnen unentwegt auf dem Marsch befinden, was jedoch nicht durchführbar sei. Außerdem müssten noch Wagen für den Sanitätsdienst abgezweigt werden und der Kaiser habe ja selber befohlen, dass in jeder Transportkompanie vier Wagen als Ambulanzen zu fungieren hätten. Von den 17 oder 18 Kompanien fielen also 68 oder 72 Fahrzeuge für die Versorgung aus. In Bezug auf die Organisation der Transporte schiene es ihm erforderlich, dass jede Einheit ihre eigenen Wagen erhielte, mit denen sie ihre Verpflegung holen und transportieren könnte. Ein Infanterie-Bataillon müsse eine Fünftageration mit sich führen: für drei Tage auf Trosswagen und für zwei Tage bei jedem Mann in seinem Gepäck. Die verbleibenden Transportfahrzeuge würden weiterhin dem Kaiserlichen Hauptquartier unterstehen und seien in der Lage, eine Reserve von 300 000 bis 400 000 Rationen zur Verfügung zu halten. Jedes Infanterie-Bataillon benötige zwei Verpflegungswagen und sei dafür verantwortlich zu machen, dass diese den Brotnachschub von den Magazinen selber abholten.[7]

Dies also meldete der große Generalintendant und wir werden sehen, dass selbst seine peinlich genaue Analyse sich den wirklichen Ereignissen gegenüber als viel zu optimistisch erweisen sollte. Zweifellos war der von ihm unterbreitete Vorschlag die beste Lösung, um mit der begrenzten Anzahl von Fahrzeugen einigermaßen auszukommen, reichten diese für eine geregelte Versorgung doch bei weitem nicht aus. Die Frontstärke der Großen Armee, einschließlich der verschiedenen deutschen Truppenkontingente, betrug rund 200 000, und nach Darus Vortrag wurde eine Tagesration für 300 000 Mann zugrunde gelegt. Im amerikanischen Bürgerkrieg besaß die Federal Army am Potomac eine Kampfstärke von etwa 140 000 Mann und 5000 Versorgungsfahrzeuge aller Art.

Im Verlauf des Russlandfeldzuges von 1812 verloren die Transport-Bataillone nahezu ihren gesamten Fahrzeugbestand, weshalb man im darauf folgenden Jahr für den Krieg gegen Deutschland weitgehend auf Improvisation angewiesen war.

Zivilfahrzeuge jedweder Bauart wurden eingezogen und lediglich der Fuhrpark der Garde war noch einigermaßen in Ordnung. Der Krieg gegen Russland hatte mithin auch eine unerwartete Auswirkung auf den Versorgungs-Train des Jahres 1813.

Wenn in Russland Trossfahrzeuge zurückblieben und den Kontakt mit ihrem Truppenteil verloren, fielen sie den Kosaken in die Hände. Daraus ergab sich ein dauerndes »Serrez!-Serrez!«-Geschrei, sobald sich die Abstände einmal vergrößerten. Dieses ständige »Aufschließen!« ging aber auf Kosten der Pferdebeine, denn immer wieder mussten die hinteren Wagen antraben. Um die Abstände gering zu halten, ging man daher bei geeigneten Geländeverhältnissen dazu über, nebeneinander anstatt hintereinander zu fahren.[8]

Wahrscheinlich geschah es erstmalig während der napoleonischen Feldzüge, dass größere Truppenverbände auf Straßenfahrzeugen befördert wurden. Insbesondere die Garde wurde auf diese Weise häufig über lange Wegstrecken transportiert. 1805 wurde die in Paris stehende Garde per Post nach Straßburg verlegt – eine äußerst schnelle Art des Reisens, da bei jeder Relaisstation (ungefähr alle 16 Kilometer) die Pferde gewechselt wurden. Die Soldaten saßen zu viert oder fünft auf den zweirädrigen und zu zwölft in den vierrädrigen Wagen und legten mit diesen pro Tag im Durchschnitt sechs Poststationen oder rund 100 Kilometer zurück. Sowohl die Fahrgäste als auch die Fahrzeuge wurden dabei beträchtlich mitgenommen. 1806, im Zuge der Vorbereitungen des Feldzuges gegen Preußen, wurde die Garde von einer langen Wagenkolonne nach Mainz gebracht. Die Intendanten fuhren jeweils voraus, um sich um Pferdewechsel, Mahlzeiten und Übernachtungsmöglichkeiten zu kümmern.[9] Auf diesen Transport nimmt Napoleon in seinem Brief vom 19. September 1806 an den Marschall Bessières Bezug, den Generaloberst der Garde: »Vetter, veranlassen Sie, dass Ihr Chef des Stabes am 23. nach Mainz aufbricht, um dort an Ort und Stelle alles Erforderliche für das Eintreffen der Garde vorzubereiten. Die Bäcker und übrigen Handwerker der Garde fahren mit dieser mit und haben gemeinsam mit der Garde einzutreffen. Sorgen Sie ferner dafür, dass sich der Chef-Intendant sowie die Ärzte und das Büropersonal der Garde am 30. September in Mainz befinden.

Sie, Ihre ADCs* sowie der restliche Stab rücken am 24. ab, damit sie am 28. in Mainz sein, die Organisation meiner Gardeeinheiten beschleunigen und alles Notwendige für Ihr Depot unternehmen können. Die Restteile der berittenen Garde wollen Sie am 21. so losschicken, dass bis zum Abend kein Angehöriger der Garde in Paris mehr anzutreffen ist.

Meine Garde wird sich aus folgenden Einheiten zusammensetzen:

Zwei Regimenter »chasseurs cheval«	1200 Mann
Zwei Regimenter »grenadiers à cheval«	1200 Mann
Ein Regiment »gendarmerie d'élite«	400 Mann
Die Mamelucken-Schwadron	80 Mann
Zwei Regimenter »chasseurs à pied«	2000 Mann
Zwei Regimenter »grenadiers à pied«	2000 Mann
Vier Divisionen Artillerie mit 24 Geschützen, einem Artilleriepark mit 12 Geschützen und 1000 Artilleristen	1000 Mann
Vier Bataillone Dragoner zu Fuß, jedes Bataillon zu vier Kompanien	2400 Mann
Vier Bataillone Grenadiere und Leichte Infanterie, zusammengesetzt aus dem 3. und 4. Bataillon, welche die 5., 25. und 26. Militär-Division bilden.	2400 Mann

*ADC = Aide-de-Camp = Adjutant

Alles in allem sind das 12 000 Mann Infanterie, Kavallerie und Artillerie. Da für diese Bataillone Kommandeure, Hauptleute und Adjutanten benötigt werden, lassen Sie lediglich bei den »velites«-(Gardeanwärtern)-Bataillonen einen »chef de bataillon« zurück.

Alle übrigen aber nehmen Sie mit nach Mainz – einschließlich der vier besten Hauptleute, Oberleutnante und Leutnante –, woselbst sich diese zwecks Übernahme neuer Kommandos in den verschiedenen Bataillonen noch vor dem 30. zu melden haben. «[10]

Aus diesem Befehl geht nicht nur der Umfang der Verlegung hervor, sondern man sieht auch, um welche Einzelheiten sich Napoleon kümmerte. Unter dem gleichen Datum hatte er auch an den König von Holland geschrieben:»Die Verhältnisse spitzen sich von Tag zu Tag mehr zu. Meine Garde ist mit Postkutschen abgefahren und wird die Reise von Paris nach Mainz in sechs Tagen bewältigen.« Am 20. September sandte er Bessières den folgenden Nachbefehl.»Vetter, lassen Sie, auf die gleiche Weise wie die Gardeinfanterie, auch 100 Seeleute meiner Garde nach Mainz befördern, wo sie sich melden sollen.«[11]

Die Entfernung von Paris nach Mainz beträgt 552 Kilometer oder 35 Postetappen. Man darf annehmen, dass die für diesen Marsch requirierten Fahrzeuge aus einem Durcheinander von zwei- und vierräderigen Wagen bestanden. Geht man ferner davon aus, dass etwa 10 000 abgesessene Reiter sich im Durchschnitt zu je 10 auf einen Wagen verteilten, so müssen davon etwa 1000 Stück vorhanden gewesen sein. Diese wurden teils von zwei, teils von vier Pferden gezogen. Legt man ein Mittel von drei zugrunde, müssen an jeder Relaisstation 3000 frische Pferde gewechselt worden sein. Für den Zeitbedarf zwischen zwei Posthalterplätzen kann man vielleicht zwei Stunden veranschlagen – einschließlich Pferdewechsel und Erledigung sonstiger menschlicher Bedürfnisse. Die Leute lagen also täglich 12 Stunden auf der Straße, bevor sie abends zum Essen und ins Biwak kamen. Um einen derartigen Marsch reibungslos abzuwickeln, bedurfte es ganz gewiss einer guten generalstabsmäßigen Vorbereitung.

NACHSCHUB

Durch die Aufgabe des herkömmlichen Versorgungssystems gewannen die französischen Revolutionsheere ungeheuer an Beweglichkeit. So musste zum Beispiel die preußische Armee im ersten Teil des Krieges, in dem es zur Schlacht von Valmy kam, einen sechstägigen Halt zum Backen und Verladen von Brot einlegen. Nachdem dieses verbraucht war, legte der riesige Train eine erneute Brotbackpause von sechs Tagen ein, nach der es dann wieder weiterging. Natürlich waren die französischen Soldaten für gewöhnlich ausgehungert und die preußischen nicht. Von den französischen Einheiten wurde erwartet, dass sie beim Fouragieren viel Eigeninitiative entwickelten. Kamen sie in arme Gegenden, gingen sie leer aus, trafen sie es hingegen gut, artete das Ganze in ein allgemeines Plündern aus, bei dem von geordneter Requisition nicht mehr die Rede sein konnte.[12]

Wie schwer es die Kommandeure der Versorgungseinheiten damals hatten, zeigt Jourdans Feldzug in Deutschland, 1796. Er verfügte praktisch über keinerlei Transportmittel und war somit gezwungen, während des Vormarschs völlig aus dem Land zu leben. Das aber setzte voraus, dass er auf einer viel breiteren Front vorrücken musste, als taktisch sinnvoll war. Marschall Soult sagte über diese Operationen:»General Jourdan beging zweifellos Fehler, nicht minder aber die Regierung. Und deren Fehler, welche weit schwerwiegender waren, versuchen sie jetzt ihm anzulasten. Jourdans Fehler bestand für gewöhnlich darin, dass er seine Armee über eine derartige Frontbreite anseinanderzog, dass die Korps sich nicht mehr untereinander helfen konnten. Der Grund für diese Überdehnung war aber allein die schwierige Versorgung. Wir hatten keinerlei finanzielle Hilfsquellen... In Deutschland bestand keine Verwaltungseinrichtung, welche die Requisitionen hätte organisieren können, weshalb wir mit dem vorlieb nehmen mussten, was wir örtlich gerade antrafen.

Das aber hielt nicht lange vor, marschierten doch die Truppen über die gleichen Landstriche vor und zurück. Unsere Armee war daher gezwungen, sich auf das Plündern zu verlegen, was dann einesteils das Land gegen uns aufbrachte und andernteils die Disziplin zerstörte.«[13] Die Soldaten gaben den Intendanten die Schuld für die fehlende Verpflegung. Bricard schreibt:»Die Intendanten, deren Aufgabe es gewesen wäre, die

Truppe zu verpflegen, folgten mit fünfzehn Meilen Abstand und speicherten, was die armen Soldaten geerntet hatten. Ihnen ging es im gleichen Maße gut, wie es den Landsern dreckig ging.«[14]

Anders als die meisten republikanischen Generale, wandte Napoleon bereits zu Beginn seiner militärischen Laufbahn dem Nachschub sein besonderes Augenmerk zu. Aber ungeachtet all seiner detaillierten Anweisungen über die Versorgung, ließ er sich von dieser doch nie seine Maßnahmen und den Gang der Operationen vorschreiben. Lange Versorgungskolonnen lehnte er ab, da sie seine Schnelligkeit hemmten und ihn in der Manöverierfähigkeit beeinträchtigten. Vielmehr erwartete er von seinen Armeen, dass sie sich weitgehend aus den Ländern versorgten, in denen sie kämpften. 1796 sagte er: »Wir müssen uns trennen, um zu leben, und vereinen, um zu kämpfen.«[15]

Über die Schwierigkeiten seiner Korps-Kommandeure konnte er bissige Bemerkungen machen. Am 11. Oktober 1805 schrieb Berthier von Augsburg an Marmont: »Der General Marmont verweist in allen seinen Briefen immer wieder auf die Intendanten. Ich wiederhole daher noch einmal: in einem Invasionskrieg mit schnellen Bewegungen, wie der Kaiser sie ausführt, gibt es keine Depots. Die Kommandierenden Generale haben selber dafür zu sorgen, dass die erforderliche Verpflegung aus den Ländern aufgebracht wird, durch welche sie hindurchziehen.« Und in Augsburg sagte Napoleon am 24. Oktober: »Wir sind ohne Depots marschiert. Die Umstände haben uns dazu gezwungen.

Die Jahreszeit war dafür besonders günstig; doch obwohl wir stets siegreich waren und von den Früchten des Landes leben konnten, haben wir schwer gelitten. Wenn während der ungünstigen Jahreszeit einmal keine Kartoffeln in den Feldern sind oder die Armee geschlagen würde, dann stellt das Fehlen von Depots ein echtes Unglück dar.«[16]

Wie das Fouragieren aus dem Lande so vor sich ging, beschreibt Marbot in Bezug auf den Vormarsch in Preußen, noch vor der Schlacht bei Jena. In Würzburg defilierte das VII. Korps am Kaiser vorbei, welcher, wie üblich, über alle Regimenter Notizen hatte und ein jedes dementsprechend anredete. »Zu dem 7. Leichten Regiment«, berichtet Marbot, sagte er: »Ihr seid die besten Marschierer der Armee. Nie sah man einen von euch zurückbleiben, vor allem dann nicht, wenn es dem Feind entgegen ging.« Dann fügte er lachend hinzu: »Aber um euch volle Gerechtigkeit widerfahren zu lassen, stellte ich fest, dass ihr auch die größten Meckerer und Plünderer der Armee seid.« »Das ist wahr, das stimmt« riefen die Soldaten, von denen jeder eine Ente, ein Huhn oder eine Gans in seinem Tornister bei sich trug.

Diese verderbliche Praxis war erforderlich und musste geduldet werden, weil die napoleonischen Heere im Felde nur selten Rationen erhielten und sich stattdessen, so gut es ging, an die jeweilige Bevölkerung halten musste. Selbstredend hatte dieses System große Nachteile, ermöglichte uns aber andererseits, ungehindert von Kolonnen und Magazinen vorstoßen zu können, wobei wir eine weitaus größere Beweglichkeit als der Feind entwickelten, dessen Schnelligkeit vom Abkochen und Brotempfang abhing.«[17]

Vor dem Einfall in Polen sagte Napoleon: »Unsere größte Schwierigkeit wird der Nachschub sein.« Diese Feststellung unterstreicht die logistischen Probleme, welche ein Feldzug in Polen aufwarf, im Gegensatz zu den vorangegangen Kampfhandlungen in Österreich und Deutschland.

In diesen Ländern hatte sich Napoleon über die Verpflegung niemals Sorgen zu machen brauchen, stieß man doch überall auf Vorräte. Aber am 2. Februar 1807 schrieb er an Daru: »Die Umstände haben mich gezwungen, zu dem Depot-System zurückzukehren.«[18]

Nach von der Golz »Die Nation in Waffen« (englische Übersetzung aus dem Jahre 1894): »Napoleon bezeigte stets eine außerordentliche Sorgfalt für alle Maßnahmen, die für den Unterhalt seiner Armeen getroffen werden mussten. Dabei hielt er sich keineswegs an ein starres System, sondern beschaffte sich die Nahrungsmittel für seine Heerscharen, wo immer er sie fand. Es geschah dies durch Versprechung hoher Bezahlung, durch geschickte Behandlung der Behörden und Gemeinden, aber auch durch Drohungen und brutale Gewalt. Selbst aus völlig erschöpften Gebieten holte er noch Lebensmittel heraus. Er war vor allem ein Meister im Aufbau seiner rückwärtigen Verbindungen und Aufkäufe. Requisitionen sowie die zwangsweise Eintreibung bei der Bevölkerung trugen dazu bei, die »Bäuche« seiner Soldaten zu füllen.«

Nach den Siegen von 1806 erhielt Preußen enorme Kriegskontributionen von Napoleon auferlegt. Zwar konnte das meiste davon nicht in Geld eingetrieben werden, doch hielt er sich dafür an Versorgungsgütern schadlos, die man gegen die Schulden aufrechnete. In der gleichen Weise

»zahlte« Napoleon auch für andere Erzeugnisse, wie zum Beispiel Sättel, welche in Berlin und andererorts hergestellt wurden und Stiefel, die aus verschiedenen deutschen Städten kamen.[19]

Stiefel hielt Napoleon für besonders wichtig, weshalb er auch 1806 eine schriftliche Anweisung erteilte, wonach »jedes Detachment, welches von Paris oder Boulogne kommt, außer den eigenen, noch zwei Paar Reservestiefel im Tornister bei sich zu führen hat. In Mainz werden dann die getragenen Stiefel durch ein Paar neue ersetzt. In Magdeburg erfolgt ein Austauch der durch den Marsch von Mainz nach Magdeburg abgenutzten Stiefel, so dass jeder seine Einheit mit gutem Schuhwerk an den Füßen und einer Reservegarnitur erreicht.«

Trotz dieser bis ins einzelne gehenden Vorsorge fehlte es den Soldaten aber häufig an der notwendigsten Fußbekleidung.[20] Die verheerenden polnischen Straßen hatten sicher einen großen Anteil daran. Der polnische Feldzug ist insofern besonders interessant, als sich hier zeigt, wie Napoleon in einem Land ohne Hilfsmittel seinen Nachschub plante. Davouts Korps sollte Posen am 9. November 1806 erreichen. Napoleon hatte diesen Raum als Aufmarschgebiet bestimmt und befal Davout den Bau riesiger Bäckereien zur Verpflegung der gesamten Armee. Außerdem wurden Versorgungsgüter aller Art nach Posen dirigiert. Am 24. November nahm Davout bei einem Vorstoß das kleine Fort Linceya in Besitz, welches etwa 112 km westlich Warschau und inmitten von Sümpfen lag. Hier wurde ein großes vorgeschobenes Versorgungslager mit gewaltigen Verpflegungs- und Munitionsvorräten angelegt.[21]

Der Januar 1807 sah die sechs französischen Armeekorps in einer Front von 240 km aufmarschiert, und zwar 16 bis 160 Kilometer ostwärts der Weichsel. Für jedes Korps war ein Depot angelegt worden, welche sich mit einer Ausnahme alle an oder hinter der Weichsel befanden. Das für Bernadotte war in Marienwerder, Ney hatte seines in Thorn, Soult in Plock, Augereau in Wyszogrod und Lowicz, Davout in Pultusk und Lannes versorgte sich aus Warschau. Ihre Lage entsprach weitgehend dem Wunsche Napoleons:

»auf dem rechten Ufer der Weichsel keinerlei Vorräte zu haben, falls Seine Majestät es für angemessen erachten sollte, die Räumung des Landes anzuordnen.« Ney, Bernadotte und Soult, deren Korps von der Weichsel am weitesten entfernt lagen, durften kleine Zwischendepots einrichten. Für jedes Korps – außer dem von Bernadotte – wurde für den Fall eines feindlichen Angriffs ein Versammlungspunkt bestimmt. Jedes dieser Depots enthielt Versorgungsgüter aller Art sowie Werkstätten für die Instandsetzung von Geschützen, Bekleidung und Geschirren. Die Bäckereien stellten nicht nur Brot für die laufende Verpflegungsausgabe her, sondern auch große Mengen von Zwieback für die eisernen Rationen.[22]

Am 29. Mai 1807 erteilte Napoleon Daru genaue Anweisungen hinsichtlich der Versorgungsvorbereitungen für den Sommerfeldzug. Er verlangte für seine Armee eine Bevorratung von acht Monaten, und zwar für den rechten Flügel 80 000 Rationen für die laufende Versorgung und als Reserve in Warschau, für die Mitte 100 000 Rationen in Thorn, Wroclavik und Bromberg und für den linken Flügel 80 000 in Danzig, Marienburg, Elbing und Marienwerder. Das Hinterland, von dem aus jeder Punkt zu beliefern war, sollte auf der Karte eingezeichnet sein. Warschau zugeordnet war ein Gebiet, das sich von Warschau bis nach Wroclavik in der Breite und von Warschau bis nach Kalisch in der Länge erstreckte. Zum Zentrum gehörten die Distrikte Posen und Bromberg, welche längenmäßig von der Linie Wroclavik-Graudenz begrenzt waren, und der linke Flügel schließlich sollte sich auf den Raum zwischen Marienwerder und dem Meer stützen, mit einer Tiefenausdehnung von ganz Pommern. Dann folgten die verschiedenen Nachschubquellen, Instruktionen bezüglich der Ermittlung billigster Einkaufsmethoden – basierend auf Produktkosten und Transport – sowie Bemerkungen über die günstigste Art und Weise, einen Markt zu schaffen und die Hilfsquellen eines Landes aufzuspüren.[23]

Während seiner Vorbereitungen für den Feldzug gegen Österreich, im Jahre 1809, legte Napoleon seine Depots so an, dass sie ihm das Manövrieren beiderseits der Donau gestatteten. Die Versorgung des Heeres während des Vormarschs auf Wien war verhältnismäßig einfach, weil dieser praktisch entlang der Donau stattfand. Der große Strom hat in diesem Abschnitt eine starke Strömung. Das Gefälle zwischen Ulm und Wien beträgt 284 m auf 352 km und vom Zufluss der Iller bei Ulm aus ist die Donau für flache 100-t-Fähren schiffbar. Mithin konnten auf dem Wasserwege auch Truppen schneller transportiert werden als durch Marschbewegungen. Für die Österreicher besaß der Fluss nicht die gleiche Bedeutung, da sich der Transport von Versorgungsgütern stromaufwärts nicht durchführen ließ.[24]

Das Verfahren, mit welchem Einheiten Requisitionen eintrieben, wird von Parquin in amüsanter Weise geschildert. In dem Feldzug von 1806 war er bei den 20. »Chasseurs à Cheval« Fourier in seiner Schwadron. Nach der Niederwerfung Preußens marschierten die Regimenter in die Nähe von Berlin. »Am Tage unserer Ankunft«, schreibt Parquin, »bliesen die Trompeter das Fourier-Signal: es sollte nach Berlin gehen, um eine Viertageration von Dingen zu fassen, die uns fehlten. Nach dem Empfang von Fuhrwerken setzten wir uns in Marsch, d.h. Fourier und Arbeitskommandos, die allesamt den Stabswachtmeister Mozer unterstanden. Als unser Regiment Berlin passiert hatte, war uns die Stadt still und traurig erschienen, doch jetzt – nur einen Tag später – wirkte sie wie Klein-Paris. Alles war voller Geschäftigkeit, und der Stabswachtmeister wollte seinen eigenen Vergnügungen nachgehen. Also wandte er sich an mich und sagte: ›Fourier der Elite-Kompanie, die Angelegenheit wird ungefähr drei Stunden in Anspruch nehmen. Wir haben jetzt Mittag. Begeben Sie sich mit der Abteilung zum Magazin. Füttern Sie die Pferde und verpflegen Sie die Männer und geben Sie dann die Rationen aus, sobald Sie an der Reihe sind... Was mich anbelangt, so werde ich im Hotel Schwarzer Adler speisen. Sie vertreten mich während meiner Abwesenheit.‹ ›Mit Vergnügen, Herr Stabswachtmeister‹, sagte ich und nahm die Requisitionsscheine in Empfang.

Daraufhin ritt ich mit meiner Abteilung zum Magazin. Es mochte hier noch keine Stunde vergangen sein, als eine Ordonanz mit einem Brief für Stabswachtmeister Mozer eintraf. Da ich ihn vertrat, öffnete ich den Umschlag. Es handelte sich um die Anweisung, den Requisitionsbefehl zu vernichten und so schnell wie möglich zum Regiment zu stoßen, welches nach Neustadt unterwegs war. Unverzüglich ließ ich aufsitzen und schickte einen Melder zum Schwarzen Adler, um Stabswachtmeister Mozer zu unterrichten, dass ich mit den Fourieren aufgebrochen sei.

Als ich gerade die Requisitionsscheine zerreißen wollte, wendete sich der mit der Verpflegungsausgabe betraute Jude an mich. ›Ist der Stabswachtmeister hier, der die Verpflegungsscheine hat?‹ ›Nein‹, erwiderte ich, ›aber ich vertrete ihn.‹ ›Haben Sie die Requisitionsscheine?‹ ›Gewiss doch‹, antwortete ich. ›Was machen Sie denn jetzt damit, nachdem Sie die Rationen doch nicht mehr abholen?‹ ›Eine gute Frage‹, sagte ich. ›Ich werde sie vernichten.‹ Der kleine Jude kam jetzt näher. ›Herr Fourier, wa-

rum wollen Sie es nicht machen wie der Stabswachtmeister von der 7.?
Sie können sich mit mir genau so arrangieren wie er.‹ ›Erklären Sie das
genauer‹, sagte ich. ›Nun, er hat die Requisitionsanweisungen gegen 100
Friedrichsdor eingetauscht.‹ ›Wie können Sie das beweisen?‹ Als Antwort
zeigte mir der Jude, bei dem es sich um niemand anders als um den Ar-
meeinkäufer handelte, die Requisitionsanweisungen der 7. Nachdem das
also stimmte, zögerte ich nicht länger. Ich schloss den Handel ab, der Austausch fand statt und ich erhielt hundert Friedrichsdor, von denen jeder
21 Francs wert war. Das aufgesessene Detachment brach darauf in der
vom Oberst angegebenen Richtung auf. Nach etwa zweistündigem Ritt
holte uns der Stabswachtmeister ein. Er nahm mich auf die Seite und war
gespannt, was denn aus den Requisitionsscheinen geworden sei, nachdem
der Verpflegungsempfang doch nicht stattgefunden hätte. ›Sie werden
vielleicht ein bisschen schimpfen, Herr Stabswachtmeister, aber hier sind
fünfzig Friedrichsdor, welche ich dafür bekommen habe.‹ ›Das haben Sie
schlecht gemacht‹, brummte der Stabswachtmeister, indem er das Geld in
seine Tasche schob, die waren mehr wert.«²⁵

Diese Grundlage von Napoleons Versorgungspolitik sollte die Armee
so gut wie möglich ernähren, ohne sie jedoch andererseits durch riesige
Fahrzeugkolonnen zu behindern, welche für die Aufrechterhaltung einer
laufenden und ausreichenden Versorgung erforderlich gewesen wären.

Das Ergebnis war, dass die Armee oft hungerte; aber solange der Ver-
pflegungsmangel die Marsch- und Kampffähigkeit des Soldaten nicht be-
einträchtigte, machte er sich nicht viel daraus. Offiziere und Mannschaften
akzeptierten Hunger, genau wie Verwundungen, als Teil der Misshelligkei-
ten eines Feldzuges. Während des Vormarsches in Polen, im Jahre 1807,
musste Marbot, der zum Stab des Marschalls Augereau gehörte, oft ohne
Essen auskommen. Vor der Schlacht von Eylau war der Korpsstab in Ze-
han untergezogen, einem kleinen Ort unweit Eylau, wo man Lebensmittel
zu finden hoffte; aber die Russen hatten alles geplündert. Im Dorf lag
auch ein bedauernswertes Regiment, das schon acht Tage keine Rationen
mehr empfangen hatte und sich jetzt mit Kartoffeln und Wasser behelfen
musste. »Doch«, sagte Marbot, »da der Stab des VII. Korps seine Ausrüstung in Landsberg zurückgelassen hatte, war unser Abendbrot noch kümmerlicher als das der Soldaten, konnten wir uns doch noch nicht einmal
Kartoffeln beschaffen.« Über den Annäherungsmarsch auf Eylau schreibt

Marbot: »An der Spitze der mittleren Kolonne, die der Kaiser selber befehligte, ritt die Kavallerie des Großherzogs Murat, dann folgte das Korps Marschall Soult, unterstützt durch das von Augereau und schließlich die Kaiserliche Garde. Das Korps Davout bildete die rechte Flanke dieser riesigen Heersäule und das Korps Ney die linke. Eine derartige Massierung von Truppen, die alle dem gleichen Punkt entgegenstrebten, musste die Hilfsquellen eines Landes bald erschöpfen, weshalb wir auch bald Hunger litten. Nur die mit Fahrzeugen ausgestattete Garde führte Verpflegung mit sich, doch die übrigen Korps mussten sehen, wo sie blieben, d.h. hatten praktisch überhaupt nichts zu beißen.«[26]

Die Garde wurde in der Tat bevorzugt. Der Fuhrpark, welcher die Garde begleitete, bestand 1805 aus 35 Gepäckwagen, 35 Verpflegungswagen, 5 oder 6 Wagen mit Futtermitteln, 20 Wagen mit Sanitätsausrüstung und 25 Ambulanzwagen, auf denen das Feldhospital der Garde transportiert wurde.

Als Lasttiere wurde eine Anzahl von Eseln verwendet, die man mit typisch französischem Humor »Maultiere« nannte, rangierte doch jeder Angehörige der Garde um einen Dienstgrad höher als die Soldaten der Linie. Das Gepäck des Gardisten war schwerer als das des Liniensoldaten und enthielt: zwei Paar Schuhe, ein Paar benagelte Reservesohlen, Bluse und lange Hose aus Baumwoll-Drillich, Ersatz-Gamaschen, ein Hemd, einen Schlafsack und vier Tagesrationen Brot oder Zwieback. Obenauf, auf dem Tornister oder Brotbeutel, war der zusammengerollte Mantel befestigt.[27]

STRASSEN

Die Straßen unterschieden sich erheblich und hatten einen beträchtlichen Einfluss auf die Marschbewegungen. In Preußen waren mehrere gute Straßen vorhanden, welche das Manövrieren sowie den raschen Vormarsch der französischen Armee im Kriege von 1806 ermöglichten. Tatsächlich war es das Vorhandensein von drei guten, parallel verlaufenden Straßen mit Querverbindungen, welche Napoleons Vormarsch anlässlich der Schlacht von Jena und Auerstedt bestimmten.[28] Im darauffolgenden Jahr, während der Kämpfe in Polen, lagen die Dinge anders. In dem gesamten Operationsgebiet befand sich nicht eine geschotterte Straße. Die besten waren noch die Feldwege, allerdings mit unbefestigten Seiten. Dies war lediglich dort der Fall, wo sie über Sümpfe führten und gelegentlich abgestützt werden mussten. Im trockenen Sommer oder auf winterhartem Boden vermochten Fahrzeuge und Geschütze hier verhältnismäßig einfach zu rollen; aber nach heftigem Regen oder während der Tauperiode im Frühjahr waren sie so gut wie unpassierbar. Napoleon äußerte sich scherzend, dass er in Polen ein neues Element entdeckt hätte: den Dreck. An den schlechtesten Stellen reichte einem der Morast buchstäblich bis ans Knie. Im Dezember 1806 versank die bedauernswerte Infanterie bis zur Hüfte im Schlamm, während die Lafetten bis über die Achsen festsaßen und die Kanonen teilweise sogar gänzlich verschwanden.

Die Infanterie schaffte in der Stunde ungefähr zwei Kilometer, aber die Kanonen kamen noch nicht einmal mit der vierfachen Bespannung so schnell voran. Dabei handelte es sich in diesem Falle noch um die besten Straßen! Die anderen waren mehr Schönwetter-Verbindungen von einem Ort zum anderen.[29]

Über die Straßen in Polen und Deutschland schreibt Marbot: »Als wir in diesem schrecklichen Polen steckten, wo es keinerlei geschotterte Straßen gibt, mussten an den sumpfigen und morastigen Stellen zwölf bis sechzehn Pferde vor die Lafetten gespannt werden. Und selbst dann noch ging es nur schrittweise vorwärts. Erst als wir nach Deutschland zurückkehrten, stießen wir wieder auf ein zivilisiertes Land mit wirklich guten Straßen.«[30]

Im Kriege von 1809 gegen Österreich, fand die Große Armee Straßen in guter und schlechter Verfassung. Die »chaussées« waren bei jeder Wetterlage für alle Waffengattungen geeignet, bloß gab es nicht viele davon. Bei allen übrigen Straßen handelte es sich um unbefestigte Feldwege. Am 14. April 1809 schrieb Davout an Berthier: »Die Straßen nach Regensburg sind abscheulich. Zur Stadt selbst führt nur eine, und die besteht auf den letzten 8 km nur aus einem Hohlweg.«[31]

ERSATZ VON TRUPPEN

Die Art und Weise, in welcher der im Felde stehenden Armee Ersatz zugeführt wurde, lässt sich am besten durch die Maßnahmen belegen, welche hierfür im polnischen Feldzug von 1806–1807 getroffen wurden. (Allerdings fand das vor der im Kapitel 3 beschriebenen Reorganisation der Infanterie von 1808 statt). Eine Anzahl von Ersatzdepots hatte man an der französischen Ostgrenze und in Westdeutschland errichtet, welche dem Befehlshaber des Ersatzheeres, Marschall Kellerman, unterstanden. Die Große Armee bestand aus 61 Regimentern, normalerweise zu drei Bataillonen, von denen jeweils eines in Frankreich zurückblieb und dort das Regiments-Depot bildete.

Achtzehn Regimenter besaßen jedoch vier Bataillone, drei im Feld und eins daheim.

Am 2. November 1806 gab Napoleon Kellerman die folgenden Befehle:

1. Er solle 8000 bis 10 000 Konskribierte an die Front schicken, die bis zum 15. November einzuziehen seien.

2. Er solle drei provisorische Bataillone aufstellen, deren Stämme in Stärke einer Kompanie aus den jeweils III. Bataillonen von acht bei der Großen Armee stehenden Regimentern kommen würden. Zur Auffüllung sollten Konskribierte mit einer Ausbildung von 8 bis 10 Tagen herangezogen und diese dann nach Magdeburg oder Kassel geschickt werden, woselbst die weitere Ausbildung bei den provisorischen Bataillonen zu erfolgen habe.

3. Im weiteren Verlauf der Ausbildung sollten aus ihnen Kompanien, dann Bataillone und schließlich provisorische Regimenter gebildet werden, welche zur Großen Armee in Marsch zu setzen seien.

4. Während dieses Marsches müsse die Ausbildung weiter vorangetrieben werden. Die von einem provisorischen Bataillon zurückge-

lassen Kranken oder Fußkranke habe das nachfolgende provisorische Bataillon aufzunehmen.

5. Diese Bataillone seien beim Passieren der großen Distrikt-Kommandos, so wie Württemberg, Erfurt, Wittenberg und Spandau, von den örtlichen Befehlshabern zu inspizieren, worüber anschließend ein Bericht an das Kaiserliche Hauptquartier zu erstatten sei.

6. Nach dem Eintreffen dieser provisorischen Regimenter bei der Großen Armee seien sie aufzulösen, und die Mannschaften gemäß den vorliegenden Anforderungen den verschiedenen Korps und Regimentern zuzuteilen.[32] (Ein Tagesmarsch betrug im Durchschnitt 24 Kilometer und an jeder 6. oder 7. Etappe wurde ein Ruhetag eingelegt).

Kellerman schrieb einen Bericht über seine Tätigkeit als Befehlshaber des Ersatzheeres.

Anfangs verfügte er lediglich über genügend Offiziere und Unteroffiziere zur Bewältigung der Verwaltungsaufgaben. Die vorhandenen Mannschaften waren entweder krank, verwundet oder Genesende. Als die Konskribierten im Oktober 1806 einzutreffen begannen, musste er sich daher ganz auf sie stützen. Er hielt es für möglich, binnen Monatsfrist brauchbare Soldaten aus ihnen zu machen, einschließlich Waffenkunde und praktischer Schießausbildung. Im Verlauf des gesamten Feldzuges setzte er 20 provisorische Infanterie- und Kavallerieregimenter mit 50 683 Mann und 7112 Pferden zur Feldtruppe in Marsch. Viele Schwierigkeiten traten ein: Ärger mit der Bekleidung und mit Transportunternehmern, Pferde mit Satteldruck infolge mangelnder Pflege und so wenig Offiziere, dass er viele Unteroffiziere befördern musste (vorbehaltlich der Bestätigung durch den Kaiser). Außer der Kavallerie und Infanterie musste Kellerman aber auch noch Artillerie- und Gendarmerie-Einheiten aufstellen, wodurch sich die Gesamtzahl seiner Marschverbände schließlich auf 73 624 Soldaten und 9559 Pferde belief. Weitere 78 832 Mann und 9747 Pferde kamen aus den Regimentsdepots und gingen bei Mainz und Wesel über den Rhein. Nicht enthalten in diesen Zahlen sind die aus Italien, der Schweiz und Holland anrückenden Truppen sowie die Kontingente aus den deutschen Staaten.[33]

Es muss festgehalten werden, dass Napoleon auf die Auffüllung bestehender Einheiten pochte und die üble Praxis ablehnte, ständig neue Einheiten aufzustellen.

1 Edouard Detaille und Jules Richard, » L'Armée Française, 1885–89«
2 ibid.
3 ibid.
4 ibid.
5 ibid.
6 Commandant Saski, »Campagne de 1809«, 1899
7 ibid.
8 Baron von Odeleben, »A Circumstantial Narrative of the Campaign in Saxony«, franz. Ausgabe Aubrey de Vitry, engl. Übersetzung A. J. Kempe, 1820
9 Henry Lachoque, bearbeitet von Anne S. K. Brown, »The Anatomy of Glory«, 1961
10 Docteur Lomier, »Le Bataillon des Ylarins de la Garde 1803–1815«, 1905
11 ibid.
12 Colonel R. W. Phipps, »The Armies of the First French Republic«, herausgegeben von Colonel C. F. Phipps und Elizabeth Sanders, 1926–1939 (5 Bände)
13 ibid.
14 »Journal du Cannonier Bricard«, mit einer Einführung von L. Larchey, 1894
15 Graf Yorck von Wartenburg, »Napoleon as a General«, herausgegeben von Major W. H. James, 1902
16 ibid.
17 »Mémoires du Général Baron de darbot«, 39. Ausgabe, 1891
18 Von Wartenburg, op. cit.
19 F. Loraine Petre, »Napoleon's Campaign in Poland«, 1901
20 ibid.
21 ibid.
22 ibid.
23 ibid.
24 F. Loraine Petre, »Napoleon and the Archduke Charles«, 1909
25 »Souvenirs de Capitaine Parquin«, mit einer Einführung von F. Masson, 1892
26 Marbot, op. cit.
27 Lachoque, op. cit.
28 F. Loraine Petre, »Napoleon's Conquest of Prussia – 1806«, 1907
29 Petre, »Napoleon's Campaign in Poland«
30 Marbot, op. cit.
31 Petre, »Napoleon and the Archduke Charles«
32 Petre, »Napoleon's Campaign in Poland«
33 ibid.

Sanitätsdienst

Wie eigentlich nicht anders zu erwarten, befand sich die Organisation der Sanitätseinrichtungen bei den Republikanischen Armeen in einem beklagenswerten Zustand. Als beispielsweise Dugommier 1794 den Befehl über die Östlich-Pyrenäen-Armee übernahm, fand er die Lazarette in einer derart schrecklichen Verfassung vor, dass, nach seinen Worten, in ihnen selbst ein Mann von robuster Gesundheit binnen weniger Tage zur Strecke gebracht werden musste. Während jeder versuchte, so schnell wie möglich wieder nach vorne herauszukommen, wurden die Schwerkranken wie verdorbene Ware nach hinten weggebracht.[1]

Percy, der 1799 bei Jourdans Rhein-Armee als oberster Sanitätsoffizier Dienst tat, beschreibt in seinen Erinnerungen, wie schlecht die Sanitätsabteilung dieser Armee ausgerüstet war. Lobend erwähnt er jedoch Saint-Cyr und Lefèvre wegen ihres steten Einsatzes für die Belange der Sanitätsoffiziere. Besonders Lefèvre zeigt sich aufgebracht über eine Regierungsanweisung, derzufolge die Sanitätsoffiziere ihre Pferde abgeben mussten. Zu gern hätte er sich den Inspekteur des Sanitätswesens einmal vorgeknöpft und ihm gesagt: »Kommt doch einmal her, ihr elenden Wichte, und vergewissert euch, ob ein Militärarzt die Verwundeten noch ordnungsgemäß und kunstgerecht versorgen kann, nachdem er zuvor 30 Kilometer mit dem Tornister auf dem Rücken marschiert ist.«[2]

Es hat indessen den Anschein, als ob in Napoleons besonders umsichtig aufgestellter Ägypten-Armee größere Sorgfalt auf die Sanitätsdienste verwendet worden war. Berthier, der Chef des Generalstabs, erwähnt die aufopfernde Hingabe und Pflichterfüllung, mit der sich Armeearzt Desquenettes und Chef-Chirurg Larrey der Kranken und Verwundeten angenommen hätten. In Bezug auf die Verluste sagt Bethier: »Die Armee, welche bei der syrischen Expedition zum Einsatz kam, verlor im Laufe von vier Monaten siebenhundert Mann durch die Pest und etwa fünfhundert im Kampf. Die Zahl der Verwundeten belief sich auf mindestens achtzehnhundert, von denen aber nicht mehr als neunzig amputiert werden mussten. Alle übrigen sahen einer baldigen Wiederherstellung ihrer Gesundheit und Rückkehr zu ihren Korps entgegen.«

Die Pest verbreitete einen besonderen Schrecken und schon bei einem kleinen Fieberanfall vermeinten die Soldaten, sie hätten sie. Desquenettes, berichtet Berthier, »war ständig in den Lazaretten, besuchte jeden Patienten persönlich und beschwichtigte seine Befürchtungen. Das Anschwellen der Drüsen, behauptete er, welches man gemeinhin für ein Symptom der Pest hielte, käme lediglich von einer besonderen Art von bösartigem Fieber. Man könne dies durch Pflege und Behandlung jedoch leicht kurieren, sofern der Kranke dabei nur ganz ruhig bliebe. Er ging sogar so weit, sich in Gegenwart der Patienten mit dem eitrigen Ausfluss dieser Beulen oder Furunkel selber zu infizieren, und sich hernach der gleichen Behandlung zu unterwerfen, die er den anderen empfohlen hatte.«[3]

Danach scheint es, als ob Desquenettes einer der vergessenen Helden jenes Feldzugs war.

Der Transport von Kranken und Verwundeten fiel in die Zuständigkeit der Intendanten. »Als Napoleon sich zur Aufhebung der Belagerung von Akka entschloss«, schreibt der Intendant J. M. Miot, »erhielten alle Heeresintendanten den Befehl, die Verwundeten ihrer Divisionen nach Tentoura zu befördern, von wo aus dann eine angemessene Weiterverlegung stattfinden sollte.«[4]

Die Hospitäler jener Zeit wurden mittels einer schwarzen Flagge gekennzeichnet, und ein anonymer Historiker der Belagerung von Genua schreibt: »Die Belagerung von Genua ist wahrscheinlich insofern einzigartig, als die über dem Lazarett wehende schwarze Fahne den Gegner daran hinderte, sein Feuer auf dieses Asyl der Unglücklichen zu richten.«[5]

Obwohl sich die Militär-Lazarette seit den Jahren der Französischen Revolution beträchtlich verbessert hatten, waren sie doch immer noch der schwächste Punkt der kaiserlichen Administration. Das lag wahrscheinlich in erster Linie an dem ernsten Mangel an ausgebildetem Personal, da Napoleon selber sich das Wohl der Kranken und Verwundeten ganz besonders angelegen sein ließ. Diese Fürsorge spiegelte sich auch in dem Bulletin vom 5. Dezember 1805 wider, in dem es heißt: »Der Kaiser wanderte während der Nacht mehrere Stunden lang über das Schlachtfeld und ließ die Verwundeten wegschaffen... Bei jedem Verwundeten ließ der Kaiser jemanden zurück, der ihn zu den Wagen zu transportieren hatte, die für das Zurückbringen der Verwundeten bereitgestellt waren. Es musste mit Schrecken festgestellt werden, dass eine große Anzahl russischer Verwundeter selbst 48 Stunden nach der Schlacht noch nicht verbunden waren. Sämtliche Franzosen hatte man vor Anbruch der Dunkelheit versorgt.«[6]

In den rückwärtigen Gebieten der napoleonischen Schlachtfelder war es auch nicht zum Besten bestellt oder, um mit Jules Richard zu sprechen: »Alle Schändlichkeiten und alle Niedertracht sind dort anzutreffen, alles Elend und alle Schmerzen. Sämtliche Versprengten, die Drückeberger und all jene, die sich vom Kampfschauplatz hinweggestohlen haben und stets bereit sind, ›sauve qui peut‹ zu schreien oder das Gepäck zu plündern, sie alle behelligten die tapferen Ärzte, welche sich mit Skalpell und umgebundener Schürze um die Verwundeten bemühen.«[7]

Zwei Stunden nach Beginn der Feindseligkeiten pflegten die Verbandsplätze schon voll zu sein, und gegen Abend mussten weitere eröffnet und der Abtransport nach rückwärtigen Hospitälern eingeleitet werden. Während der Schlacht spielte das Leben eines Mannes für den Kaiser keine Rolle, war sie aber vorüber, hätte er am liebsten genau so viel Ärzte wie Verwundete gehabt. Doch bei einem derart großen Heer, noch dazu einem, bei dem mehr die Masse als die Qualität zählte, und welches gleichzeitig Krieg an mehreren Stellen führte, reichten die Militärärzte nie aus. Allein für die Regimenter mit ihren Stabsärzten und Assistenten hätte man fünfzehnhundert benötigt, und die gleiche Zahl wäre noch einmal erforderlich gewesen für alle Feldlazarette, Kriegslazarette sowie die sonstigen Sanitätseinrichtungen und Depots.[8]

Vor allem der Polenfeldzug von 1806–1807 warf besondere Probleme auf, da die grausamen Straßen und der Mangel an örtlichen Transportmitteln im Verlauf des weiteren Vordringens es immer schwieriger machten, die Feldlazarette nach vorn – und die Kranken und Verwundeten zurückzubringen. Und schlimmer noch: Tausende von Soldaten wurden krank, da in dieser ungesunden Gegend Myriaden von Moskitos in den zahllosen Sümpfen und fauligen Flüssen brüteten und die Malaria verbreiteten. Ihnen gegenüber waren auch die Ärzte und Assistenten der Feldlazarette machtlos. Allerdings gelang es dank erheblicher Anstrengungen, hinter denen wahrscheinlich Daru stand, bis zum Ende des Januar 1807 allein in Warschau noch 21 Kriegslazarette einzurichten. Und dies keineswegs zu früh, wie sich bald herausstellte, denn binnen kurzem waren sie mit über 10 000 Patienten belegt.

Zu diesen kamen dann noch die Tausende von Verwundeten der Schlacht auf Eylau hinzu, welche je nach Schwere der Blessur entweder auf Karren bzw. Schlitten oder aber auch zu Fuß eintrafen. Außer in Warschau gab es Kriegslazarette in allen Städten, die als Nachschubbasen für die Korps dienten sowie auch in den Ney, Soult und Bernadotte zugestandenen Zwischendepots. Die Verluste bei Eylau waren derart hoch, dass weitere Hospitäler in Bromberg, Marienburg, Marienwerder, Elbing und anderwärts eingerichtet werden mussten. Später ging man dazu über, die Lazarette in Polen zu entlasten, indem transportfähige Kranke und Verwundete nach Breslau und in andere Städte in Schlesien verlegt wurden, wo ausgezeichnete Unterkünfte in großen Kasernen vorhanden waren.

Die getroffenen Vorbereitungen waren in der Tat so umfassend, dass trotz einer Belegung mit 27 376 Patienten am 30. Juni 1807, noch weitere 30 000 in den Hospitälern hätten aufgenommen werden können.

In der Zeit vom 1. Oktober 1806 bis 31. Oktober 1808 wurden über 421 000 Kranke und Verwundete in den Lazaretten beherbergt, von denen 32 000 starben. Da der Aufenthalt in den Krankenhäusern im Durchschnitt nur 29 Tage betrug, darf angenommen werden, dass die Behandlung erfolgreich war. Einem Bericht Darus aus dem Jahre 1807 zufolge, litten von 196 Patienten eines Lazaretts 47 an Verwundungen und 105 an Fieber, während die restlichen 44 sonstige Beschwerden hatten. Diese Zahlen beziehen sich jedoch nur auf die französischen Truppen. Außer diesen müssen noch die alliierten Verbände sowie die russischen Kriegsgefangenen berücksichtigt werden, die im Berichtsraum vom November 1806 bis Juli 1807 zwischen 1/12 und 1/7 der französischen Hospitalinsassen ausmachten.[9]

Bei der Schlacht von Deutsch-Eylau mit ihren ungemein hohen Verlusten mussten die unglücklichen Opfer außer ihren Verwundungen noch die schreckliche Kälte in Kauf nehmen. In Eylau selbst hatte man das größte Haus in einen Verbandsplatz umgewandelt, doch schon am zweiten Kampftag war die Stadt nicht mehr benutzbar. Daraufhin richtete man Behelfsverbandsplätze entlang der Landsberger Straße ein; doch das waren ganz erbärmliche Unterkünfte, da alles Stroh aus den Häusern und selbst von den Dächern an die Pferde der Kavallerie verfüttert worden war. Die armen Verwundeten waren schutzlos dem Wetter ausgesetzt und selbst da, wo es noch Strohschütten gab, waren diese zum Teil mit Schnee bedeckt. Die Kälte war so grimmig, dass den Gehilfen der Chirurgen die Instrumente aus den froststarren Händen fielen. Verglichen mit den Franzosen waren aber die russischen Verwundeten noch sehr viel übler dran, denn für sie bestand überhaupt keine Sanitätsversorgung.[10]

Karabiniers in Russland, 1812

Der Kaiser im Felde, 1812

Abgesessene Dragoner, 1806

Dragoner-Elitekompanie, 1805–15

Oberst der Leichten Lanzenreiter, 1814

Erstes Regiment Garde-Chevaux-Légers-Lanciers, 1807

Lanzenreiter als Späher vor einem Kürassier-Regiment, 1815

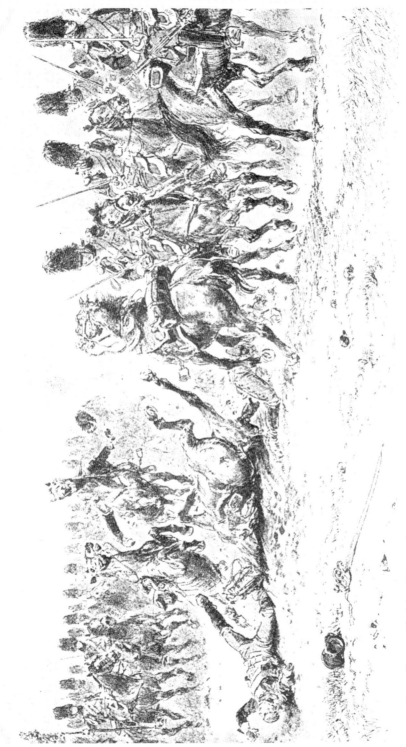

Grenadiere zu Pferd der Kaisergarde

Soldaten des Königlichen Artilleriekorps und eines Provinzial-Artillerieregiments, 1789

Fußartillerie im Einsatz, 1796

Reitende Artillerie, 1806–12

Fußartillerie und Artillerie-Train, 1806–12

*Reitende Artillerie und Artillerie-Train
der Kaiserlichen Garde*

*Fußartillerist
der Kaisergarde,
1808–15*

*Ingenieurkorps,
1805–15*

Sappeure der Ingenieurgruppen, Kaisergarde, 1810–14

Ingenieurtruppen beim Schließen einer Bresche, 1805–15

Artilleriestaffel, 1805–15

Verwaltungsinspektor

Chef-Intendanten, 1796

Arzt mit Verwundeten, 1805–15

Artillerie-Train, 1804–15

Die allgemeine russische Einstellung jener Zeit wird durch die Reaktion des Kosaken Atamans Platows deutlich. Als der Zar ihn fragte, ob er nicht seine Sanitätsabteilung vergrößern wolle (die nur aus einem einzigen Offizier bestand!), entgegnete er: »Gott behüte, Euer Majestät! Das feindliche Feuer ist nur halb so tödlich wie eine Arzenei.« Zu Platows Entschuldigung muss allerdings gesagt werden, dass die unausgebildeten und jämmerlich bezahlten russischen Sanitätsoffiziere oft völlig nutzlos waren. Aufgrund der schlimmen Erfahrungen bei Eylau wurde das russische Sanitätswesen jedoch allmählich besser, und dank der Initiative eines tüchtigen Generalarztes erließ der Zar neue Bestimmungen, aufgrund derer die Verwundeten der Schlacht von Friedland erstmals draußen verbunden wurden. Trotzdem standen den Russen für die neuen Dienststellen auch weiterhin nur unzulänglich ausgebildete Sanitätsoffiziere zur Verfügung, und da die Bezahlung wenig attraktiv war, bewarben sich auch keine ausländischen Ärzte.[11]

Bevor die französische Armee das Schlachtfeld von Eylau zu räumen vermochte, mussten erst einmal die französischen und russischen Verwundeten aus den benachbarten Dörfern weggeschafft und auf die Kriegslazarette verteilt werden. Napoleon befahl zwar eine rasche Verlegung, doch war dies angesichts der knappen Transportmittel und verheerenden Straßen leichter gesagt als getan. Stellenweise bedurfte es zweifacher und sogar dreifacher Gespanne, um die Wagen durch den Schnee und Morast zu ziehen. Die armen Verwundeten litten unsäglich unter den heftigen Stößen der Fahrzeuge und der schneidenden Kälte.[12]

Die Frage der Versorgung der Verwundeten und der Lazarette stellte sich sechs Jahre später erneut, doch diesmal aus einem anderen Grunde. Für den Krieg von 1813 gegen Deutschland waren Befehle für die Aufstellung einer Sanitätsabteilung mit 600 Fahrzeugen erlassen worden, sowie der Einrichtung von Kriegslazaretten in Dresden, Leipzig, Torgau, Wittenberg und Magdeburg, mit einer Aufnahmekapazität von insgesamt 24 000 Kranken, Verwundeten und Rekonvaleszenten. Aber nach den vorangegangenen schweren Verlusten in Russland fehlte es jetzt ganz einfach an Verwaltungspersonal, um diese Forderungen zu erfüllen.

Die Hospitäler vermochten noch nicht einmal die Hälfte der geforderten Betten zu stellen, und in einigen von ihnen herrschten schreckliche Zustände.[13] Nachdem Napoleon im Oktober 1813 gezwungen war, das rechte Elbufer aufzugeben, standen auch für die Verlegung der Lazarette keine Pferde und Fuhrwerke mehr zur Verfügung. So konnte man tagtäglich sehen, wie sich Tausende von Schubkarren in endlosen Kolonnen auf Dresden zu in Marsch setzten, beladen mit Verwundeten und eskortiert von sächsischen Gendarmen.[14] Die während dieses Feldzuges auftretenden Ausfälle durch Krankheit machten Napoleon sehr zu schaffen und er gab Anweisung, bei der Auswahl der Biwakplätze besondere Sorgfalt walten zu lassen. Am 28. März 1813 schrieb er an Eugène:»Wählen Sie vor allem einen gesunden Untergrund aus. Das Sanitätspersonal sowie die Ortsansässigen sollten hierzu gehört werden. Gestatten Sie keine Ausnahmen. Befinden Sie sich in der Nähe von Sümpfen oder überschwemmten Wiesen, so können Sie mir sagen, was Sie wollen, aber Sie sind dann an einem ungesunden Ort und müssen höher hinauf. Es wird Ihnen einleuchten, dass ich an einer solchen Stelle meine gesamte Armee in einem einzigen Frühjahrsmonat verlieren könnte. Folgen Sie den Eingebungen Ihres Verstandes und dem Rat der Einheimischen, nicht aber dem der Ärzte.« In der gleichen Angelegenheit hatte er schon zuvor am 16. August 1811 an Davout geschrieben:»Es ist besser, die blutigste Schlacht zu schlagen, als mit den Truppen an einem ungesunden Ort zu kampieren.«[15] Napoleon war sich vollauf bewusst, dass die Verluste seiner Armee durch Krankheiten weit höher waren, als durch Feindeinwirkung auf dem Schlachtfeld.

Wie die chirurgische Behandlung damals aussah, wird uns von Marbot sehr anschaulich beschrieben, der zweimal schwer verwundet wurde. In der Schlacht von Eylau erhielt er einen Degenstich durch den rechten Fuß. Dieser wurde brandig und die Wunde bedeckte sich mit Schorf in der Größe eines Fünffranc-Stücks. Marbot berichtet:»Der Doktor erblasste, als er meine Wunde sah; dann winkte er vier Gehilfen heran, um mich festzuhalten, entfernte den Schorf und begann das tote Fleisch in meinem Fuß auszuschälen, so wie man die schlechte Stelle aus einem Apfel entfernt. Ich hatte heftige Schmerzen, vermochte mich aber zu beherrschen. Unerträglich wurde es jedoch, als das Skalpell bis in das gesunde Fleisch vorstieß und Muskeln und Knochen freilegte, die man jetzt zucken sah. Der Doktor saß auf einem Stuhl, tauchte ein Schwämmchen in Glühwein ein und ließ diesen tropfenweise in das Loch fallen, das er in meinen Fuß geschnitten hatte. Ich litt Marterqualen. Dessen ungeachtet musste ich mich dieser schrecklichen Tortur acht Tage lang unterziehen – jeden Morgen und jeden Abend –, doch mein Bein wurde gerettet.«[16]

Bei der Belagerung von Saragossa erhielt Marbot eine weitere Verwundung, die von Doktor Assalagny behandelt wurde, einem der führenden Chirurgen seiner Zeit. Marschall Lannes, zu dessen Stab Marbot gehörte, lieh ihm eine Matraze und eine Decke und als Kopfunterlage nahm er seinen eigenen Mantelsack. Aber in dem Gasthof, den man in ein Lazarett umgewandelt hatte, gab es weder Tür noch Fensterscheiben, so dass Regen und Wind freien Zutritt hatten. Er schreibt: »Hinzu kam, dass der Gästeraum als Verbandsplatz benutzt wurde. Das Stöhnen der Verwundeten unter mir verstärkte meine Pein, und die Übelkeit auslösenden Gerüche, die aufstiegen, erfüllten mein Zimmer. Über 200 Marketender hatten ihre Buden unweit des Hauptquartiers aufgeschlagen und nebenan lag noch ein Biwak. Von dort ertönte ununterbrochen Gesang und Geschrei, Trommler rührten das Kalbfell und um die infernalische Musik vollständig zu machen, kam noch der Donner unserer Kanonen hinzu, welche Tag und Nacht die Stadt beschossen. An Schlaf war nicht zu denken. Ich verbrachte fünfzehn Tage in dieser erbärmlichen Lage, aber schließlich gewann meine starke Konstitution die Oberhand und brachte mich wieder auf die Beine.«[17]

Smithies, ein Soldat der Royal Dragoons, vermochte am 21. Juni 1813 bei Vitoria Beobachtungen anzustellen, wie sich die Franzosen bei der Räumung des Schlachtfeldes ihrer Verwundeten annahmen. In einem Falle saß ein ganzes Kavallerieregiment ab und packte die Verwundeten auf die Pferde. Zwischen den britischen und französischen Truppen herrschte keine echte Feindseligkeit, dafür aber viel gegenseitige Hochachtung. Als die britische Armee 1813 und 1814 in Frankreich vorrückte, erlebte Smithies in steigendem Maße Verbrüderungsszenen, besonders bei den Vorposten. Es geschah dies, so meint er, »um das Elend des Krieges zu mildern, wo immer sich das mit den Pflichten vereinbaren ließ.« Branntwein und Tee wurden zum Beispiel ständig ausgetauscht. Britische Soldaten hinterlegten an einer vereinbarten Stelle ihre Feldflaschen, zusammen mit einem bestimmten Geldbetrag, und die Franzosen füllten diese dann mit Branntwein. Smithies erinnerte sich sogar eines ungewöhnlichen Vorfalls, bei dem französische, portugiesische und englische Soldaten ein Haus gemeinsam plünderten. »Dies alles geschah in bester Übereinkunft, und niemand störte den anderen wegen seiner Hautfarbe oder Staatsangehörigkeit.«[18]

Fraternisierung ist wahrscheinlich kaum der geeignete Gegenstand für ein Kapitel über das Sanitätswesen, kann aber vielleicht dadurch entschuldigt werden, dass es häufig auch zu gegenseitigen Hilfeleistungen kam. Parquin, der damals als Leutnant bei den 20. »Chasseurs à Cheval« stand, berichtet ebenfalls über eine interessante Begegnung mit den Engländern in Spanien. Sein erster Zusammenstoß mit der britischen Armee erfolgte anlässlich einer Patrouille, etwa 8–10 km von Cuidad Rodrigo entfernt.

»Commandant de Vérigny«, schreibt er, »dem alle von der Brigade ausgesandten Patrouillen unterstanden, und der gerne die Bekanntschaft der englischen ›Herrn Offiziere‹ gemacht hätte, sagte zu mir: ›Parquin, hier ist eine Flasche ausgezeichneten französischen Kognaks. Galoppieren Sie auf die englischen Linien zu und schwenken Sie dabei Ihr Taschentuch. Wenn jemand kommt und fragt, was Sie wollen, so antworten Sie ganz einfach, dass Sie mit den gegenüberliegenden Offizieren auf deren Wohl trinken wollen. Falls er annimmt, folge ich im Galopp mit meinen Begleitoffizieren nach.‹

Kaum war der Commandant mit seiner Rede zu Ende, als die Kognakflasche auch schon in meiner Säbeltasche steckte und ich mit wehendem Taschentuch im gestreckten Galopp davonpreschte. Kurz vor Erreichen der englischen Linien winkte ich heftig. Ein Offizier der 10. English Dragoons ritt mir im Galopp entgegen und fragte nach meinem Begehr. ›Ich bin gekommen, weil meine Kameraden mit Ihren Offizieren eine Flasche Kognak leeren wollen, bevor wir uns im Kampf begegnen.‹

Der englische Offizier war einverstanden und winkte seine Kameraden herbei. Ich tat das Gleiche, und bald stieß auch Commandant de Vérigny mit etwa zehn Offizieren zu uns, denen sich etwa die gleiche Zahl Engländer hinzugesellten. Die Flasche wurde herumgereicht und rasch geleert. Man befand den Schnaps ganz ausgezeichnet, vor allem die englischen Offiziere, die sich für unsere Initiative bedankten und diese offenbar ungemein schätzten. Dann ergab sich eine Unterhaltung. Sie fragten uns, wie lange wir schon in Spanien stünden. ›Nicht sehr lange‹, antwortete ich. ›Ungefähr heute vor zwei Jahren haben wir uns mit den Österreichern herumgeschlagen und jetzt sind wir hier, um Ihre Bekanntschaft zu machen, Messieurs.‹ ›Aber gern‹, erwiderten alle, und einer fügte nicht ohne gewissen Stolz hinzu: ›Oh, wir kennen bereits die französische Kavallerie-

Das Kaiserliche Hauptquartier

VORGESCHICHTE

Ober die Organisation von Napoleons Kaiserlichem Hauptquartier lässt sich zunächst einmal sagen, dass sie keinem anderen Stabssystem ähnelt, – weder vor- noch nachher. Es handelte sich um das einmalige, ungemein schlagkräftige Instrument eines einzigartigen militärischen Genies. Selbst bei einem unsterblichen Genie, ausgestattet mit unfehlbarer Gesundheit und ohne jegliche Alterserscheinungen, wäre es ideal gewesen. Es war dem System der anderen kämpfenden Armeen bei weitem überlegen.

Aber nicht nur die Art der Führung und der Generalstabsarbeit waren ohne Beispiel, sondern auch die Kontinuität, mit der diese ihren Platz zu behaupten wussten – sei es in der Monarchie, der Republik oder im Kaiserreich. Dies erwies sich am besten in der Person Berthiers, des berühmten Generalstabschefs Napoleons. 1780 war er Adjutant beim Comte de Rochambeau, dem Befehlshaber der französischen Armee, die den amerikanischen Kolonisten beim Kampf gegen die englische Herrschaft zu Hilfe geeilt war. 1786 wurde er zum Generalstab versetzt und 1789 kam er als Oberstleutnant zum Chef des Stabes zu Baron de Besenval, dem die bei Paris stehende Armee unterstand. Im Dezember des gleichen Jahres wurde er »Aide Maréchal des Logis« (soviel wie stellvertretender Generalquartiermeister) im Stab der dem Marquis de Lafayette unterstehenden Nationalgarde. Am 1. April 1791 wurde er zum Oberst befördert – im Generalstab entsprach das dem Rang eines »Adjutant-General« bzw. später »Adjutant-Commandant« – und diente als Generalstabsoffizier in verschiedenen Divisionen. Als am 14. Dezember 1791 die Nordarmee unter Rochambeau aufgestellt wurde, holte sich dieser Berthier als Generalstabschef. Schließlich wurde er dann 1796 Napoleons Chef des Stabes und blieb dies auch bis 1814, nachdem er zuvor noch verschiedene Generalstabsstellungen durchlaufen hatte.[1]

Im Jahre 1790 legte die Nationalversammlung eine Genralstabsgliederung für das Heer fest, welche 4 Kommandierende Generale, 30 Generalleutnante, 60 »Maréchaux de Camp« (Generalmajore) und 30 Generaladjutanten umfasste, von denen 17 Oberste und 13 Oberstleutnante waren und als Chef des Stabes bei den Generalleutnanten fungierten. Diese Stellenbesetzungen reichten für das rasch anwachsende Heer aber schon bald nicht mehr aus. Daher wurde die ursprüngliche Gliederung zwischen 1791 und 1792 erweitert und spätere Besetzungen je nach Bedarf vorgenommen. 1792 wurden die Dienstgrade »Général de Division« und »Général de Brigade« eingeführt.[2] (In der Folge verloren diese beiden Dienstgrade aber etwas an Bedeutung und entsprachen mehr dem Generalmajor bzw. dem Brigadegeneral).

Ein Dekret aus dem Jahre 1799 regelte die Stellenbesetzung im Generalstab des Heeres wie folgt: 110 Generaladjutanten im Range eines Oberst oder Oberstleutnant, 6 ADAC (Aide de Camp) im Oberstrang, 30 ADACs mit dem Dienstgrad eines »Chef de Bataillon« (Major) und 484 »Adjoints« (Gehilfen des Generaladjutanten) im Hauptmanns- oder Leutnantsrang. Aber schon 1801 hatte sich diese Zahl verdoppelt und 1806 gar verdreifacht. Unter dem Kaiserreich liebten es die Generalstabsoffiziere, mit ihren Uniformen zu prunken. Sie trugen Husarenuniform nebst Dolman sowie Umhänge aus leuchtenden Farben und mit kostbarer Pelzfütterung. Die meisten Generale hielten sich hingegen an die Vorschrift und zeigten sich in den verhältnismäßig einfachen blau-goldenen Uniformen.[3]

Am 30. April 1793 verfügte der Konvent, dass »Représentants en Mission« oder »Représentants du Peuple aux Armées« die Armeen ins Feld begleiten sollten. Jeder der elf Armeen wurden daraufhin diese fragwürdigen Gestalten zugeteilt, insgesamt vier pro Armee. Sie besaßen praktisch unbegrenzte Vollmachten und konnten in den Armeen, denen sie attachiert waren, jeden verhaften – bis herauf zum Oberbefehlshaber. Sie stolzierten in prächtigen und farbenfreudigen Uniformen herum und schmückten sich mit Federn und Halstüchern in den Farben der Trikolore. Eine Reihe bedeutender Soldaten wurde von diesen unangenehmen Zeitgenossen arretiert und der Guillotine überantwortet. Diese »Schreckensherrschaft« hörte jedoch abrupt auf, nachdem Robespierre am 27. Juli 1794 hingerichtet worden war. Den geschwundenen Einfluss dieser Volksvertreter verdeutlicht ein Ereignis vom 5. September 1795. Der tapfere alte Haudegen Lefévbre wollte an diesem Tage seine Division um 9 Uhr abends über den Rhein führen (übrigens ein Mann alter Schule, der sich immer noch bekreuzigte, bevor er in den Einsatz ging), als der Volksvertreter dagegen Einspruch erhob, da der Mond zu hell schiene. In einer Sprache, die an Deutlichkeit nichts zu wünschen übrig ließ (nach Phipps lässt sie sich im Wortlaut nicht wiedergeben), sagte ihm Lefévbre, dass er sich zum Teufel scheren solle und vollzog den Übergang. Eine ganze Reihe von Volksvertretern teilte später das Schicksal Robespierres und endete auf dem Schafott, und das System selber wurde bald darauf abgeschafft.[4]

1796 sprach sich ein preußischer Offizier sehr lobend über die Art der Führung aus, wie sie im Stab der Sambre-et-Meuse-Armee unter General Jourdan praktiziert wurde. Dieser Offizier − Oberst Lecoq − berichtete an seinen König:»General Jourdan traf gegen 18 Uhr in Erlingen ein, wo man sein Stabsquartier vorbereitet hatte. Nachdem er sich mit einigen Adjutanten, dem Regierungsvertreter, dem Intendanten, verschiedenen sonstigen Offizieren und den Chefs der Abteilungen zurückgezogen hatte, entwarf er unverzüglich die Befehle für die Operation am nächsten Morgen, erledigte die Korrespondenz und beantwortete auch meine Bitte. Um 21 Uhr war alles erledigt und die Ordonnanzoffiziere zu den verschiedenen Divisionen unterwegs.

Jeder Divisionsgeneral wurde über das Ziel des Angriffs und die ihm zufallenden Aufgaben unterrichtet. Anschließend ist es dann seine Aufgabe, die Einzelheiten für seinen Befehlsbereich festzulegen. Ich kann nur die Exaktheit bewundern, mit welcher hier die Befehlsgebung funktioniert.«[5]

Andererseits besaßen weder Jourdan noch sein Chef des Stabes, Divisionsgeneral Ernouf, ausreichende Truppenerfahrung, um sich voll und ganz in die Lage der Offiziere und Soldaten versetzen zu können, denen sie − erschöpft und hungrig wie diese waren −, kurzfristige Marschbefehle und ständige Quartierverlegungen zumuteten.[6]

Jourdan hatte drei Generaladjutanten in seinem Stab, während zwei weitere Ernouf zur Seite standen. Des Weiteren gehörten zu Jourdans Stab ein Divisionsgeneral als Artilleriekommandeur, ein »Chef de Brigade« (Oberst) als Pionierführer sowie ein Divisionsgeneral als Führer des linken Flügels der Armee, dem seinerseits noch zwei Generaladjutanten zugeteilt waren. Die Armee bestand aus vier Infanterie-Divisionen, einer Avantgarde in Divisionsstärke und der Kavallerie-Reserve, die sämtliche von Generalen geführt wurden. Eine Division oder entsprechender Verband setzte sich aus zwei bis vier Brigaden unter jeweils einem Brigadegeneral zusammen. Jeder Divisionsstab verfügte über zwei Generaladjutanten, die Kavallerie-Reserve hingegen nur über einen.[7]

Napoleon Bonaparte hatte schon während der Führung der Italien-Armee ausreichende Gelegenheit, Berthiers Fähigkeiten als Stabschef zu würdigen. In einem Brief an das Direktorium vom 6. Mai 1796 schrieb er unter anderem, dass Berthier ihm seit Beginn des Feldzuges tagsüber bei der kämpfenden Truppe und des Nachts am Schreibtisch unentbehrlich geworden sei. Niemand, so fügte er hinzu, könne ihn an Aktivität, gutem Willen, Mut und Kenntnissen übertreffen.[8]

Unter diesem ungewöhnlichen Mann entwickelte sich Napoleons Führungsinstrument vom verhältnismäßig kleinen Einsatzstab des Jahres 1796 zum Kaiserlichen Hauptquartier, so wie es dann bei Austerlitz und später bestand.

DAS KAISERLICHE HAUPTQUARTIER – DIE MILITÄR-HOFHALTUNG ODER DAS »MAISON«

Das Kaiserliche Hauptquartier bestand aus zwei verschiedenen Einrichtungen. Einmal aus dem »Maison« oder der Militärhofhaltung des Kaisers, und zum anderen aus dem Oberkommando des Heeres. Das Letztere gliederte sich in den Generalstab sowie die Abteilung des Generalintendanten bzw. das Generalkommissariat für den Heeresproviant.

Das »Maison« umfasste des Kaisers Hof im Felde und seinen persönlichen militärischen Stab, zu dem Großoffiziere, Generale, Adjutanten, Ordonnanzoffiziere, Sekretäre sowie Würdenträger aller Art und Hofbeamte gehörten, zusammen mit Gefolge und Dienern. Zum Zeitpunkt der Schlacht von Jena und Auerstädt belief es sich auf rund 800 Personen. Berthier gehörte ebenfalls dazu, da er die vier Ämter eines Vize-Konnetabel, Chefs der Meute, Kriegsministers und Generalstabschefs der Großen Armee innehatte. Zwei weitere äußerst wichtige Offiziere des »Maison« waren Duroc, Großmarschall des Palastes, sowie der Großstallmeister Caulaincourt.

Duroc, Herzog von Friaul, war in erster Linie für den Hofstaat des Kaisers verantwortlich und wurde von Napoleon häufig mit außenpolitischen Angelegenheiten betraut. Caulaincourt, Herzog von Vicenza, unterstand nicht nur der Marstall, sondern auch die Ausbildung der Pagen, die Organisation des Stafetten- und Kurierdienstes sowie die Vorbereitung der Reisen des Monarchen. Er hielt ihm Zügel und Steigbügel beim Aufsteigen, reichte ihm die Reitgerte und hatte dafür zu sorgen, dass die Reisewagen stets einsatzbereit waren.

Caulaincourt überwachte auch die Ausbildung der Pferde, der Reitknechte, Fahrer und Postillone. Fuhr der Kaiser in seinem Wagen, saß Caulaincourt im Wagen davor. Bewegte man sich zu Pferde, hielt er die Karte der jeweiligen Gegend für den Kaiser griffbereit.[9]

Bei den »aides de camp« handelte es sich zumeist um Offiziere im Generalsrang, die wichtige Aufträge über große Entfernungen zu überbringen hatten, desgleichen mündliche Befehle oder Informationen des Kaisers an die Korpskommandeure. Mitunter übergab Napoleon ihnen auch das Kommando über eine improvisierte oder rasch zusammengestellte Einheit, zur Wiederherstellung der Lage oder für einen gefährlichen Angriff. Die Ordonnanzoffiziere waren im Grunde Junior-Adjutanten im Majorsrang und darunter. Sie wurden für vielerlei Aufgaben verwendet und hatten die schriftlichen Befehle an die Kommandierenden Generale der Korps weiterzuleiten. In einer Verfügung vom 19. September 1806 war ihre Zahl auf zwölf festgelegt worden. Die kaiserlichen Ordonnanzoffiziere trugen bis 1810 dunkelgrüne Uniformen mit einer goldenen Achselschnur, später Himmelblau mit Silberstickerei. Jeder Generaladjutant des Kaisers hatte noch drei eigene »aides de camp«, welche Napoleon ebenfalls als Ordonnanzoffiziere einsetzte.

Weitere Hofbeamte waren der Palastmarschall, assistiert von einem Palastpräfekten, dem das gesamte Küchenpersonal unterstand, der Kammerherr, zwei Stallmeister, vier Hofärzte und vier oder fünf Chirurgen, ein Zahlmeister der Krone, vier Pagen, die des Kaisers Pferd zu führen und seine Pferdewechsel vorzubereiten hatten, der Palastquartiermeister, dem die Säuberung, Ausstattung mit Möbeln und Bevorratung oblag, und schließlich das übrige Personal, bestehend aus Butler, »valets de chambre«, Köchen, Vorreitern und Stallknechten sowie die persönliche Bedienung des Kaisers.[10]

DAS KAISERLICHE KABINETT

Schließlich gab es noch das Kaiserliche Kabinett, das innere Heiligtum des »Maison«, in dem Napoleons Pläne heranreiften. Es verfügte lediglich über zwei Kabinettssekretäre, einen Privatsekretär, einen Archivar, das topographische Büro und die Abteilung Statistik. An der Spitze des topographischen Büros stand Bacler d'Albe, den Napoleon schon während des Italienfeldzuges von 1796 als Landkartenzeichner in seinem Stab verwendet hatte. Er stieg bald zum Leiter des topographischen Büros auf und blieb in dieser Stellung bis 1813. 1806 war er Major, 1807 Oberst und 1813 General. Er war für die laufenden Korrekturen der Landkarten verantwortlich, für die Nachrichtenbearbeitung über die eigene und feindliche Truppe sowie für die Ausrechnung von Marschentfernungen, Frontbreiten und die Distanzen zwischen den Verbänden etc. Siebzehn Jahre lang erfüllte dieser bemerkenswerte Mann die gleichen Pflichten, und Napoleon ließ ihn öfter rufen als jeden anderen, gleichgültig ob bei Tage oder in der Nacht.[11]

Sobald der Ort für die Errichtung des Kaiserlichen Hauptquartiers erreicht war, machte sich Bacler d'Albe an die Einrichtung des kaiserlichen Arbeitszimmers bzw. der Befehlszentrale. Es war dies ein Operationsraum, in dem Napoleon seine Pläne erwog und die Befehle erteilte. D'Albe führte stets eine Anzahl von Mappen mit Papieren und Landkarten bei sich sowie zwei oder drei Mahagonikästen mit einer übersichtlich geordneten Nachschlagekartei. Diese wurde herausgenommen und auf Tischen ausgebreitet. Die Mitte des Raumes bildete stets ein großer Tisch mit der örtlichen Lagenkarte. Auf ihr hatte er schon vorher die wichtigsten Geländemerkmale farblich herausgearbeitet und ging jetzt daran, die Aufstellung der eigenen und feindlichen Truppen zu markieren, indem er sie nach dem neuesten Stand durch Nadeln mit bunten Köpfen absteckte.

Dann legte er einen Stechzirkel neben die Karte, auf dem bereits ein maßstabsgerechter Tagesmarsch eingestellt war. Diese Szenerie beleuchtete des Nachts zwanzig rundum aufgestellte Kerzen. Betrat der Kaiser schließlich den Raum, saßen die Sekretäre in ihren Ecken bereit.[12]

Traf eine Depesche ein, welche die Truppenaufstellungen in irgendeiner Weise berührte, wurde sie an d'Albe weitergeleitet, der eine kurze Zusammenfassung aus ihr machte und seine farbigen Nadeln nach dem

Stand der neuen Lage korrigierte. Dann hielt er dem Kaiser Vortrag über die veränderte Situation, welchen dieser mit dem Stechzirkel in der Hand auf der Karte verfolgte. Der große Maßstab und die Ausmaße der Karte zwangen die beiden Männer dabei oft, sich langgestreckt auf sie zu legen. Baron de Fain, der damalige Archivar, sagt in seinen »Mémoires«: »Mehr als einmal habe ich sie beide auf der Karte liegen sehen, wobei die Arbeit nur hin und wieder durch einen Ausruf unterbrochen wurde, wenn ihre Köpfe zufällig zusammenstießen.«[13]

Die Informationen, nach denen d'Albe seine Nadeln auf der Karte steckte, kamen grundsätzlich aus zwei Quellen. Jede Meldung über die Standorte der Großen Armee wurde in den Abteilungen des Generalstabes aus den eingehenden Berichten der Chefs des Stabes der Armeekorps gefertigt und durch Berthier dem Kaiser täglich vorgelegt. Die Feindlage hingegen trug der Chef des statistischen Büros, Lelorgne d'Ideville, dem Kaiser vor. In Friedenszeiten war es d'Idevilles Aufgabe, das Buch über fremde Heere zusammenzustellen, wozu ihm in erster Linie die Nachrichten der französischen Botschaften und Legationen dienten, welche eigens mit der Beschaffung derartiger Unterlagen betraut waren. Dieses Buch begleitete Napoleon stets ins Feld. D'Ideville versah auch die Stelle des Sekretär-Dolmetschers, in welcher Eigenschaft ihn Napoleon zur Befragung von Gefangenen und Übersetzung von Dokumenten heranzog.[14]

D'Ideville und d'Albe leisteten also praktisch die Arbeit der Generalstabsabteilungen, Feindnachrichtendienst und Einsatzplanung, die man eigentlich unter Berthiers koordinierender Führung vermutet hätte.

Sobald Napoleon zu einer Entscheidung gelangt war, diktierte er seine Befehle. Baron de Méneval war sein Privatsekretär und schildert das Verfahren in seinen Memoiren wie folgt: »Waren seine Gedanken zur Reife gelangt, begann er langsam umherzugehen und den Raum in seiner ganzen Länge zu durchmessen. Dann fing er in einer ernsten und nachdrücklichen Stimme zu diktieren an, ohne je eine Pause einzulegen. Überkam ihn eine Eingebung, wurden seine Worte lebhafter und von einer typischen Bewegung begleitet, indem er den rechten Arm drehte und gleichzeitig mit der Hand am Ärmelaufschlag zog. Bei der Artikulierung seiner Gedanken flossen ihm die Ausdrücke ohne Mühe zu. Manchmal waren sie zwar falsch, verstärkten aber gerade dadurch noch das Bildhafte seiner Sprache. Was er sagen wollte, wurde stets glänzend formuliert.«

Diese Befehle wurden zunächst einmal in einem Rohentwurf zu Papier gebracht, da Napoleon ungemein schnell diktierte. Anschließend wurde auf der rechten Hälfte eines Doppelbogens vom Format 58 x 71 cm eine Reinschrift angefertigt und in der Mitte gefaltet. Oben stand die Adresse und am Rand Ort, Datum und Zeit sowie der Betreff. Hinzu kam des Weiteren der Name des Überbringers (normalerweise einer der kaiserlichen Ordonnanzoffiziere) sowie dessen Abgangszeit. Schließlich wurde der Befehl in Berthiers Abteilung abgefertigt. Dringende Befehle fanden ihre Niederschrift auf einem Velinpapier mit Goldschnitt von kleinerem Format (70 x 57,5 cm) und ohne Rand. Der Archivar führte eine Liste der täglich vom Kaiser abgesandten Depeschen, einschließlich der Namen der Überbringer und der Abgangszeit.[15]

Die obige Prozedur wurde jedoch nur angewendet, sofern es sich bloß um einen Empfänger, wie zum Beispiel den Kommandierenden General eines Korps handelte. Allgemeine Befehle, die sich auf die Bewegung des gesamten Heeres bezogen, gingen an Berthier. Sie enthielten die ungefähren Richtlinien dessen, was zu tun war, und Berthier hatte jetzt die Einzelheiten auszuarbeiten und diese, verbunden mit den Ausführungsbestimmungen, in die richtige Form zu bringen. Aber auch in diesem Falle unterschied sich der Inhalt je nach dem Empfänger, denn jeder Korpskommandeur erhielt für gewöhnlich nur die sein eigenes Korps betreffenden Informationen und Weisungen, zusammen mit dem Verhalten des Nachbarkorps und gegebenfalls auch dem Einsatz der Kavallerie, sofern dies für ihn wichtig war. Napoleon war für unbedingte Geheimhaltung und teilte Einzelheiten seiner Pläne stets nur so wenigen Personen wie möglich mit. Selbst Berthier wurde über das Ziel einer Anordnung häufig nicht ins Bild gesetzt. So sagt Baron Jomini (seinerzeit Generalstabschef bei Ney): »Der Kaiser war praktisch sein eigener Chef des Stabes. In der Hand einen Stechzirkel, der gemäß dem Kartenmaßstab so eingestellt war, dass man sieben bis acht Meilen (11–13 km) mit ihm abgreifen konnte – den Windungen auf der Karte folgend, waren das im Gelände mindestens neun oder zehn Meilen Marsch – beugte er sich über, nein lag er meist sogar auf seiner Karte, auf der die feindlichen Stellungen mit buntköpfigen Nadeln eingetragen waren und vollzog seine Bewegungen mit einer Sicherheit, von der man sich kaum eine Vorstellung zu machen vermag. Heftig mit dem Stechzirkel über die Landkarte fahrend, bestimmte er im

Handumdrehen die Marschleistungen, die erforderlich waren, um seine Korps zu einem bestimmten Zeitpunkt an einen bestimmten Ort zu bringen, legte die Bewegung mit neuen Nadeln fest, rechnete die Marschgeschwindigkeiten aus und erließ seine Befehle. Wenn nichts anderes wäre – diese Befehle allein würden ihm den Nachruhm sichern.«[16]

Im Felde pflegte Napoleon zumeist nach dem Abendessen gegen 20 Uhr ins Bett zu gehen. Sobald Aufklärungsergebnisse eintrafen, im Allgemeinen zwischen 1 und 2 Uhr morgens, ließ er sich wecken. Er machte sich dann an die Arbeit und sandte seine Befehle so rechtzeitig aus, dass die Korpskommandeure bei Tagesanbruch entsprechend handeln konnten. Traf ein Offizier mit wichtigen Nachrichten während der Nacht ein, hatte er sich zunächst bei Berthier zu melden, der in unmittelbarer Nähe des Kaisers untergebracht war. Berthier suchte dann mit ihm Napoleon auf. Lag dieser zu Bett, stand er unverzüglich auf, las die Depesche und diktierte die erforderliche Antwort an Berthier. Anschließend fertigte Berthier eine Kopie für sein Befehlsbuch an und sandte die Antwort ab – gewöhnlich durch den ursprünglichen Überbringer, dessen Namen und Abgangszeit er festhielt. Bevor Napoleon einen weiteren Befehl an eines der betroffenen Korps gab, ließ er sich Berthiers Befehlsbuch holen und las seine vorherigen Instruktionen.

War es auf dem Marsch erforderlich, erteilte Napoleon seine Anweisungen an Berthier mündlich, der sie dann einem Sekretär diktierte. Sobald jedoch das neu eingerichtete Hauptquartier erreicht war, wurden diese mündlichen Vorbefehle schriftlich ergänzt und bestätigt.[17]

DAS ARMEE-OBERKOMMANDO

Das stets neben dem »Maison« gelegenen Armeeoberkommando war Berthiers Bereich. Es umfasste den persönlichen Stab des Generalstabschefs, sein Kabinett sowie den Generalstab. Der Generalstab selber war in zwei Kategorien unterteilt: Generalstabsoffiziere, die für die Armeebefehlsgebung zuständig waren, und Offiziere des Generalstabs-Kabinetts. Das Kabinett des Generalstabschefs war mit rund einem Dutzend Zivilbeamten besetzt, welche die administrative Korrespondenz, Truppenbewegungen und Personalfragen bearbeiteten.

Der persönliche Stab des Generalstabschefs setzte sich aus einer Anzahl von Adjutanten zusammen, deren Dienstgrade vom Oberst bis zum Leutnant reichten. Während der Dienstälteste unter ihnen gleichzeitig Abteilungschef im Generalstab war, konnten die übrigen höheren Stabsoffiziere mit Aufgaben betraut werden, zu denen sie die Autorität ihres Ranges benötigten. Sie unterstanden dem oben erwähnten Abteilungschef.

Die Unterbringung des Generalstabes erfolgte getrennt von Berthier und seinem Kabinett, die sich stets in nächster Umgebung des Kaisers befanden. Die Arbeit des Generalstabes verteilte sich auf drei Abteilungschefs. Der erste von ihnen trug den Titel Chef des Stabes, verkehrte unmittelbar mit den Generalstabschefs der Korps, leitete die gesamte Stabstätigkeit und war für das Nachrichtenwesen verantwortlich. Der zweite Abteilungschef war für alle Fragen der Unterbringung und Marschbewegungen zuständig und führte die Bezeichnung Armeequartiermeister. Er entsprach den »Adjutant-Commandants« bei den Korps, denen die gleichen Pflichten oblagen. Der dritte Abteilungschef hatte die Vermessungsabteilung unter sich. Seine Aufgabe bestand in der Sammlung sämtlicher erreichbarer topographischer Informationen sowie der Anfertigung einer täglichen Lageskizze mit den eingezeichneten gegenseitigen Stellungen. Jeder Abteilungschef verfügte noch über eine Reihe von Generalstabsoffizieren.

Das Kabinett des Generalstabes bestand aus drei Stabsabteilungen mit 31 Offizieren sowie der Vermessungsabteilung mit 30 Offizieren. Die erste Abteilung befasste sich mit der Abfertigung der Befehle, Truppenbewegungen, Nachrichten, allgemeiner Korrespondenz etc. Die zweite mit

Quartierfragen, Polizei, Lazaretten und Verteilung der Verpflegung. Die dritte schließlich war für Kriegsgefangene, Deserteure, Konskribierte und Disziplin verantwortlich. Zum Kaiserlichen Hauptquartier gehörten ferner der Genralintendant der Armee mit 43 Mitarbeitern, der Artilleriekommandeur mit 18 Offizieren, der Pionierführer mit einem Stab von 19 Offizieren und die Genralobersten der Garde.[18]

VERLEGUNG DES KAISERLICHEN HAUPTQUARTIERS

Einer der Abteilungschefs des Generalstabes war zugleich Lagerkommandant, führte den Befehl über das Kaiserliche Hauptquartier und war für dessen Verlegung sowie den neuen Aufbau verantwortlich. Das »Maison« war hierin jedoch nicht einbezogen, sondern hatte seine eigene Organisation. Der Armee-Bagagemeister war für die Gestellung von Fahrzeugen für das Kaiserliche Hauptquartier zuständig. Dieses bestand während des Marsches aus verschiedenen Gruppen. So gab es dann das sogenannte »Kleine Hauptquartier«, gewissermaßen die taktische Führungsstaffel des Kaisers. Während diese verlegte, konnte die Masse des Hauptquartiers einige Tagemärsche zurückbleiben, dieweil die Versorgungsteile unter dem Generalintendanten nochmals ein rückwärtiges Hauptquartier in der Nähe der Versorgungsbasis bildeten.[19]

Für die Verlegung des Kaiserlichen Kabinetts stand Napoleon ein aus zwei Staffeln bestehendes Feldkommando zur Verfügung, von denen jede für sich imstande war, das Kabinett zu transportieren und zu versorgen. Die Zusammensetzung bestand jweils aus einem leichten Wagen für den Kaiser, einem leichten Wagen für den Stab des Kabinetts, zwei leichten Wagen für Offiziere, einem Kartenwagen, einem geräumigen Viersitzer für den Kaiser, einem langen Küchenwagen oder »britska« (ein polnisches Gefährt), zwei weiteren Küchenwagen, zwei Wagen mit Reservesätteln und -Geschirr, einer Kranken-»britska«, einer Feldschmiede mit zwei Hufschmieden, einer »britska« für zwei Handwerker und einen Silberschmied mitsamt deren Materialien, einem Arztwagen und zugleich Ambulanz, einem Fahrzeug für einen Sattler, sechs Maultieren (als Reserve für Pferde oder Maultiere), Wagen für Zelte und Schlafutensilien, einem Bagagemeister als Kommandoführer sowie verschiedenen anderen Chargen, wie des Kaisers Bedienstete, Ordonnanzen, Küchenpersonal und Fahrer.[20]

Befand man sich in der Nähe des Feindes, ritt Napoleon inmitten seiner Truppen. Sonst blieb er so lange im Kaiserlichen Hauptquartier, bis die Korps die von ihm angegebenen Ziele erreicht hatten. Dann fuhr er entweder in seinem großen viersitzigen Wagen – sofern es sich um eine große Entfernung handelte – oder in einem leichten Fahrzeug, wenn es lediglich kurze Distanzen zwischen den verschiedenen Korps zu überwinden galt.[21]

Odeleben gibt uns die nachfolgende Schilderung von Napoleon in seinem Wagen: »In voller Uniform und den Kopf lediglich mit einem karierten Taschentuch bedeckt, konnte der Kaiser in seinem Wagen wie im Bett schlafen. Im Wageninnern befand sich eine Anzahl verschließbarer Schubfächer, in denen er Neuigkeiten aus Paris, Berichte und Bücher aufbewahrte. Napoleon gegenüber war eine Liste der Relaisstationen angebracht. Eine große Laterne im Hintergrund sorgte für die Innenbeleuchtung, während vier weitere die Straße erhellten. Die Matratzen, welche Roustam auszubreiten hatte – Napoleons Mameluk und Kammerdiener – waren geschickt im Wagen verstaut, zusammen mit einer kleinen Anzahl von Reservefackeln. Auf dem Bock hinter der Kutsche saß Roustam allein. Diese wurde von sechs starken Wagenpferden gezogen und von zwei Kutschern gelenkt, sie war ein einfacher Zweisitzer, grün und gut gefedert. Anders als bei Berthiers Wagen konnte sich Napoleons Begleiter nicht niederlegen.«[22]

Napoleons Reitpferde waren in »brigades« zu je neun zusammengefasst, von denen zwei dem Kaiser dienten, je eines dem Großstallmeister (Caulaincourt), dem Sekretär, dem Leibarzt, dem Pagen, Roustam sowie einem Reitknecht und Diener.

Des Weiteren gehörten zur »brigade« noch Reservepferde für Berthier sowie für die Adjutanten und Ordonnanzoffiziere. Waren die Straßen schlecht, legte Napoleon häufig große Strecken im Sattel zurück, und dies immer in schneller Gangart. So ritt er beispielsweise bei starkem Frost die 138 km von Valladolid nach Burgos in 5½ Stunden. Die Pferdebrigade wurde auf dem von ihm gewählten Weg im Voraus so aufgeteilt, dass er alle 13 bis 16 km frische Pferde vorfand. Ähnlich waren auch die Wagenpferde in Gespanne von je drei Pferden eingeteilt. Fain berichtet in seinen Memoiren, dass »die Pferde Araber waren, die der Kaiser ritt; von kleiner Statur, grau-weißer Farbe, gutem Charakter, sowie mit angenehmem Galopp und weichen Gängen.«[23] Baron von Odeleben erinnert sich, dass während des Feldzuges von 1813 das beste und schönste Pferd ein rotbrauner Araber mit schwarzer Mähne und Schweif war. Die anderen waren klein, aber trittsicher und zumeist Hengste mit langen Schweifen. Für sich persönlich benutzte Napoleon außer dem rotbraunen oft auch noch ein weißes Pferd und einen Rotfuchs.[24] Odeleben fügt hinzu: »Napoleon ritt wie ein Schlachtermeister. Die Zügel hielt er in der Rechten und die Linke ließ er herunterhängen. Es sah aus, als hinge er im Sattel. Beim Galopp rollte sein Körper nach hinten, vorne und nach der Seite, je nach der Geschwindigkeit des Pferdes. Machte das Pferd mal einen Satz nach der Seite, verlor der Reiter den Sitz. Wie wir wissen, wurde Napoleon auf diese Weise mehr als einmal abgeworfen.«[25]

Verließ der Kaiser sein Hauptquartier zu Pferde, begleiteten ihn ein vielköpfiger Stab sowie vier Schwadronen, von denen die Kavallerieregimenter der Alten Garde je eine stellten: Grenadiere, Jäger zu Pferd, Polnische Lanzenreiter und Dragoner. Sie unterstanden in diesem Falle dem Generaladjutanten.[26] Von den vorgenannten standen die »Chasseurs à Cheval« für Sonderaufgaben zur Verfügung.

Parquin wurde im März 1813 zu den Gardejägern zu Pferd versetzt – was die Zurückstufung um einen Rang zur Folge hatte – und berichtet uns über deren Pflichten. Ein Zug der Schwadron, bestehend aus einem Leutnant, einem Sergeanten (maréchal de logis), zwei Korporalen (brigadiers), 22 Jägern und einem Trompeter ritten vor und hinter der kaiserlichen Kavalkade. Außerdem ritten direkt vor dem Monarchen ein Korporal und vier Jäger, von denen einer die Tasche des Kaisers (mit Karten, Schreibzeug und Stechzirkeln) und ein anderer dessen Fernrohr mit sich führte. Falls Napoleon anhielt oder abstieg, folgte dieses Detachment unverzüglich seinem Beispiel, pflanzte die Bajonette auf und bildete ein Karree um den Kaiser. Der Führer des Begleitkommandos hatte dem Kaiser ständig zu folgen, und lediglich Berthier oder Murat durften sich dazwischen befinden. Im Felde wurden die Gardejäger zu Pferd gewöhnlich als »Guides« bezeichnet, d.h. mit dem Namen ihres eigentlichen Ursprungs. Napoleon, der sehr wohl wusste, wie ergeben diese »Guides« ihm waren, ließ ihnen auch viele Freiheiten, die anderen nicht zugestanden wurden. Parquin erzählt, dass eines Tages das Pferd eines vor Napoleon galoppierenden Begleiters stürzte. Während der »Guide« noch dabei war, sich aufzurappeln, ritt Napoleon im Galopp vorbei und rief ihm »Stümper!« zu. Dieses Wort war jedoch kaum heraus, als sich auch schon Napoleon, dessen Gedanken ganz wo anders waren als beim Lenken seines Pferdes, im Staub wälzte. Ein Reitknecht war sofort zur Stelle und half ihm auf ein Ersatzpferd. In diesem Augenblick überholte ihn der wieder aufgestiegene Jäger im vollen Galopp und rief so laut, dass Napoleon es hören konnte: »Wie es scheint, bin ich heute nicht der einzige Stümper.«[27] Die übrigen Teile der Kavalleriebedeckung ritten ungefähr 1½ Kilometer hinter der kaiserlichen Suite. Diese bestand 1813 aus Napoleon, Berthier, Caulaincourt, dem diensttuenden Marschall, den diensttuenden beiden Adjutanten und Ordonnanzoffizieren, einem der Landessprache kundigen Offizier, einem offiziellen Dolmetscher-Offizier, einem Offizier des Marstalls, dem Pagen vom Dienst und Rustam.

Auch Duroc hatte dazugehört, doch war er 1813 schon tot. Caulaincourt trug an einem Knopf seines Uniformrocks eine Karte der jeweiligen Gegend, die so gefaltet war, dass Napoleon sich auf ihr sofort zurechtfand. Die übrigen Adjutanten, Ordonnanzoffiziere, Generale etc. ritten unmittelbar hinter der ersten Begleitschwadron.[28]

War der Kaiser in seinem Hauptquartier eingetroffen, wurde der Führer des Begleitkommandos im unmittelbar anschließenden Raum untergebracht, während seine Leute vor der Haustür oder dem Zelt standen, je nachdem, was der Kaiser bewohnte, und ihre Pferde am Zügel hielten. Auch zwei Pferdeburschen waren mit dem aufgeschirrten Pferd des Kaisers stets zur Stelle. Dieses wachthabende Kommando wurde alle zwei Stunden abgelöst, und sobald der Kaiser seine Räume verließ, hatte sich der Kommandoführer als Erster bei ihm zu melden.[29]

Musste der Gefechtsstand ohne Anlehnung an Häuser aufgeschlagen werden, bauten die Gardesoldaten entweder einen Unterstand für den Kaiser – wie bei Austerlitz und Jena –, oder aber sie errichteten im Zentrum des Garde-Lagers fünf blau-weiß gestreifte Segeltuchzelte. Zwei von diesen wurden miteinander verbunden und dienten Napoleon als Arbeits- bzw. Schlafraum. Von den anderen wurde eines von Berthier benutzt, eines stand den höheren Offizieren zum Schlafen und als Messe zur

Verfügung und in das fünfte wurden die jungen Offiziere eingewiesen. In einem derartigen Zeltlager pflegte Napoleon zuweilen auf einem Stuhl im Freien zu sitzen, angetan mit seinem grauen Mantel, um den Musikzügen der Gardegrenadiere oder Gardejäger zuzuhören, die abwechselnd an den freien Platzenden spielten.[30]

Während der Feldzüge wurden im »Maison« die Mahlzeiten an vier Tischen serviert. An einem saßen Napoleon und Berthier, an einem die Offiziere des Kaiserlichen Kabinetts und an den übrigen beiden die älteren bzw. jüngeren Offiziere. Das Mittagessen reichte man auf mit dem kaiserlichen Adler geschmückten Silbergeschirr, und die Auswahl bestand normal aus zwölf bis sechzehn Gerichten.

Napoleon speiste zurückhaltend und trank dazu lediglich einen leichten Burgunder (Chambertin), der ihn auf allen seinen Feldzügen begleitete. Die Mahlzeit dauerte etwa zwanzig Minuten. Anschließend spielte der Kaiser gerne Whist oder »vingt-et-un«, besonders das Letztere. Hierbei machte jeder mit, wobei Napoleon es ungemein genoss, ganz ungeniert zu betrügen.[31]

NAPOLEONS FELDZUGSPLÄNE

Bevor Napoleon zu Felde zog, bereitete er seine strategischen Pläne mit großer Sorgfalt vor. Sobald der allgemeine Rahmen für die Erreichung des strategischen Ziels feststand, zog er die Karte zu Rate, um den geeignetsten Raum für die Versammlung der Armee auszuwählen. Erst dann zog er die möglichen gegnerischen Aktionen in Betracht. Dabei pflegte er sich eine Reihe von Fragen zu stellen und darauf die passenden Antworten zu suchen. Für die Kämpfe bei Ulm, im Jahre 1809, bestimmte er beispielsweise Regensburg als Versammlungsraum. Daraufhin versuchte er sich in die gegnerische Lage zu versetzen und spielte die eigenen Reaktionen durch. Wir finden diese auch in den Weisungen, die er am 30. März 1809 Berthier von Paris aus erteilte:

> »1. Wird der Feind auf Cham marschieren? Wir können alle unsere Kräfte so gegen ihn versammeln, dass er in den von uns erkundeten Stellungen am Regen festgehalten werden kann.
> 2. Wird er auf Nürnberg marschieren? In diesem Fall wird er von Böhmen abgeschnitten.

3. Wird er auf Bamberg vorrücken? Dann wird er auch dort abgeschnitten.
4. Wird er sich dazu entschließen, auf Dresden vorzugehen? In diesem Fall marschieren wir in Böhmen ein und verfolgen ihn nach Deutschland hinein.
5. Wird er gegen Tirol operieren und gleichzeitig aus Böhmen ausbrechen? In dem Falle kann er zweifelsohne Innsbruck erreichen, aber die zehn oder zwölf Regimenter, die er dann dort hat, fehlen ihm in Böhmen. Die Niederlage der Böhmischen Armee erfährt er dann erst durch unser Erscheinen vor Salzburg.
6. Sollte er schließlich unseren äußersten rechten oder linken Flügel als Operationsziel wählen, werden wir die Mittellinie durch ein Zurückfallen auf den Lech zu wählen haben, unter gleichzeitiger Beibehaltung der Besetzung von Augsburg, damit wir uns später jederzeit wieder auf die Stadt stützen können.«[32]

Offiziere der britischen Armee werden in der napoleonischen Verfahrensweise eine große Verwandtschaft mit der allgemein üblichen militärischen Lagebeurteilung erkennen.

Waren die wichtigsten Bewegungen eingeleitet, richtete sich Napoleons nächster Schritt auf die Erkundung und Aufklärung, wobei es ihm darum ging, einige der von ihm selbst aufgeworfenen Fragen zu klären sowie, wenn möglich, auch die feindlichen Absichten zu erkennen. Diese Aufklärung wurde von in das feindliche Gebiet entsandten Spähern durchgeführt, von Offizieren mit Sonderaufträgen sowie durch Kavalleriepatrouillen. Ein jeder von ihnen hatte fest umrissene Aufträge.[33]

Waren die Feindseligkeiten ausgebrochen, leitete Napoleon die Operationen seiner Armee nach den folgenden Führungsgrundsätzen:

1. Er hielt an einer Operationslinie fest und fasste seine Armee auf dieser zusammen, wodurch es dem Gegner verwehrt war, sich einzelne Kolonnen getrennt voneinander vorzunehmen. Eine Massierung seiner Armee bedeutete für Napoleon jedoch keine Konzentration auf engstem Raum, sondern vielmehr Unterstützungsreichweite für die Korps untereinander. Die Entfernung hing von den Umständen ab, konnte jedoch einen Tagesmarsch betragen.
2. Das Gros des Gegners war sein wichtigstes Ziel, nicht hingegen das direkte Engagement mit demselben. Nach dem Feldzug von 1796–1797

sagte er: »In Europa gibts viele gute Generale, doch wollen sie meist zuviel auf einmal. Was mich anbelangt, so habe ich immer nur eine Sache im Auge, nämlich die feindlichen Hauptstreitkräfte. Sie versuche ich zu schlagen. Gelingt das, regelt sich alles übrige von selber.«

3. Wenn irgend möglich, wählte er seine Operationslinie so, dass sie ihn in die Flanke, wenn nicht gar in den Rücken des Gegners führte. Hierbei handelte es sich vorzugsweise um den strategischen Flügel des Feindes, d.h. jenen Flügel, dessen Einschwenken ihn äußerst nachhaltig von seinen rückwärtigen Verbindungen getrennt haben würde.

1799 – in einem Gespräch mit Moreau – erwiderte Napoleon auf dessen Feststellung, dass stets die größere Zahl den Sieg davontrüge: »Sie haben recht, die größere Zahl schlägt stets die kleinere. Wenn ich einer stärkeren Armee mit unterlegenen Kräften gegenüberstand, fasste ich die meinen schnell zusammen, fiel wie der Blitz über einen der gegnerischen Flügel her und schlug ihn in die Flucht. Dann nutzte ich die Verwirrung aus, welche ein derartiges Manöver stets beim Feinde auslöste, und griff ihn mit meinen gesamten Verbänden an einer anderen Stelle an. Auf diese Weise schlug ich ihn einzeln, wobei der Sieg immer das Ergebnis der überlegenen Zahl war.«[34]

Was die taktische Kampfführung im Vergleich mit seinen strategischen Bewegungen anbelangt, so äußerte sich Napoleon Saint-Cyr gegenüber dahingehend, dass er den Angriff auf das feindliche Zentrum nicht unbedingt dem auf die Flügel vorzöge. Sein Prinzip sei es, sagte er, den Feind mit der größtmöglichen Wucht zu treffen. Sobald das am weitesten vorne stehende Korps mit dem Gegner handgemein würde, ließe er die Dinge zunächst erst einmal laufen, ohne sich unnötige Sorgen über Erfolg oder Misserfolg zu machen. Auch denke er nicht daran, den Hilferufen seiner Kommandeure zu früh nachzugeben. Erst bei Tagesende, fügte er hinzu, wenn sich erkennen lasse, dass der Gegner erschöpft sei und die Masse seiner Reserven in die Schlacht geworfen habe, würde er die eigenen Reserven zusammenfassen, um noch einmal mit allen Waffen einen wuchtigen Stoß zu führen. Da der Gegner diesem jetzt nicht mehr gewachsen sei, habe er fast immer den Sieg davongetragen.[35]

Die Stelle für diesen Angriff wählte Napoleon nach einer Beurteilung der Gesamtlage und aus strategischen Gründen, ohne dabei auf mögliche taktische Schwierigkeiten Rücksicht zu nehmen. Die Folgen der meisten von ihm geschlagenen Schlachten waren deshalb so entscheidend, weil er stets dort angriff, wo ein Erfolg auch strategisch von größter Bedeutung sein musste.[36]

1 Colonel R. W. Phipps, »The Armies of the First French Republic«, herausgegeben von Colonel C. F. Phipps und Elizabeth Sanders, 1926–1939 (5 Bände)
2 Edouard Detaille und Jules Richard, »L'Armée Française, 1885 – 1889«
3 ibid.
4 ibid. Phipps, op. cit.
5 ibid.
6 ibid.
7 Detaille, op. cit.
8 Phipps, op. cit.
9 Colonel Vachée, «Napoleon at Work«, Übers. von G. F. Lees, 1914
10 ibid.
11 ibid.
12 Baron von Odeleben, »A Circumstantial Narrative of the Campaign in Saxony«, Franz. Ausgabe; herausgegeben von Aubrey de Vitry; engl. Übersetzung John Kempe, 1820
13 Vachée, op. cit.
14 ibid.
15 ibid.
16 Graf Yorck von Wartenburg, »Napoleon as a General«, Übersetzung von Major W. H. James, 1902
17 Vachée, op. cit.
18 ibid.
   Von Wartenburg, op. cit.
19 Vachée, op. cit.
20 Docteur Lomier, »La Bataillon des Vlarins de la Garde 1803–1815«, 1905
21 Vachée, op. cit.
22 Odeleben, op. cit.
23 Vachée, op. cit.
   Von Wartenburg, op. cit.
24 Odeleben, op. cit.
25 ibid.
26 Vachée, op. cit.
27 »Souvenirs de Capitaine Parquin«, mit einer Einführung von F. Masson, 1892
28 Vachée, op. cit.
29 Parquin, op. cit.
30 Odeleben, op. cit.
31 Vachée, op. cit.
32 Von Wartenburg, op. cit.
33 Major-General J. F. C. Fuller, »The Conduct of War«, 1961
34 Von Wartenburg, op. cit.
35 F. Loraine Petre, »Napoleon's Last Campaign in Germany, 1813«, 1912
36 Von Wartenburg, op. cit.

Das Dritte Korps – Auerstedt

Die folgenden zwei Kapitel befassen sich mit den Operationen des Marschall Davout, Kommandierender General des III. Korps, während der Feldzüge gegen Preußen und Polen im Jahre 1806 bzw. 1807.

Hierbei geht es nicht so sehr um eine Erörterung dieser Kriege, als vielmehr, wie schon in der Einführung gesagt, um die Darstellung, wie sich die französische Armee in ihrer Glanzzeit im Einsatz benahm, und wie das einzigartige napoleonische Stabs- und Befehlssystem funktionierte. Aus diesem Grunde sind auch die Bewegungen der übrigen Korps der Großen Armee nur in soweit erwähnt, als sie Einfluss auf das III. Korps hatten, und das Feindbild wird lediglich so dargestellt, wie Davout es damals kannte.

Die Große Armee, mit der Napoleon gegen die Preußen zu Felde zog, setzte sich außer der Kaiserlichen Garde aus den nachfolgenden Verbänden und deren Befehlshabern zusammen: I. Korps, Bernadotte; III. Korps, Davout; IV. Korps, Soult, V. Korps, Lannes; VI. Korps, Ney; VII. Korps, Augereau, und die Kavalleriereserve unter Murat. Deren Truppenstärken waren: Garde, 4000 Mann Infanterie und 5000 Kavallerie; I. Korps, 25 000; III. Korps, 29 000; IV. Korps, 35 000; V. Korps, 23 000; VI. Korps, 21 000; VIII. Korps, 16 000 und Kavalleriereserve, 20 000. Hinzu kamen außerdem noch 8000 Departementsoldaten sowie das Bayerische Hilfskorps mit gleichfalls 8000 Mann. Die Kavalleriereserve setzte sich aus den Schweren Divisionen von Nansouty und d'Hautpoul zusammen, den Dragoner-Divisionen Klein, Beaumont, Grouchy und Sachuc und den Leichten Kavallerie-Brigaden Lasalle und Milhaud. Für die Eröffnung der Offensive hatte Napoleon angeordnet, dass die Große Armee auf drei Straßen vorrücken sollte: je eine Heeressäule pro Straße. Das V. Korps übernahm auf der Straße Coburg–Saalfeld die Spitze der linken Kolonne, einen Tagesmarsch zurück gefolgt vom VII. Korps. Das I. Korps übernahm die Spitze der mittleren Kolonne auf der Straße Kronach–Lobenstein. Hinter ihm marschierten das III. Korps, die Kavalleriereserve und die Kaiserliche Garde. Die rechte Kolonne schließlich marschierte auf der Straße Hof–Plauen und setzte sich aus dem IV., dem VI. und dem Bayerischen Korps

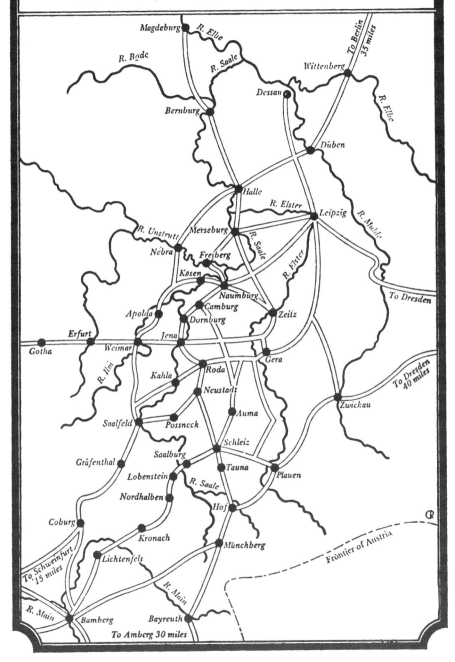

FELDZUG GEGEN PREUSSEN 1806
Die für die Kampfhandlungen wichtigsten Straßen und Städte

zusammen. Die Frontbreite, auf der die Armee vorrückte, betrug etwa 60 Kilometer, und die Tiefe wies ungefähr die gleiche Entfernung auf, das heißt praktisch zwei Tagesmärsche. Auf diese Weise war Napoleon stets in der Lage, seine gesamten Streitkräfte innerhalb von 48 Stunden zusammenzuziehen. Diese ausgewogene Marschformation, welche bei ihm die Regel war, nannte er »bataillon carrée«. Das III. Korps war auf Befehl von Berthier aus seinen Friedens-Standorten in Württemberg und Baden ausgerückt und hatte sich anfangs Oktober im Raum Bamberg versammelt. Dort traf der Kaiser am 2. Oktober ein und veranlasste Davout zur Durchführung einer Besichtigung des Armeekorps am 5. Oktober. Dessen Kriegsgliederung und -stärke sah wie folgt aus:

Hauptquartier des III. Korps
Befehlshaber: Marschall Davout
Chef des Stabes: Brigadegeneral Daultanne
Stellvertreter: Adjutants-Commandants Hervo und Romeuf
Dem Stabe zugeteilt: Oberst Beaupré
Artilleriekommandeur: Brigadegeneral Hanicque
Chef des Stabes der Artillerie: Oberst Charbonnel
Pionierführer: Oberst Touzard
Chef des Stabes der Pioniere: Chef de Bataillon Breuille

1. Infanterie-Division
Kommandeur: Divisionsgeneral Morand
Brigadegeneral: Debilly, d'Honnieres und Brouard

13. Leichtes Infanterieregiment: Oberst Guyardet	1507
17. Linienregiment: Oberst Lanusse	2080
30. Linienregiment: Oberst Valterre	2059
51. Linienregiment: Oberst Baille	2170
61. Linienregiment: Oberst Nicolas	2140
Eine Kompanie Leichte Artillerie, 6 Geschütze	100
Eine Kompanie Fußartillerie, 7 Geschütze	104
Zwei Kompanien Artillerie-Train	130
Vorn Artillerie-Train zur Leichten Artillerie detachiert	49
Gesamtstärke der Division	10 339

2. Infanterie-Division

Kommandeur: Divisionsgeneral Friant
Brigadegenerale: Kister, Lochet und Grandeau

33. Linienregiment: Chef de Bataillon Cartier	2048
48. Linienregiment: Oberst Barbanegre	1616
108. Linienregiment: Oberst Higonet	1625
111. Linienregiment: Oberst Gay	2346
Eine Halbkompanie Leichte Artillerie, 2 Geschütze	40
Eine Kompanie Fußartillerie, 6 Geschütze	134
Eine Kompanie Artillerie-Train	85
Gesamtstärke der Division	7894

3. Infanterie-Division

Kommandeur: Divisionsgeneral Gudin
Brigadegeneral: Gauthier und Petit

12. Linienregiment: Oberst Vergès	2059
21. Linienregiment: Oberst Decous	2274
25. Linienregiment: Oberst Cassagne	1849
85. Linienregiment: Oberst Viala	2170
Eine Halbkompanie Leichte Artillerie, 2 Geschütze	40
Eine Kompanie Fußartillerie, 6 Geschütze	83
Eine Kompanie Artillerie-Train	120
Gesamtstärke der Division	8595

Divisionskavallerie

Kommandeur: Brigadegeneral Vialannes

21. Chasseurs à Cheval: Oberst Exelmans	420
2. Chasseurs à Cheval: Oberst Bousson	530
12. Chasseurs à Cheval: Oberst Guyon	470
Gesamtstärke der Kavallerie	1420

Korpstruppen

Reserveartillerie-Park	500
Gendarmerie-Kommando und 6. Sappeur-Kompanie	130
Gesamtstärke des III. Korps	28 878

Die Infanterie einer Division setzte sich normalerweise aus zwei Brigaden zu je zwei Regimentern zusammen, die von Brigadegeneralen geführt wurden. Diese stellten zugleich auch eine Kommandeurreserve für die Division oder gar für das Korps dar, wenn es galt, eine spezielle Kampfgruppe zu bilden, was häufig genug in der napoleonischen Armee geschah. Wie flexibel die französische Führung war, zeigen die nachfolgend geschilderten Operationen.

NAPOLEONS BEFEHLE VOM 7. OKTOBER AN DAS III. KORPS

Am 7. Oktober, morgens 4 Uhr, empfing Davout von Berthier die folgenden Weisungen:

>»Auf Befehl des Kaisers haben Sie, Herr Marschall, Ihren Gefechtsstand am 7. Oktober nach Lichtenfels zu verlegen. Ihre 1. Division wird dort und die beiden anderen Divisionen zwischen Lichtenfels und Bamberg so biwakieren, dass Ihr Armeekorps morgen – am 8. – zur Unterstützung des Marschall Bernadotte vor Kronach bereitsteht, der die Saale am 9. erreichen soll.
>Ich teile Ihnen mit, dass der rechte Flügel der Armee von Amberg aus antritt, Bayreuth am 7. besetzt und am 9. bei Hof steht. Ihm gehören die Korps der Marschälle Soult und Ney an.
>Das Zentrum setzt sich in den Besitz von Kronach und marschiert über Lobenstein. Es besteht aus Ihrem Korps, dem des Marschalls Bernadotte, der Masse der Reserven und der Kaiserlichen Garde (deren Führung Marschall Lefèvre übernehmen wird, sobald er sein V. Korps an Marschall Lannes abgegeben hat).
>Der von Schweinfurth aufbrechende linke Flügel rückt auf Coburg vor und von dort auf Gräfenthal, und setzt sich aus den Korps der Marschälle Lannes und Augereau zusammen.
>Das Große Hauptquartier ist in Bamberg. Ich selber werde am 8. in Lichtenfels und am 9. in Kronach sein.«

Es handelt sich hier um einen typischen Befehl Napoleons: kurz und sehr prägnant. Auch bezüglich der Anlage und Reihenfolge ist er interessant.

Er beginnt damit, dass Davout gesagt bekommt, was er zu tun hat. Dazu gehört die Festlegung seines Gefechtsstands – muss Napoleon doch wissen, wo er ihn erreichen kann – sowie seiner Divisionen, damit dieses strategisch wichtige Korps auch nach den Wünschen des Kaisers eingesetzt werden kann. Dann folgen die Informationen: erst über Bernadotte, für dessen Unterstützung sich Davout bereithalten muss, dann über die Bewegungen der Armee insgesamt und schließlich über den Sitz des Kaiserlichen Hauptquartiers. Von Napoleons Absichten ist jedoch nirgends die Rede, auch nicht über die Stärke des Feindes oder dessen Bewegungen. Dieser letztere Punkt wurde meist getrennt mitgeteilt. Trotzdem geschah es höchst selten, dass Napoleon sich in die Karten schauen ließ.

DER MARSCH DES III. KORPS

Die 1. Division marschierte an der Spitze des III. Korps, wobei ein Kavallerieschleier nach vorne sicherte. Die Spitzenkorps aller Marschsäulen wurden nicht nur von deren eigener Leichten Kavallerie, sondern auch durch die Leichten Brigaden der Kavalleriereserve gedeckt, deren koordinierter Einsatz in den Händen von Murat lag. Am 9. Oktober hatte Murats Leichte Kavallerie und das I. Korps Feindberührung bei Schleiz, in deren Verlauf es unter Schwierigkeiten gelang, den Gegner zurückzudrängen.

Am 10. Oktober erreichte das III. Korps Schleiz, und die 1. und 2. Division biwakierten auf den Höhen nördlich davon. Am gleichen Tage verlegte das Kaiserliche Hauptquartier nach Saalburg, etwa 10 Kilometer weiter südlich. Auf dem Gefechtsstand des III. Korps traf ein ruheloser und vielleicht auch besorgter Napoleon ein und wählte persönlich die Stellungen für die 1. und 2. Division aus, während Duroc aus seinem Stabe nach des Kaisers Anweisungen das Gleiche für die 3. Division südlich Schleiz machte. Anschließend setzte Napoleon die beiden Leichten Kompanien des 108. Regiments (die zur 2. Division gehörten) zur Aufklärung auf Saalfeld an und ließ die linke Kolonne auf der Straße nachfolgen.

Vom V. Korps hatte man noch nichts gehört, und Napoleon befürchtete einen Angriff von links. In seinem offiziellen Bericht sagt Davout natürlich nicht, was er von dieser kaiserlichen Einmischung hielt. Möglicherweise erblickte er darin auch nur einen Teil des Systems, denn, wie wir später noch sehen werden, er handelte genauso. Im weiteren Verlauf des Tages war Geschützfeuer aus Richtung Saalfeld zu vernehmen und am Abend erfuhr Davout, dass Lannes die preußische Avantgarde unter Prinz Hohenlohe in die Flucht geschlagen hatte. Am 11. Oktober marschierte das III. Korps mit vorgeschobener Kavallerie über Auma und bezog 8 km jenseits der Stadt bei Mitt-Pöllnitz Stellung. Das Kaiserliche Hauptquartier befand sich an diesem Tage in Auma. Nachdem Napoleon zu der Überzeugung gekommen war, dass stärkere feindliche Kräfte seinem rechten Flügel nicht gegenüberstünden, setzte er zu einer Linksschwenkung an. Am 10. Oktober erhielt Neys VI. Korps den Befehl, in westlicher Richtung auf Tanna vorzurücken, während Soult, der mit seinem IV. Korps Plauen erreicht hatte, genau nach Norden, auf Gera angesetzt wurde.

Am Abend des 11. Oktober gewann Napoleon aus den ihm vorliegenden Unterlagen den Eindruck, dass eine preußische Konzentration bei Erfurt geplant sei, woraus er unverzüglich Befehle herausjagte, die seine gesamte Armee nach links herumwarfen, d.h. praktisch auf die Saale-Linie einschwenken ließen, Davout sollte mit dem III. Korps auf Naumburg marschieren, und Murat mit der Leichten Kavalleriereserve gegen Zeitz vorrücken und von dort aus nach Westen auf Naumburg eindrehen, sofern sich der preußische Aufmarsch bei Erfurt bestätigte. Das I. Korps sollte vor dem IV. Korps Gera passieren und Bernadotte dann Murat folgen. Das IV. Korps unter Soult sollte seinen Marsch auf Gera zwar fortsetzen, hatte dann aber anzuhalten und weitere Befehle abzuwarten. Neys VI. Korps wurde auf Auma angesetzt, wobei es die rückwärtigen Teile des III. Korps kreuzen musste. Lannes sollte mit dem V. Korps auf Jena vorgehen, und Augereaus VII. Korps ihm dabei bis Kahla folgen. Nach Beendigung all dieser Bewegungen stand die Armee auf einer Front, die von Kahla am linken bis nach Naumburg am rechten Flügel reichte, mit einer von Auma über Gera nach Zeitz verlaufenden Reservelinie. Die Armee befand sich auf diese Weise nach wie vor im »bataillon carrée« und konnte in jede gewünschte Richtung geworfen werden.

Nach Erhalt der kaiserlichen Befehle verfasste Davout eine Proklamation an die Truppen, in der er ihnen sagte, dass der Kaiser mit seiner überlegenen Kriegskunst die Preußen in die gleiche Lage zu manövrieren gedenke, wie seinerzeit die österreichische Armee. Sie wurde den Einheiten vor dem Abmarsch am 12. von den Kommandeuren verlesen, und mit einem begeisterten »Vive l'Empereur« aufgenommen.

Die drei Regimenter »chasseurs à cheval« unter Vialannes bildeten die Spitze des III. Korps und hatten ihrerseits eine Schwadron als Vorhut ausgeschieden. Nach einem Marsch von rund 48 Kilometern stieß die Kavallerie hinter Naumburg auf drei preußische Schwadronen, welche den Begleitschutz für einundzwanzig Pontons bildeten. Vialannes griff sie an und erbeutete ein großes Versorgungslager, welches die Preußen in Naumburg angelegt hatten. Es erwies sich, dass Naumburg den Preußen als wichtiger Verbindungsknotenpunkt diente. Bevor die Hauptstraße von Erfurt nach Weimar Naumburg erreicht, überquert sie die Saale, ungefähr 8 km westlich Kösen. Von dort führt sie in nordwestlicher Richtung über Merseburg und Halle nach Magdeburg, wobei nordwestlich Naumburg noch einmal die Saale, und fünf Kilometer weiter bei Freyburg die Unstrut, überwunden werden müssen. Die Brücken waren also von größter Bedeutung, und es hatte den Anschein, als ob die Pontons zu ihrer Verstärkung oder als Ersatz dienen sollten. Spät am Tage zog die 1. Division in Naumburg ein und bezog Stellung auf den umliegenden Höhen. Die nachfolgende 2. Division hielt in der Nähe einer Ortschaft kurz vor der Stadt. Die 3. Division überholte der Kaiser auf seinem Weg von Auma nach Gera. Sie unterbrach den Marsch, um ihm militärische Ehren zu erweisen. Wieder in Gang gekommen, erreichte sie Naumburg an diesem Tage jedoch nicht mehr und ging einige Kilometer südlich der Stadt zur Ruhe über.

Die Kavallerie des III. Korps führte inzwischen eine Aufklärung bis zur Unstrut durch. Die 1. Chasseurs bezogen sodann eine Stellung bei der Brücke von Freyburg, während die 2. und 12. die Saale, unterhalb Naumburg, kontrollierten. General Vialannes hatte mithin seine gesamte Kavallerie zur Überwachung der nördlichen Annäherungswege auf Naumburg eingesetzt. In der gleichen Stadt richtete auch Davout seinen Gefechtsstand ein. Das I. Korps hatte mittlerweile Zeitz erreicht und stand somit rund 25 km südostwärts des III. Korps.

Am späten Abend des 12. gewährte Napoleon der Armee eine Marschpause für den kommenden Tag; lediglich das VI. Korps sollte von Auma weiter auf Roda vorrücken und das I. Korps sich mit dem III. bei Naumburg vereinigen. Das »bataillon carrée« wurde auf diese Weise aufgegeben und die Armee auf die Saale-Linie festgelegt. Ein Zentralmagazin sollte für alle Korps in Auma eingerichtet werden, mit Ausnahme der beiden auf dem Marsch befindlichen, und dort Munition und Verpflegung ergänzt werden. Aus dem Ruhetag sollte jedoch nichts werden. Am 13. um 9 Uhr erhielt Napoleon Nachrichten, aufgrund derer er Murat wissen ließ, dass der Feind mit dem Rückzug auf Magdeburg begonnen habe. Murat mit der Leichten Kavallerie und Bernadotte erhielten den Befehl zum Vorrücken auf Dornburg, um die Lücke zwischen Davout und Lannes auszufüllen und den Letzteren zu unterstützen, falls er angegriffen würde. Soult wurde angewiesen, mit einer Division und der Kavallerie gegen Roda vorzugehen und mit den beiden anderen gegen Kostritz. Die Schweren Divisionen Nansouty und d'Hautpoul von der Kavalleriereserve schließlich wurden nach Roda beordert. Das III. Korps wurde durch diese Maßnahme der rechte Angriffsflügel. Davout richtete seine Aufmerksamkeit inzwischen immer noch nach Norden, von wo seiner Auffassung nach gegnerische Verstärkungen der Armee in die rechte Flanke fallen konnten. Er ritt zum Freyburger Schloss herauf, welches die Brücke über die Unstrut beherrschte, und legte ein Detachment der 13. Leichten Infanterie der 1. Infanteriedivision hinein mit dem Befehl, die Brücke bei einer feindlichen Annäherung in Brand zu setzen.

Die übrigen Teile des Regiments postierte er auf dem linken Saaleufer, von wo aus sie die Brücke auf der Straße Naumburg–Freyburg überwachen sollten. Die anderen Regimenter der 1. Division biwakierten entlang der gleichen Straße, während die 2. Division in den Morgenstunden in die freigewordenen Stellungen der 1. Division nachgerückt war.

Die 3. Division war am 13. bereits um 4 Uhr wieder auf den Beinen und traf früh in Naumburg ein, wo sie eine Stellung bei der Ortschaft Neu-Flemingen an der Straße Naumburg–Camburg bezog. Am Nachmittag des 13. hatte sich Napoleon Jena bis auf 10 km genähert. Er wusste, dass Lannes etwa 40 000 bis 50 000 Preußen gegenüberstanden und erwartete einen feindlichen Angriff im Laufe des Abends oder am nächsten Tage. Er gab unverzüglich den Befehl, dass die Garde, Soult und Ney sich im Eiltempo auf Jena werfen sollten und schickte an Davout und Bernadotte die Weisung, Lannes zu Hilfe zu eilen, falls dieser am Abend noch angegriffen würde. Nach dieser völlig veränderten Lage ließ Davout eine Kavalleriepatrouille auf der Straße nach Weimar bis über die Brücken von Kösen rekognoszieren. Später ritt er auf dieser Straße selber vor, wobei er gegen 16 Uhr auf dem überhöhten Saaleufer hinter Kösen auf etwa 30 Reiter der 1. »Chasseurs« stieß, die sich in voller Flucht befanden. Es handelte sich um eine Patrouille, welche von mehreren Schwadronen preußischer Kavallerie angegriffen und geworfen worden war. Davout brachte sie zum Stehen und ließ sie eine 600 m vorgeschobene Vorpostenkette beziehen. Der Zwischenfall hatte ihm klargemacht, dass sich ein starker feindlicher Verband im Vormarsch befand, und zwar entweder auf die Saalebrücke bei Kösen oder die Unstrutbrücke bei Freyburg. Er ritt sofort zurück und befahl dem ersten Regiment, auf das er stieß, dem 25. der 3. Division, mit zwei Leichten Kompanien (von jedem Bataillon eine) bei der Brücke von Kösen in Stellung zu gehen. Wahrscheinlich suchte er dann auch noch den Kommandeur der 3. Division auf, General Gudin, denn anschließend wurde auch noch das 2. Bataillon vom Regiment 25 als Verstärkung zur Brücke in Marsch gesetzt.

Am 14. Oktober, 3 Uhr, empfing Davout einen Befehl des Kaisers, datiert vom 13. Oktober, 22 Uhr, und gegeben in dessen Biwak auf den Höhen nördlich von Jena. Berthier schrieb, dass der Kaiser eine preußische Armee ausgemacht habe, die ungefähr 2½ km entfernt aufmarschiert sei und sich von den Jenaer Höhen bis nach Weimar erstreckte. Er beabsichtige am Morgen anzugreifen. Davout solle über Auerstedt auf Apolda vorrücken und dem Gegner in den Rücken fallen. Der Anmarschweg sei ihm überlassen, sofern seine Teilnahme an der Schlacht gesichert sei. Berthier fügte hinzu: »Falls Marschall Bernadotte bei Ihnen ist, können sie gemeinsam marschieren, doch hofft der Kaiser, dass er an dem angewiesenen Ort steht, d.h. in Dornburg.«

Davout rief daraufhin unverzüglich seine Divisions- und Kavallerie-Kommandeure zu sich und erteilte die notwendigen Befehle für das Vorrücken des III. Korps. Dann suchte er Bernadotte auf, dessen I. Korps am Abend zuvor in Naumburg eingerückt war. Davout gab Bernadotte eine Abschrift des kaiserlichen Befehls und fragte ihn nach seinen Absichten. Bernadotte, dem an einer Vereinigung mit Davout nichts gelegen war, folgerte, dass der Kaiser ihn in Dornburg haben wolle, und sagte, dass er nach Camburg aufbrechen würde, welches auf dem Weg dorthin lag.

DIE SCHLACHT VON AUERSTEDT, 14. OKTOBER

Ohne es zu wissen, war Marschall Davout mit einer Kampfstärke von 26 000 Mann jetzt drauf und dran, der feindlichen Hauptarmee, unter dem König von Preußen und dem Herzog von Braunschweig, in die Arme zu laufen, die aus 54 000 Mann Infanterie und 12 000 Kavalleristen bestand, während ungefähr 25 km entfernt bei Jena Napoleon mit 96 000 Mann (von denen allerdings nur 54 000 in die Schlacht eingriffen) den 53 000 Preußen unter Hohenlohe und Rüchel gegenüberstand.

Bei dem Gelände jenseits der Saale, über welches das III. Korps kämpfend vorgehen musste, handelte es sich überwiegend um eine Hochebene, durchschnitten von Wasserläufen, kleinen Hohlwegen und eingeschnittenen Straßen sowie bedeckt von einer Anzahl von Ortschaften.

Nach Norden zu krönten kleine Hügel und vielfach Wälder das Plateau. Die Saale war nirgends zu Fuß passierbar und besaß ein bewaldetes und sehr steiles Ufer. Nach Überwindung des Flusses bei Kösen windet sich die Straße nach Weimar in einer langen steilen Steigung nach Hassenhausen hinauf. Hier bilden Brücke und Straße einen tiefen Einschnitt, den das III. Korps erst hinter sich lassen musste, bevor es sich jenseits auf dem Höhenrücken entfalten konnte. Da keine andere Straße zur Verfügung stand, auf der Davout, gemäß den Wünschen des Kaisers, über Auerstedt nach Apolda hätte marschieren können, kam der Inbesitznahme des Ausgangs dieses Hohlwegs eine große Bedeutung zu.

Nachdem die 3. Division der Kösener Brücke am nächsten stand, entschied Marschall Davout, dass das Korps über den linken Flügel vorgehen solle, d.h. mit der 3. Division voraus, gefolgt von der 2. und 1. Division, deren Verbände sich an der Freyburger Straße entlang zogen, und die jederzeit in dieser Richtung aufbrechen konnten.

Das 25. Regiment, gesichert durch eine Schwadron der 1.»Chasseurs à Cheval«, schob sich bei Tagesanbruch über die Brücke vor und nahm eine Höhenstellung zum Schutz der Enge ein. Um 6.30 Uhr rückte Divisionsgeneral Gudin an der Spitze der Masse seiner Division über die Brücke. Über der Gegend hatte noch eine halbe Stunde vor Hellwerden ein dichter Nebel gelegen, dass man keine 10 Schritte weit sehen konnte, doch wich er jetzt allmählich, Davout war die Nähe des Feindes zwar bekannt, doch nichts über dessen Stärke oder Aufstellung. Er befahl daher Oberst

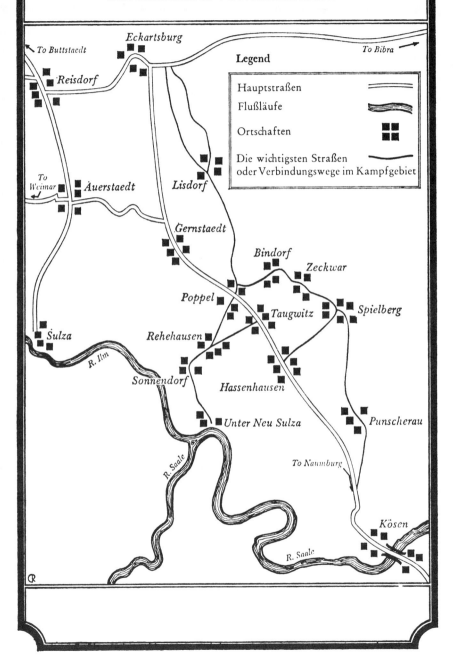

DIE SCHLACHT VON AUERSTEDT

To Buttstaedt

Eckartsburg

Reisdorf

To Bibra

Legend

Hauptstraßen

Flußläufe

Ortschaften

Die wichtigsten Straßen
oder Verbindungswege im Kampfgebiet

To Weimar

Auerstaedt

Lisdorf

Gernstaedt

Bindorf

Zeckwar

Poppel

Taugwitz

Spielberg

Sulza

Rehehausen

R. Ilm

Sonnendorf

Hassenhausen

Unter Neu Sulza

Punscherau

R. Saale

To Naumburg

Kösen

R. Saale

Burcke, seinem dienstältesten Adjutanten, eine kampfstarke Patrouille der 1. »Chasseurs« unter der Führung eines Hauptmanns zur Erkundung loszuschicken. Es handelte sich hierbei um einen ganz normalen Einsatz ranghöherer Adjutanten, setzten diese sich doch aus ausgesucht tüchtigen und entschlossenen Offizieren zusammen, denen die Führungsweise ihres Kommandeurs vertraut war.

Burcke ritt los, ohne auf irgend welche berittenen Vorposten oder Feldwachen zu stoßen, bis er schließlich eine preußische Kavallerieeinheit in und um Hassenhausen entdeckte. Sie hatten ihn im Nebel nicht erkannt, und um die Preußen ein wenig aufzuscheuchen, ließ er sein Detachment das Feuer mit den Pistolen eröffnen. Nachdem sie sich von ihrer anfänglichen Überraschung erholt hatten, griffen etwa zwei feindliche Schwadronen überhastet an. Burcke gelang es hierbei, einige Gefangene zu machen, doch musste er sich dann schleunigst zurückziehen, nachdem die Preußen jetzt weit überlegen und planmäßiger erneut attackierten. Beim Zurückgaloppieren stieß Burcke auf das in Marschkolonne am rechten Straßenrand vorgehende 25. Regiment und ordnete sich dahinter ein. Weiter links der Straße befand sich das 85. Regiment ebenfalls im Vorrücken. Diese beiden Regimenter bildeten eine Brigade unter Brigadegeneral Gauthier, dem Burcke jetzt die Annäherung der gegnerischen Kavallerie meldete. Gauthier befahl dem 25. Regiment die Bildung von Bataillons-Karrees, und diese wiesen die beiden preußischen Schwadronen ab. Hinter ihnen jedoch, auf der Straße von Hassenhausen, folgten die übrigen Teile der Vorhut, bestehend aus rund 600 Kavalleristen, einem Grenadierbataillon und einer leichten Batterie, unter Führung des General Blücher. Gauthier hatte die ihm zugeteilte Artillerie auf der anderen Straßenseite in Stellung gehen lassen, und als der Feind aus dem Nebel auftauchte, eröffnete diese ein verheerendes Kartätschenfeuer. Die dicht aufgeschlossen marschierenden Preußen wurden völlig überrascht, Kavallerie und Infanterie flüchteten und auch die Fahrer der Geschütze suchten das Weite. Gauthier übergab seinem Adjutanten, Hauptmann Lagoublaye, den Befehl über zwei Grenadierkompanien und eine leichte Kompanie des 25. Regiments, unterstützt durch ein Detachment »Chasseurs«, und mit diesem Verband griff Lagoublaye die bewegungsunfähige Batterie an und eroberte ihre sechs Geschütze. Dies zeigt erneut, wie auch auf unterer Ebene Adjutanten die Führung von besonderen Kampftruppen übertragen bekamen, und nicht die eigentlich zuständigen Regimentskommandeure.

Nach diesem Erfolg nahm Gauthier den Vormarsch wieder auf, indem er das Regiment 25 entlang der Straße nach Hassenhausen und das Regiment 85 auf die links davon gelegenen Höhen weiter vorrücken ließ. Die Preußen bemühten sich dieses Vorgehen zu stoppen. Durch Artilleriefeuer verhinderten sie die erneute Bildung von Karrees, und griffen dann mit der reorganisierten Kavallerie wieder an. Das 25. aber wies die Attacke zurück, drang weiter unaufhaltsam vor und eroberte auch diese Batterie mit allen Geschützen. Doch jetzt fing die Situation an, sich für Gauthier schwierig zu gestalten, denn hinter Hassenhausen marschierte eine starke preußische Infanterieeinheit auf (in der Tat die gesamte preußische 3. Division), und weiter rückwärts war ein großer Kavallerieverband zu beobachten. Das 25. verschob sich ein wenig weiter nach rechts und schlug einen neuerlichen Angriff zurück.

Davout kam nach vorne, um sich persönlich einen Eindruck von der Lage zu verschaffen. Es war klar, dass für Gauthier die Gefahr bestand, von der preußischen Kavallerie rechts umgangen zu werden. Hinter Gauthier folgte Brigadegeneral Petit, dessen Brigade sich aus den beiden anderen Regimentern der 3. Division zusammensetzte, dem 21. und dem 12. Da das 21. vorne marschierte, befahl Davout Petit, es zur Unterstützung des Regiments 25 sofort vorzuziehen, während das 12. rechts rückwärts gestaffelt folgen sollte. Gleichzeitig ließ Davout diese Bewegung durch sechs Geschütze der Divisionsartillerie unterstützen. Es fällt auf, dass sich in dieser Situation der Korpskommandeur persönlich einschaltet, anstatt seine Anweisungen über General Gudin zu geben. Die Preußen beantworteten die Entwicklung und das Vorrücken der Brigade Petit mit heftigem Artilleriefeuer, während sich Blücher mit fünfundzwanzig Schwadronen durch den Nebel tastete, um die rechte Flanke der Franzosen aufzuspüren. Plötzlich aber hob sich der Nebel, und er sah sich direkt im Rücken der französischen Infanterie. Blücher attackierte, doch die französischen Regimenter hatten sich bereits zu Bataillons-Karrees zusammengeschlossen, um welche die preußische Kavallerie jetzt herumwogte, ohne einen Einbruch erzielen zu können.

Davot, Gudin und Petit preschten von einem Karree zum anderen, um durch ihre Gegenwart die Moral der Truppe zu stärken. Die Preußen erlitten schwere Ausfälle bei ihren wiederholten Attacken. Blüchers Pferd wurde unter ihm getötet, und die Überreste seiner Reiterei zogen sich schließlich auf das 8 km entfernte Eckartsberg zurück.

Indessen musste auf der linken Seite von Hassenhausen das Regiment 85 mitansehen, wie immer größere Massen preußischer Infanterie vor ihm aus dem Boden wuchsen, während es selber nur noch über zwei Achtpfünder der Divisionsartillerie verfügte. Bei dem Gegner vor der Front handelte es sich um Teile der 1. preußischen Division, während die gesamte 2. Division drauf und dran war, die Stellung der Franzosen vom linken Flügel her zu bedrohen.

Um 8.30 Uhr – gewiss zur großen Erleichterung Davouts – tauchte an der Spitze der 2. Division Divisionsgeneral Friant auf und ritt, gefolgt vom Regiment 111, hinauf auf das Plateau. Davout entsandte sofort den Pionierführer, Oberst Touzard, mit dem Auftrag, das Regiment 111 dem rechten Flügel der 3. Division zuzuführen. Während dies geschah, nahm eine feindliche Batterie zu sechs Geschützen das Regiment unter Feuer. Davout befahl daraufhin Friants anderem Regiment, dem 108., die Batterie zu erobern. Dies erfolgte durch das 2. Bataillon, während gleichzeitig das 1. Bataillon den Gegner aus dem Ort Spielberg hinauswarf. Bei diesem handelte es sich um eine detachierte Brigade der 1. Division, welche, von Poppel vorstoßend, versuchen sollte, den Franzosen die rechte Flanke abzugewinnen. Davout beauftragt Friant, diese Flankierungsgefahr zu bereinigen, und dieser setzte sein 33. und 48. Regiment unter Brigadegeneral Kister nach dem Ostrand von Spielberg in Marsch. Ferner entsandte er vier Infanteriekompanien unter einem Pionierhauptmann zur Säuberung des Waldgebiets ostwärts Spielberg. Auch hier ist wieder zu vermerken, wie sowohl der Korps- als auch der Divisionskommandeur einen Pionieroffizier mit einer Infanterieaufgabe betraut.

Davout ging jetzt daran, seinen rechten Flügel noch weiter zu schützen, indem er Vialannes mit allen drei Kavallerieregimentern dorthin beorderte, und die von der französischen Infanterie bereits erschütterten preußischen Bataillone attackieren ließ. Damit war die Bedrohung von rechts vorerst ausgeschaltet, doch am linken Flügel, auf den Höhen südwestlich Hassenhausen, befand sich das Regiment 85 in arger Bedrängnis. Nachdem es lange Zeit einem weit überlegenen Gegner standgehalten hatte, und dieser sich gerade anschickte es vollends zu werfen, gelang es schließlich Davout, das Regiment 12 zur Verstärkung heranzuführen und gleichzeitig das 21. Regiment nach Hassenhausen nachzuschieben. Aber noch war die gefährliche Situation nicht ausgestanden, denn kaum hatte das Regiment 12 die Hauptstraße südlich Hassenhausen überschritten, als es auch schon von überlegenen Feindkräften in der linken Flanke gepackt wurde, welche das Regiment 85 umgangen hatten. Für einen Augenblick sah es ganz so aus, als wäre das Schicksal der überflügelten 3. Division besiegelt, doch tauchte in diesem entscheidenden Moment die 1. Division unter Divisionsgeneral Morand auf dem Kampfschauplatz auf. Davout befahl ihm, den linken Flügel der 3. Division so rasch wie möglich zu verlängern, und setzte sich selbst an die Spitze, um die Division persönlich einzuweisen.

Gemäß den von Davout erteilten Befehlen, hatte Morand das 2. Bataillon des Regiments 17 zum Schutz der Kösener Brücke zurückgelassen. Die übrigen Teile der Division marschierten links des Hassenhausener Höhenzuges in Kompanie-Doppelkolonne und mit Kompanie-Abstand. Das 13. Leichte Infanterieregiment, verstärkt durch zwei Vierpfünder, hatte die Spitze. Während die 1. Division zum Feinde aufschloss, erhielt der beim Regiment 13 reitende Brigadegeneral d'Honnieres den Befehl, zur Gewährleistung des geschlossenen Anmarsches ein Bataillon als Plänkler vorzuschieben. Alle übrigen Verbände sollten in allgemeiner Richtung Kirchturm Hassenhausen weiterrücken, da die 3. Division ihren linken Flügel etwas zurücknähme und die Ortschaft aufgäbe.

Als das 13. Leichte Infanterieregiment auf den Gegner stieß, hatte sich dieser bereits vor Hassenhausen mit starker Infanterie und einer Batterie festgesetzt. Das 13. griff an und trieb die Preußen durch die Ortschaft zurück und über diese hinaus. Da der Vorstoß aber zu weit führte, von der Division niemand nachkam und überlegene Feindverbände zurückschlugen, musste es schließlich nicht nur das gewonnene Gelände, sondern auch Hassenhausen wieder aufgeben. Es war etwa 10.30 Uhr, als dies geschah.

Während das 13. Leichte Infanterieregiment auf diese Weise anderwärtig eingesetzt wurde, setzten die anderen Teile der 1. Division ihren Vormarsch in der ursprünglichen Richtung fort: vorne rechts das 61. Regiment und links auf gleicher Höhe das 51., jedes mit seinen beiden Bataillonen in Linie zu zwei Kompanien. Diese Regimenter bildeten unter Brigadegeneral Debilly eine Brigade. Dahinter folgte Brigadegeneral Brouard mit dem 30. Regiment rechts und dem 17. Regiment links (ohne ein Bataillon), die mit ihren Bataillonen so marschierten, dass sie zugleich die Marschlücken der vor ihnen befindlichen Brigade decken konnten. Das 1. Bataillon des Regiments 17 gewann Anschluss an die Saale, wodurch es sich mit seinem linken Flügel an die überhöhte Uferböschung anlehnen konnte.

Die 1. Division wurde nunmehr von starker preußischer Reiterei attackiert, welche die linke Flanke der Franzosen aufzurollen versuchte. Doch wieder scheiterte sie an den standhaften Bataillons-Karrees und wieder ritt Davout von einem zum anderen, um die Infanterie zu ermutigen.

Auf dem rechten Flügel des III. Korps drückte indessen Friant mit der 2. Division von Spielberg in Richtung Zeck auf den linken Flügel der Preußen und hielt ihn mit gut liegendem Artilleriefeuer nieder.

Aber auch die rechten Teile der 1. Division gewannen an Boden. General Debilly arbeitete sich mit dem 61. Regiment bis zum Ausgang eines nach Redehausen führenden Hohlwegs vor, den die Preußen mit starker Infanterie und Mörsern verteidigten.

Nach heftigem Kampf mussten die Preußen unter Zurücklassung ihrer Mörser aber weichen. Das weiter links eingesetzte Regiment 51 sah sich schwerem Artilleriefeuer mit nachfolgenden Kavallerie- und Infanterieangriffen ausgesetzt, vermochte sich trotz starker Verluste jedoch zu behaupten.

Die Preußen hatten bemerkt, dass der linke französische Flügel über keine Kavallerieeinheiten verfügte, weshalb der König von Preußen sich für einen erneuten Versuch entschied, den linken Flügel der 1. Division zu umfassen, um so das französische Vorrücken auf Redehausen zum Stehen zu bringen. Eine starke preußische Einheit marschierte über Sonnendorf bis zu dem Höhenrücken, welcher die linke Uferböschung der Ilm bildet, von wo aus dann drei Kompanien Infanterie zum Flussbett abstiegen. Zum Auffangen dieser Umfassungsbewegung standen jetzt nur noch das 30. Regiment sowie das 1. Bataillon vom Regiment 17 zur Verfügung. Davout hatte die Gefahr jedoch erkannt und Morand informiert, der daraufhin mit allen seinen Geschützen seiner Fußartillerie dem Regiment 30 zu Hilfe eilte. Der preußische Angriff, der im Wesentlichen von der Masse der 1. Reservedivision, einschließlich der preußischen Garderegimenter getragen wurde, zerschellte in einem Hagel von Kartätschen. Nun warf Morand seinen linken Flügel nach vorn, säuberte die Ilmhöhen und ließ seine Artillerie an einem beherrschenden Punkt so in Stellung gehen, dass sie von da aus die Preußen in der Flanke fassen konnte. Etwa zur gleichen Zeit war es am rechten Flügel des III. Korps auch Friant gelungen, weiter bis Poppel vorzudringen. Dort ließ er auf einem Hügel rechts der Ortschaft seine Artillerie auffahren, so dass jetzt auch die rechte Flanke des Feindes bedroht war.

Friant hatte einen langen und harten Kampf um Zeckwar zu bestehen gehabt. Nachdem es aber schließlich gelungen war, den Gegner aus dem Ort zu vertreiben, befahl er Brigadegeneral Lochet, mit dem Regiment 108 weiter auf Poppel vorzustoßen.

Die 6. Sappeur-Kompanie (Korpstruppe) wurde zu diesem Zweck unterstellt. Der Angriff auf Poppel machte rasche Fortschritte, wobei das Regiment 108 eine Fahne und mehrere Geschütze erbeutete und eine Anzahl von Gefangenen einbrachte. Die 6. Sappeure, welche bisher an der Hauptstraße von Zeckwar vorgegangen waren, umgingen die Verteidiger jetzt in deren linker Flanke und drangen mit aufgepflanztem Bajonett in das Dorf ein. Die Preußen in Poppel hatten gerade einen Gegenangriff vorbereitet, um ihren mit dem Rücken am Poppelfluss kämpfenden vorgeschobenen Kompanien Luft zu verschaffen. Der kühne Vorstoß der Sappeure traf sie jedoch so unerwartet, dass sie in der Defensive verharrten und der Entsatz der abgeschnittenen eigenen Teile unterblieb. Diese – an Zahl rund 1000 Mann – legten die Waffen nieder. Dieser überraschende Pioniereinsatz als Infanteriestoßtrupp zeigt, dass Davout auch die letzten Reserven in die Schlacht werfen musste, denn sicher hätte er sonst nicht den Verlust seiner wenigen Sappeure riskiert. Aber auch die Beweglichkeit der französischen Armee zeigt dieses Beispiel sehr eindrucksvoll und die Vermutung drängt sich auf, dass die Sappeure eine Stoßtruppausbildung gehabt haben müssen.

Die preußische Kavallerie unternahm noch einen letzten Versuch, Friant die rechte Flanke abzugewinnen, wurde aber vom Regiment 48 abgewiesen.

Nach den Erfolgen seiner beiden Flügel, warf Davout jetzt sein Zentrum nach vorn. Gudins 3. Division griff die Ortschaft Taugwitz an und nahm sie, während vorgeschobene Teile bis auf die Höhe der 1. und 2. Division vorstießen. Um 12.30 Uhr begannen die vorne eingesetzten preußischen Divisionen allmählich zu wanken, und um 13 Uhr hatten sie das ganze beherrschende Höhengelände um Hassenhausen preisgegeben. Nur das Auftreten der Reservedivisionen rettete die preußische Armee in diesem kritischen Augenblick vor der totalen Niederlage. Bei Kampfbeginn hatten diese beiden Divisionen zwischen Auerstedt und Gernstadt in Schlachtordnung Aufstellung bezogen und waren dann bei dem vergeblichen Angriff auf Morands linken Flügel beträchtlich in Mitleidenschaft gezogen worden.

Jetzt rückte diese Reserve nach vorn und ging in dem überhöhten Gelände zwischen Taugwitz und Radehausen in Stellung, direkt am Ufer des von Poppel nach Redehausen führenden Wasserlaufs. Diese Front wurde gehalten, während die drei preußischen Divisionen, welche bisher die Hauptlast des Kampfes zu tragen gehabt hatten, ungeordnet zurückgingen und einen beträchtlichen Teil ihrer Artillerie stehenließen.

Vor einem Frontalangriff waren die preußischen Reservedisionen jetzt zwar ziemlich sicher, aber auf ihre Flügel hämmerte die gleiche Artillerie ein, die Morand bzw. Friant schon früher dort hatten in Stellung gehen lassen. Die Preußen waren diesem Feuer nicht gewachsen und gingen wieder in ihre Ausgangsstellungen zurück. Bald darauf traf sie aber auch hier ein schwungvoll vorgetragener Angriff der siegreichen Franzosen. Die 2. Division rückte auf Lisdorf vor und bedrohte ihren linken Flügel, während die 3. Division von Poppel drückte. Die preußische Reserve setzte sich daraufhin erneut ab und bezog eine dritte Verteidigungsstellung auf den Höhen südlich Eckartsburg.

Auf dem Gefechtsstand der 3. Division befahl nunmehr Davout dem General Gudin, sich mit seiner Division links am Fuß dieses Höhenrückens zum Angriff bereitzustellen, und General Petit wurde angewiesen, das Plateau mit den vier Grenadierkompanien des 12. und 21. Regiments anzugreifen. Ohne das preußische Abwehrfeuer zu beachten, trat Petit an, und mit aufgepflanztem Bajonett stürmten seine Truppen unaufhaltsam den Hügel hinauf. Gleichzeitig hatte auch Brigadegeneral Grandeau, von der 2. Division, mit der Masse des Regiments 111 von rechts her zum Sturm angesetzt. Diesen Sturmtruppen folgten die Reste der 2. und 3. Division. Angesichts dieses gut geplanten Angriffs zerbrach die preußische Front und die starke letzte Stellung wurde so überhastet geräumt, dass 20 Geschütze in Petits Hand fielen.

Die Franzosen verfolgten den Gegner bis zum Schloss Eckartsburg, wo es gegen 16.30 Uhr zum Stillstand der Operationen kam. Nur General Vialannes setzte mit seinen drei Chasseurs-Regimentern noch nach und drängte den linken preußischen Flügel zurück bis an die Saale und Apolda, dem vom Kaiser angegebenen Angriffsziel. Nach Einbringung zahlreicher Gefangener und Erbeutung vieler Geschütze biwakierte er schließlich bei Buttstädt, etwa 16 Kilometer vom Schlachtfeld entfernt. Das 2. Bataillon des Regiments 17, das ursprünglich die Brücke bei Kösen zu schützen hatte, wurde ebenfalls vorgezogen und baute eine Vorpostenkette zur Sicherung des Schlachtfeldes auf. Dabei sammelte es viele Gefangene, Verwundete und Versprengte ein.

Was an diesem erstaunlichen Begegnungsgefecht wohl am meisten beeindruckt, ist der wirkungsvolle Einsatz der vorzüglichen französischen Artillerie. Gauthier wies die preußische Avantgarde mit den Geschützen seiner Brigade ab, Morand zerschlug mit der Masse seiner Artillerie den gegnerischen Umfassungsversuch, und das flankierende Feuer aus den Kanonen der 1. und 2. Division war es auch, welches die preußischen Reservedivisionen zur Aufgabe ihrer vorgeschobenen Stellungen zwang.

Dennoch war der Sieg weitgehend den taktischen Fähigkeiten Davouts und seiner höheren Kommandeure zu danken. Trotz gegnerischer Überlegenheit focht Davout eine glänzende Schlacht. Wo Gefahr drohte, war er zur Stelle, erkannte die Lage und handelte unverzüglich, während seine Divisionen sich auf das Plateau hinaufkämpften. Er kannte weder die Stärke des Feindes noch dessen Absichten, und dieser Mangel an Informationen wurde noch durch den Nebel verstärkt, welcher die Bewegungen beider Seiten verhüllte. Der Bedrohung von Gauthiers offener Flanke begegnete er durch den Einsatz von Petit, und als Friants erste Teile eintrafen, verhinderte er mit ihnen das Aufrollen seines rechten Flügels. Das Auftauchen der 1. Division auf dem Kampfschauplatz nutzte er sofort aus, um sie persönlich zur Bereinigung der plötzlich links aufgetretenen Krise zu führen und schließlich warf er sein gesamtes Korps herum, um mit einem konzentrierten Angriff eine zweieinhalbmal so starke Armee in die Flucht zu schlagen.

Davout muss aber auch ein ausgezeichneter Ausbilder gewesen sein, denn seine Kommandeure legten nicht nur bemerkenswerte Fähigkeiten an den Tag, sondern waren auch Geist von seinem Geiste. Stets wusste ein jeder, wie sich der andere in der gleichen Situation benehmen würde. Morand, Friant und Gudin nutzten jede sich bietende Gelegenheit aus, um mit Elan und taktischer Wendigkeit die preußischen Verbände in die Defensive zu drängen, die zwar zahlenmäßig überlegen, dafür aber unbeweglich waren. Und in solchen Brigadegeneralen wie Petit, Gauthier, d'Honnieres, Debilly und Lochet besaß das III. Korps Männer, denen es völlig egal war, ob sie für ihre kühnen Angriffe nun komplette Brigaden oder nur aus wenigen Kompanien zusammengewürfelte, improvisierte Kampfgruppen zur Hand hatten. Davout brauchte ihnen bloß ein paar Soldaten zu geben und zu sagen: »Los, unternehmt was!« Weiterer Weisungen bedurfte es nicht. Ein jeder wusste genau, was er zu tun hatte. Das III. Korps nahm in der napoleonischen Armee wahrscheinlich eine Sonderstellung ein, und ein anderes hätte vermutlich bei Auerstedt nicht gesiegt.

Sicher ist die Festellung nicht übertrieben, dass Marschall Davout die beste Kampftruppe befehligte, die während der Jahre 1806 und 1807 überhaupt existierte.

Die Verluste, welche das III. Korps hatte hinnehmen müssen, waren schwer. In der 1. Division waren Morand und d'Honnieres verwundet und Debilly gefallen; des Weiteren fielen unter den höheren Offizieren Adjutant-Commandant Coehorn, Colonel Guyardet und Colonel Nicolas durch Verwundung aus. Von der 2. Division war Colonel Higonet gefallen. Von der 3. starb Adjutant-Commandant Delotz an den Folgen seiner Verwundung, die Generale Gauthier und Petit sowie Colonel Viala wurden blessiert. Colonel Vergès' Zustand war so kritisch, dass man an seinem Aufkommen zweifelte. Erwischt hatte es ferner Colonel Bousson von den 2. »Chasseurs à Cheval« sowie Davouts Adjutanten Colonel Burcke. Nahezu alle Generale, Kommandeure und Stabsoffiziere wiesen Streifschüsse auf, verloren ihre Pferde und einigen wurden diese sogar bis zu dreimal unter dem Leib weggeschossen.

Die Gesamtverluste der drei Divisionen beliefen sich auf 252 Offiziere und 6581 Unteroffiziere und Mannschaften. Fügt man die Ausfälle der Kavallerie, Pioniere und Stäbe noch hinzu, war alles in allem ein Drittel des Korps außer Gefecht gesetzt.

Am selben Tage, an dem Davout seinen Sieg bei Auerstedt errang, schlug Napoleon die restlichen Teile der preußischen Armee bei Jena.

Hätte Bernadotte Davout beigestanden, anstatt sechzehn Kilometer entfernt bei Dornburg tatenlos stehenzubleiben, wäre die preußische Armee ihrer Vernichtung nicht entgangen. Napoleon war wütend über Bernadotte und überlegte sich allen Ernstes, ob er ihn nicht vor ein Kriegsgericht stellen sollte. Wie Napoleon sich später auf St. Helena äußerte, hatte Bernadotte Davout bei Naumburg wissen lassen, dass ein gemeinsames Vorrücken nur dann in Frage käme, wenn das I. Korps die Spitze übernähme, denn schließlich befehlige Davout ja nur das III. Korps. Davout jedoch verwahrte sich dagegen, da man in diesem Fall das ganze I. Korps am III. hätte vorbeiziehen müssen.[1] General Rapp berichtet[2], dass Napoleon einen Tag nach der Schlacht zu ihm gesagt habe: »Bernadotte hat sich übel benommen. Nur zu gern hätte er Davout in Schwierigkeiten gesehen. Angesichts der mangelhaften Unterstützung gebührt diesem daher ein besonderes Lob.«

Am 15. Oktober, morgens 2 Uhr, setzte Davout den Brigadegeneral Lochet mit seiner zur 2. Division gehörenden Brigade in Marsch, um das Detachment des 13. Leichten Infanterieregiments zu verstärken, welches er am 13. Oktober zum Schutz der Brücke bei Freyburg zurückgelassen hatte. Er befahl Lochet die Zerstörung aller Brücken über die Unstrut, um so das Entkommen der Trümmer der preußischen Armee nach Norden zu verhindern. Im Laufe des Tages versammelte sich dann die ganze 2. Division im Raume Freyburg, zu der auch noch das 2. Regiment »Chasseurs à Cheval« stieß. Die 3. Division verharrte in ihrer bisherigen Stellung für den Fall, dass die eingeschlossenen Preußen einen Ausbruch über die Saale und den Rückzug durch Naumburg versuchen sollten. Die 1. Division, mit einer vorgeschobenen Sicherung durch das 12. »Chasseurs à Cheval«, überschritt gegen Mittag die Saale über die Brücke bei Kösen und marschierte nach Naumburg, wo sie 11 Kilometer hinter der Stadt an der Straße nach Leipzig biwakierte.

Am 16. Oktober bereitete sich das III. Korps für den Vormarsch auf Leipzig vor. Die 1. Division rückte nach Weissenfels ab und blieb mit dem linken Flügel dann an der Saale stehen, während ihre aus dem 13. Leichten Infanterieregiment und den 1. »Chasseurs à Cheval« bestehende Avantgarde die etwa 7 Kilometer entfernt liegende Brücke über die Rippach bei Porsten in Besitz nahm. Weiter links klärte das 1. »Chasseurs à Cheval« bis nach Merseburg auf, während das Regiment 108 von der 2. Division bis

Markröhlitz vorstieß. Die übrigen Teile der Division verblieben vorerst in Freyburg. Die 3. Division ging bei Kösen über die Saale und marschierte auf der Leipziger Straße nach Schönburg. Das Regiment 85 verblieb bis zum Eintreffen des Kaiserlichen Hauptquartiers zunächst noch in Naumburg. Am 17. wurde Leipzig feindfrei gemeldet und für die Divisionen eine Ruhepause befohlen.

Schon gleich nach der Niederlage der Preußen hatte Napoleon mit den notwendigen Vorkehrungen für ihre Verfolgung begonnen. Hierzu setzte er das III. Korps rechts ein, allen anderen voraus und auf einer Frontbreite von etwa 80 Kilometern. Achtzig Kilometer weiter rechts rückte das Bayerische Korps auf Dresden vor. Bernadotte marschierte links von Davout bis nach Halle, wo er jedoch nach Westen einschwenkte, indes Lannes mit seinem V. Korps seinen Platz einnahm, nachdem er bis dahin über Naumburg Davout gefolgt war. Hinter Lannes kamen der Kaiser und die Garde, denen sich Augereau mit dem VII. Korps anschloss.

Am 16. dirigierte Napoleon Bernadotte nach Nebra an der Unstrut. Von dort ließ Bernadotte Davout wissen, dass er auf Halle vorzugehen beabsichtige, und erbat dessen Unterstützung durch Ansatz von Kavallerie auf Merseburg. Dies war auch der Grund für die erfolgte Aufklärung durch das 2. Chasseurregiment.

Am 18. Oktober ritt Davout an der Spitze der Avantgarde der 1. Division in Leipzig ein. Er ernannte General Macon zum Gouverneur der Stadt, und dieser ließ unverzüglich ein Lazarett für 200 Verwundete einrichten.

Am 19. Oktober rückte das III. Korps weiter bis nach Düben an der Mulde vor. Kurz nach Mitternacht brach Davout mit einer Vorausabteilung aus 1000 ausgesuchten Leuten unter Colonel Lanusse (17. Regiment) und 100 Reitern der 1. »Chasseurs à Cheval« auf, um im Handstreich die Brücke über die Elbe bei Wittenberg zu nehmen. Der Verband hatte von Leipzig nach Düben schon 32 Kilometer zurückgelegt und bis nach Wittenberg war es noch einmal so weit. Aber Eile war geboten, denn man hatte in Erfahrung gebracht, dass ein preußischer Offizier nach Wittenberg mit dem Auftrag unterwegs war, die Brücke bei Annäherung der Franzosen in Brand zu setzen. Als Davout mit seinem Detachment eintraf, hatte dieser Offizier die Brücke bereits mit Teer und großen Mengen von Faschinen bedeckt, die er jetzt entzündete. Doch Lanusse stürzte sich mit seinen Jägern auf die Brücke, wo es ihm mit Unterstützung einiger williger sächsicher Einwohner gelang, die Preußen zu vertreiben und die Ausbreitung des Feuers zu verhindern. In weniger als zwei Stunden war die Brücke wieder voll instandgesetzt, und der ungehinderte weitere Vormarsch des III. Korps gesichert. Sein nächstes Ziel hieß jetzt Berlin. Der Kaiser hatte entschieden, dass es angesichts seiner hervorragenden Haltung bei Auerstedt als erster französischer Verband in der preußischen Hauptstadt einziehen sollte.

Auf Anweisung des Kaiserlichen Hauptquartiers beauftragte Davout den Pionieroberst Touzard mit der Sicherung des Elbufers beiderseits Wittenberg, um gegen einen möglichen feindlichen Überfall auf die Brücke gewappnet zu sein.

Am 22. Oktober zog das Kaiserliche Hauptquartier zusammen mit der Garde bei Wittenberg ein, und der Kaiser erließ gleich darauf die Befehle für den Vormarsch des III. Korps auf Berlin.

Unter anderem wurde festgelegt: Berlin war am 25. Oktober zu besetzen, General Hulin als Kommandant einzuteilen und ein Regiment bei ihm zu belassen. Leichte Kavallerie sollte an den Straßen nach Landsberg, Küstrin und Frankfurt an der Oder Sicherungen aufbauen, und das III. Korps 4 Kilometer jenseits Berlin mit dem einen Flügel an der Spree und dem anderen an der Landsberger Straße postiert werden. Davouts Stabsquartier sollte hinter der Truppe in einem Landhaus an der Straße nach Küstrin liegen, und für die Soldaten waren unverzüglich Strohhütten zu bauen, da der Kaiser ihnen einige Ruhetage gewähren wollte. Nach Errichtung des Lagers war es gestattet, dass jeweils ein Drittel der Truppe Berlin besuchte. Der offizielle Einzug des III. Korps in Berlin hatte über die Straße von Dresden zu erfolgen, jede Division ihre gesamte Artillerie mit sich zu führen und der Marschabstand von Division zu Division eine Stunde zu betragen. Und schließlich noch: der Kaiser würde wahrscheinlich am Charlottenburger Platz Aufstellung nehmen.

DER MARSCH NACH BERLIN UND
FRANKFURT AN DER ODER

Am 22. Oktober, 17 Uhr, setzte sich das III. Korps mit der 1. Division an der Spitze in Bewegung. Am 23. Oktober schickte Davout den Adjutant-Commandant Romoeuf in Begleitung des Artillerie- und Pionierober-sten sowie des Chefintendanten und 100 Reitern der »Chasseurs à Cheval« nach Berlin voraus. Romoeuf sollte die Ankunft des III. Korps ankündigen und mit den Kommunalbehörden die Koordinierung der Sicherheitsmaßnahmen und die Versorgung der französischen Truppen besprechen. Ferner sollte er sich Notizen über die verschiedenen öffentlichen Gebäude, Akademien, Paläste, Bibliotheken etc. machen, um einen Überblick zu bekommen, wieviel Truppen der Generalkommandant von Berlin für ihren Schutz würde einsetzen müssen. Die übrigen drei Offiziere dieses Vorauskommandos sollten eine Erfassung der Arsenale, Zeughäuser, Kasernen, Kleiderkammern, Lebensmittelläger, Hospitäler usw. vornehmen.

Dieses Detachment erreichte Berlin am 24. gegen Mittag, während am Abend des gleichen Tages die 1. Division in Tempelhof einrückte. Davout entsandte seinen stellvertretenden Chef des Stabes, Adjutant-Commandant Hervo, zur Erkundung der Gegend, in welcher das III. Korps biwakieren sollte. In dessen Begleitung befanden sich die zu den Divisionen jeweils abkommandierten Pionieroffiziere, um die erforderlichen Abgrenzungen und Einteilungen vorzunehmen. Zu Hervos Auftrag gehörte es ferner, sich um die Beschaffung von Holz und Stroh für die Hütten sowie Futter für die Pferde zu kümmern. Auch hier wird wieder deutlich, wie verschiedene administrative Gebiete unter den Stabsoffizieren aufgeteilt waren, was man von ihnen erwartete und wozu sie alles imstande waren.

Am 25. Oktober, 10 Uhr, befand sich Davout mit seinem Stab an der Spitze des III. Korps auf der Straße nach Berlin. Als er die Stadt betrat, überreichte ihm der Magistrat, gefolgt von den wichtigsten Honoratioren, die Schlüssel der Stadt. Er gab sie jedoch mit der Bemerkung zurück, dass diese Ehre dem Kaiser erwiesen werden müsse. Gefolgt vom III. Korps ritt er dann in die Stadt ein, während sich eine ungeheure Menschenmenge drängte und den Einmarsch der französischen Armee begaffte. Das Korps marschierte bis zu der vorgesehenen Lagerstelle weiter, wohin bereits Verpflegung, Futter und Baumaterial für die Hütten angeliefert worden waren. (Hervo und Romoeuf müssen sich schon ganz besonderer Methoden bedient haben, um den Preußen klarzumachen, dass eine Verzögerung nicht ratsam sei!) Vialannes brach nun mit 400 Chasseurs zu einem über 65 km führenden Überraschungsbesuch nach Frankfurt/Oder auf, um den Gegner daran zu hindern, die dortige Brücke zu verbrennen.

Am nächsten Tag zog der Kaiser in Berlin ein. Er teilte Davout mit, dass er am 28. Oktober eine Parade des III. Korps abhalten würde. Wie üblich, war diese mit einer eingehenden Inspektion jeder Einheit verbunden, in deren Verlauf er eine Anzahl von Beförderungen aussprach.

Anschließend ließ er alle Offiziere und Unteroffiziere kommen, hielt ihnen eine Belobigungsansprache wegen ihres Verhaltens bei Auerstedt, und verlieh das Kreuz der Ehrenlegion an 500 Offiziere und Unteroffiziere.

Das III. Korps hatte nicht nur in der Schlacht viel geleistet, sondern konnte auch auf ungewöhnliche Marschleistungen verweisen. Von Schleitz, wo das Korps am 10. Oktober stand, bis nach Berlin, wo es am 25. Oktober einrückte, betrug die Entfernung in der Luftlinie 266 Kilometer.[3] Auf der Straße war es natürlich noch viel weiter, wobei hinzukommt, dass auch noch ein Gefecht stattfand.

Am 29. Oktober erließ Davout einen Korpsbefehl, der den Abmarsch nach Frankfurt/Oder für den nächsten Tag 6 Uhr vorsah. Unterwegs wurde Gudin mit der 3. Division nach Küstrin beordert, etwa 24 Kilometer nördlich von Frankfurt, um die Brücke und die am anderen Ufer gelegene Festung in Besitz zu nehmen. Das 2. Regiment »Chasseurs à Cheval« sowie eine Batterie zu sechs Geschützen wurden ihm dazu unterstellt.

Am 31. Oktober, 8 Uhr, traf Davout mit der 1. und 2. Division in Frankfurt ein. Gudin indessen kam zu spät. Zwar gelang es seiner Vorhut, einen preußischen Sicherungsverband von 500 Mann am linken Ufer zu überwältigen, doch konnte er nicht verhindern, dass die Brücke vom Festungskommandanten in Brand gesetzt wurde. Gudin erbeutete verschiedene große Lebensmittellager und forderte die Festung vergeblich zur Übergabe auf. Da dem Kaiser jedoch nicht daran gelegen war, dass Gudins Division durch die Belagerung einer Festung gebunden wurde, ließ er ihn durch andere Truppen ablösen und wieder zum III. Korps stoßen. Davout erhielt die Weisung, die Oder zu überschreiten und sein Korps zur Nahaufklärung einzusetzen.

Am 1. November rückte Gudins Division mit Hellwerden in Richtung Frankfurt ab und ließ Gauthier mit einem Regiment bis zum Eintreffen der Ablösung zurück.

Als Petit noch damit beschäftigt war, die Außenposten des Regiments 21 einzuziehen, um dann ebenfalls Gudin zu folgen, näherte sich ein preußischer Offizier mit einer Parlamentärflagge und es kam zu einer erstaunlichen Kapitulation. Gauthier hatte lediglich ein Regiment und zwei Feldgeschütze zu seiner Verfügung, und diesem schwachen Feind übergab der Kommandant eine wohlversorgte Festung mit 4000 Verteidigern und neunzig Geschützen auf den Wällen.

Nach Erhalt der Kapitulationsmeldung ritt Davout mit dem Pionieroberst Touzard nach Küstrin hinüber, wo er dem Letzteren die sofortige Instandsetzung der Brücke befahl.

Seit dem Eintreffen des III. Korps in Bamberg war genau ein Monat vergangen. Der Krieg gegen Preußen war zu Ende und ein neuer gegen Russland zeichnete sich ab.

Die meisten Informationen für das obenstehende Kapitel stammen aus Marschall Davouts eigenem dienstlichen Bericht, betitelt «Opérations du 3ᵉ Corps 1806–1807», welcher 1896 von seinem Neffen herausgegeben wurde, dem General Davout, Herzog von Auerstedt. Graf Yorck von Wartenburg, »Napoleon as a General«, übers. von Major W. H. James, 1902

F. Loraine Petre, »Napoleon's Conquest of Prussia – 1806«, 1907 Brigadier General V. J. Esposito und Colonel J. R. Elting, »A Military History and Atlas of the Napoleonic Wars,« 1964

Besondere Bezugnahmen:
[1] »Mémoires pour Servir à 1'Histoire de France sous le Règime de Napoleon I, Ecrits sous la Dictée, à Ste. Helene«, par Montholon et Gourgaud, 1823–1825
[2] General Rapp, Memoires ecrit par lui-même, 1823
[3] Wartenburg, op.cit.

DAS DRITTE KORPS – POLEN

Am 2. November 1806 erteilte Napoleon Davout den Befehl, mit dem III. Korps in Polen einzumarschieren. Er sollte hierbei jedoch vor der russischen Armee auf der Hut sein, die kraft des im Oktober unterzeichneten Vertrages zwischen der preußischen und der russischen Regierung soeben dabei sei, den seinerzeit dem König von Preußen zugefallenen Teil Polens zu besetzen. Tags zuvor waren schon die 1. »Chasseurs à Cheval« nach Posen aufgebrochen, wo ihnen beim Eintreffen am 4. November ein überwältigender Empfang durch die Polen zuteil wurde.

Berthier teilte Davout mit, dass Prinz Jérôme mit dem bayrisch-württembergischen Hilfskorps am 2. November in Frankfurt eintreffen würde, von wo aus er anschließend Glogau einschließen und eine Aufklärung nach Breslau vortreiben solle. Davout habe mit Jérôme Verbindung zu halten. Am 6. November traf eine weitere kaiserliche Weisung ein, die Davout nach Posen dirigierte und ihn gleichzeitig davon in Kenntnis setzte, dass Augereau die Order empfangen habe, den Gefechtsstand des VII. Korps am 7. November in Küstrin einzurichten.

Am 9. November zog Davout hoch zu Ross in Posen ein und wurde vor den Stadttoren vom Magistrat und der überwiegenden Menge der Bevölkerung willkommen geheißen. Die 2. Division rückte am darauffolgenden Tage ein, und am 12. November war das gesamte Korps in und um Posen versammelt. Der Kaiser hatte Davout starke Kavallerieverbände unterstellt, die sich aus General Milhauds Leichter Kavalleriebrigade, General Beaumonts Dragonerdivision und General Namsoutys Schwerer Kavalleriedivision zusammensetzten.

Davouts wichtigste Aufgabe bestand in Posen in der Beschaffung von Nachschub für die Große Armee, deren Gros beim Vorstoß auf die Weichsel die Stadt passieren musste. Dass dies nicht einfach war, zeigt allein schon die Tatsache, dass es sich bei dem Gebiet zwischen Warthe und Weichsel um eines der unfruchtbarsten ganz Polens handelte.

Lebensmittelmagazine aller Art und Vorratslager mussten entlang den nach Thorn und Warschau führenden Straßen angelegt werden, doch erwies sich die Bewegung der Nachschubgüter als ungemein schwierig,

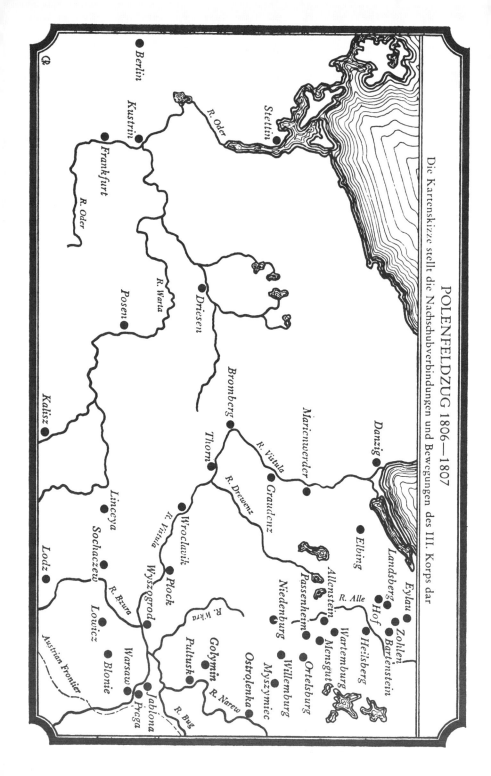

POLENFELDZUG 1806—1807

Die Kartenskizze stellt die Nachschubverbindungen und Bewegungen des III. Korps dar

da kaum Fahrzeuge aufzutreiben waren und sich die unbefestigten Straßen aufgrund der Regenperiode in einem katastrophalen Zustand befanden. Über die Warthe führte nur eine Brücke und deren Verfassung war
so fragwürdig, dass sie für den Schwerlastverkehr völlig ausfiel. Davout
übertrug Touzard die Reparaturarbeiten und beauftragte ihn außerdem
mit dem Bau einer weiteren Brücke. Da sich die Einwohner mit Material
und Arbeitskräften zur Verfügung stellten, konnten die Arbeiten unter
der Aufsicht von Touzard und seiner Pionieroffiziere binnen kurzer Zeit
zufriedenstellend bewerkstelligt werden.

Am 15. November hatte Davout alle Vorbereitungen in Posen abgeschlossen und war fertig für den Weitermarsch. Die Lage bei der Großen
Armee sah wie folgt aus: Ney (VI. Korps) befand sich nach der Einnahme
von Magdeburg auf dem Wege nach Berlin; Soult (IV. Korps) und Bernadotte (I. Korps) marschierten gleichfalls nach Berlin; Lannes (V. Korps)
näherte sich Thorn, gefolgt von der Dragoner-Division unter General
Becker, und Augereau (VII. Korps) hatte den Befehl erhalten, von Driesen
nach Bromberg zu verlegen. Während des Vormarschs auf die Weichsel
sollten das V. und VII. Korps den linken Flügel, das durch die Kavallerie
von Nansouty, Milhaud und Beaumont verstärkte III. Korps das Zentrum
und das bayrisch-württembergische Korps bei Kalisch den rechten Flügel
bilden. Murat schickte der Kaiser nach Posen, um dort den Oberbefehl
über diese vier Korps zu übernehmen.

Am 16. November brach Davout auf der Straße nach Warschau auf.
Vialannes und Milhauds Leichte Kavalleriebrigaden ritten weit ausgefä-
chert voraus, während Nansoutys Division die rechte und Beaumonts die
linke Flanke deckten. Die leichte Kavallerie hatte vereinzelte Scharmützel
mit russischen Kosaken.

Am 28. November ritt Murat an der Spitze der Reiterei in die von
den Russen geräumte Stadt Warschau ein. Am 29. schrieb er an Davout:
»Ich lasse das Korps des Marschall Lannes an der Bzura zur Besetzung
von Lowicz und Sochaczew zurück. Sie werden eine Division bei ihrem
Reservedepot in Blonie belassen, mit einer Division selber nach Warschau hineingehen und eine in den Vororten von Warschau biwakieren
lassen, wo auch der Divisionsstab unterzubringen ist. Ihre Kavallerie hat
die Weichsel von der Bzura bis nach Warschau zu überwachen. Ich ordne
an, dass die Versorgung über Blonie, Lowicz und Sochaczew sichergestellt

wird«. In Übereinstimmung mit den erteilten Befehlen legte Davout die 1. Division nach Warschau, die 2. in den Raum Blonie und die 3. in die Vorstadt von Warschau.

Augereau hatte jetzt die Weichsel erreicht und stand links von Lannes, und Napoleon mit der Kaiserlichen Garde bei Posen. Am Ostufer der Weichsel hielten die Russen Praga besetzt, die Vorstadt von Warschau. Am 2. Dezember gaben sie diesen Stadtteil jedoch auf, und das Regiment 17 der 1. Division überschritt mit zwei Vierpfündern den Fluss und bildete einen Brückenkopf.

Am 3. Dezember zogen sich die Russen bis hinter den Bug zurück. Darauf nahm am gleichen Tage auch Milhaud mit den 2. und 13. »Chasseurs à Cheval«, dem Regiment 30 der 1. Division und einer leichten Artillerieabteilung den Uferwechsel vor, dem sich dann am 4. und 5. Dezember die übrigen Teile der 1. Division anschlossen. Das Problem, dem sich die Franzosen jetzt gegenübersahen, war die Überwindung des Bug. Davout entschied sich, General Gauthier von der 3. Division mit dieser Aufgabe zu betrauen. Das rechte Ufer des Bug war überhöht, das linke flach und morastig, wodurch die Russen bei der Verteidigung einen beträchtlichen Vorteil hatten. Am 6. Dezember bezog General Brouard von der 1. Division mit dem Regiment 17 und zwei Vierpfündern eine Vorpostenlinie, welche sich am Bug entlang nach Südwesten bis zur Einmündung in den Narew erstreckte. Das Regiment 30 und General d'Honnieres Brigade wurden zwischen dem Bug und Praga hintereinandergestaffelt so aufgestellt, dass sie sich rechts an die österreichische Grenze anlehnten (welche damals von einem Punkt etwa 13 km östwärts Warschau nach Norden auf den Bug zu verlief) und nach links Verbindung mit Gauthiers Brigade hatten. Gauthier selber trieb seine Vorhut bis nach Okunin vor, nahe der Mündung der Wkra in den Bug.

In den Abendstunden des 6. versuchte Gauthier durch einen Überraschungsangriff auf dem gegenüberliegenden Bugufer Fuß zu fassen. Aber das für diesen Versuch benutzte große Fährboot wurde durch treibende Eisschollen vom Kurs abgedrängt und strandete in der Flussmitte.

Am 8. Dezember errichtete Davout einen vorgeschobenen Gefechtsstand bei Jablona an der Weichsel, etwa 13 km nördlich Praga, von wo aus er alle in Frage kommenden Bugübergänge bequem erkunden konnte.

DER ÜBERGANG ÜBER DEN BUG

Nach einer am 9. Dezember durchgeführten Aufklärung befahl Davout Gauthier, den Flussübergang bei der Ortschaft Okunin zu versuchen, wo die Verhältnisse am günstigsten zu sein schienen. Der Bug bildet hier – gleich hinter der Einmündung der Wkra – eine große Schleife, und die auf diese Weise entstandene Halbinsel konnte offenkundig gut verstärkt und vom linken Ufer her mit Artillerie gedeckt werden. Im Zuge der Bereitstellung zum Flussübergang bereitete Gauthier auch einen Scheinangriff weiter ostwärts bei Gora vor, den General Milhaud mit 3 Kompanien des I. Bataillons Regiments 85 der 3. Division sowie einem Detachment der 13. »Chasseurs à Cheval« und einer Haubitze durchführen sollte. Milhaud erhielt dazu zwei kleine Kähne sowie eine Flussfähre, in die er 100 der besten Voltigeure des Regiments 85 mit der strikten Anweisung packte, den Uferwechsel erst in dem Augenblick zu versuchen, in dem von Okunin die ersten Truppen das andere Ufer erreicht hatten.

Für seinen Flussübergang bei Okunin setzte Gauthier drei Leichte Infanteriekompanien der Regimenter 25 und 85 ein, ein Bataillon des 25., sechs Kompanien des II. Bataillons Regiment 85 und einen Achtpfünder. Das I./85 (ohne die anderweitig unterstellten Kompanien) wurde hinter Gora als Reserve zurückbehalten.

Am 10. Dezember, morgens 5.30 Uhr, schickte Gauthier eine Kompanie Leichte Infanterie des Regiments 85 in 12 Kähnen mit dem Befehl los, am rechten Ufer zu landen, hundert Meter vom Fluss entfernt in Stellung zu gehen und nicht zu schießen, sondern zunächst das Nachfolgen weiterer Truppen abzuwarten. Dieses Unternehmen verlief erfolgreich, und noch vor Tagesanbruch konnte der ganze Stoßtrupp unbemerkt übergesetzt werden. Darauf befahl Gauthier dem Oberst Duplin (dem Nachfolger Vialas als Kommandeur des Regiments 85), mit dem verbleibenden Bataillon des Regiments 25 eine Aufklärung auf Pomichowo vorzutreiben. Milhauds Scheinangriff bei Gora lief ebenfalls um 7 Uhr an, beschränkte sich aber nur auf eine kurze Feuertätigkeit, da eine Überquerung des Flusses hier nicht mehr erforderlich war.

Sobald Gauthiers Einheiten Fuß gefasst hatten, traf Touzard zur Befestigung des Brückenkopfes ein, und mit Hilfe von Soldaten und Zivilisten gelang es ihm innerhalb von vierundzwanzig Stunden, wirksame Verschanzungen anzulegen. Gleichzeitig baute General Hanicque, der Korpsartillerieführer, eine Pontonbrücke über den Bug zum Brückenkopf hinüber. Davout befahl Gauthier die Anlage einer Brustwehr, etwa 150 m hinter der ersten Verteidigungslinie, groß genug, um ein Drittel seines Verbandes in Angriffsgliederung dahinter aufnehmen zu können, sowie weiter rückwärts einer zweiten Redoute für das letzte in Reserve zurückgehaltene Drittel.

Der Bugübergang gewährt erneut interessante Einblicke in die Verwendung eines Brigadegenerals, so zum Beispiel bei der Art der Durchführung des Uferwechsels, wo Davout es ihm überlässt, die Zahl der benötigten Truppen selber zu bestimmen und ihm sogar den Kommandierenden General der Leichten Kavallerie unterstellt. Ferner fällt auf, dass der Brückenschlag einem Artilleristen und nicht einem Pionier anvertraut wurde.

Am 11. Dezember führten die Russen den von Davout erwarteten Angriff gegen den Brückenkopf. Sie hatten sich im Schutze der Dunkelheit bis auf Einbruchsentfernung vorgeschoben und setzten nach heftiger Artillerievorbereitung bei Tagesanbruch zum Sturm an. Nach schweren Kämpfen konnte der Angriff abgewiesen werden.

Andere Korps marschierten inzwischen ebenfalls auf. Das V. Korps überschritt die Weichsel bei Praga und das VII. Korps weiter unterhalb bei der Einmündung des Bug.

Ostwärts des Brückenkopfes befand sich eine Insel in Dreiecksform, welche zwei Arme der Wkra umflossen, bevor sie sich mit dem Bug vereinigten. Sie war teilweise bewaldet und wurde von sumpfigen Kanälen durchzogen. Die Franzosen hielten nur ein Drittel dieser Insel besetzt und sahen sich dort ständig feindlichen Belästigungen ausgesetzt. Davout befahl daher am 20. Dezember dem General Petit, auch den übrigen Teil in französische Hand zu bringen, was ohne große Schwierigkeiten geschah.

Am 22. Dezember überquerte Friants 2. Division den Bug bei Okunin und rückte weiter bis in die Gegend von Pomichowo vor, wo sie biwakierte. In der Abenddämmerung des gleichen Tages wurde die 1. Division aus ihrer Flussstellung herausgezogen, aus der sie den Gegner seither bedroht hatte, und flussabwärts nach Okunin verlegt, während ein Bataillon zur Verschleierung zurückblieb und sowohl die üblichen Lagerfeuer entzündete als auch den Posten- und Spähtruppdienst weiterführte. Die Division überschritt daraufhin den Fluss und biwakierte im Brückenkopf. Die Masse des III. Korps hatte somit das andere Ufer gewonnen, wenngleich auch vorerst ohne schweres Gerät und ohne die Artilleriereserve.

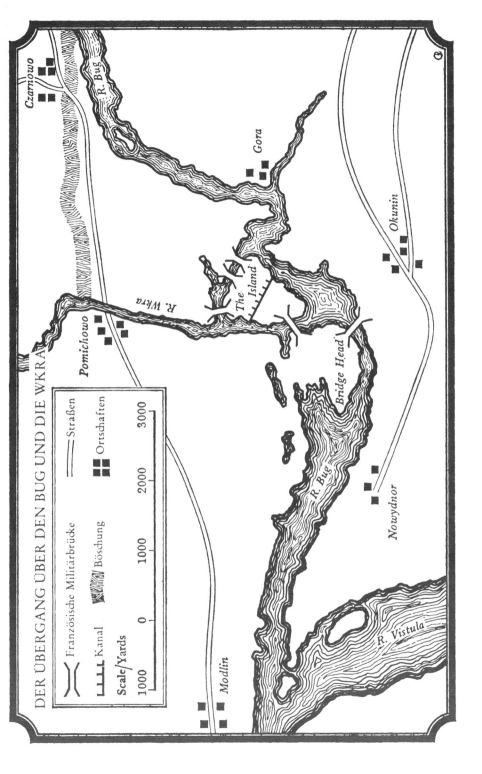

DER ÜBERGANG ÜBER DEN BUG UND DIE WKRA

Scale/Yards

1000   0   1000   2000   3000

Französische Militärbrücke —〇—   Straßen ———
Kanal ⊢⊢⊢   Böschung ▨▨   Ortschaften ◼

Czarnowo
R. Bug
Gora
Okunin
R. Wkra
Pomichowo
The Island
Bridge Head
Nowydnor
R. Bug
Modlin
R. Vistula

DER ÜBERGANG ÜBER DIE WKRA
UND DAS GEFECHT BEI CZARNOWO

Am 23. Dezember traf der Kaiser im befestigten Lager von Okunin ein und führte im Laufe des Vormittags eine Geländeerkundung durch. Ostwärts Czarnowo auf dem rechten Ufer des Bug erhebt sich ein ziemlich steiler Hügel.

Der Fluss wendet sich dann nach Süden, doch führt eine leichte Böschung genau nach Westen bis an die Wkra bei Pomichowo weiter und beherrscht nach Süden hin das tiefer gelegene Gelände zwischen Bug und Wkra. Nördlich dieser Böschung befand sich die russische Hauptverteidigungslinie, in der über 15 000 Mann und 20 Geschütze meist hinter Brustwehren standen. Die rechte russische Flanke lehnte sich an die Wkra an und war durch Gräben gesichert, während die linke vom Bug begrenzt wurde. Vorposten standen an den Ufern der beiden Flüsse. Bei ihrem Rückzug hatten die Russen die Brücke über die Wkra bei Pomichowo abgebrannt und außerdem noch eine alte und baufällige Brücke zerstört, welche weiter flussaufwärts lag. Als Petit sie von der Insel vertrieb, hatten sie ferner die Brücke vernichtet, die ihnen zur Überwindung des Ostarmes der Wkra gedient hatte. Das Gelände zwischen den beiden Flüssen und der russischen Hauptkampflinie war überwiegend von Wäldern und Sümpfen bedeckt, in denen die Russen zahlreiche Baumsperren errichtet hatten. Da diese von Vorposten verteidigt wurden, war der Kampf im Vorfeld fast genau so schwierig wie der Angriff auf die eigentliche Verteidigungsstellung.

Napoleon nahm das gesamte Terrain von verschiedenen Punkten aus in Augenschein. Er bestieg sogar mittels einer Leiter das Dach eines Hauses auf der Insel, um zu sehen, wie die Dinge auf der anderen Flussseite standen. Anschließend erteilte er Davout den Befehl für einen Nachtangriff, den Oberst (Adjutant-Commandant) Hervo, der stellvertretende Chef des Stabes des III. Korps, nach seinem Diktat niederschrieb:

»Die 1. Division wird auf die Insel verlegt und schiebt sich dabei so weit wie möglich an den Gegner heran.

Die gesamte 3. Division verbleibt im Brückenkopf, nimmt am Angriff nicht teil, sondern hält sich als Reserve zur Verfügung.

Aus den acht Kompanien Leichte Infanterie werden zwei Bataillone gebildet, aus denen zusammen mit dem 13. Leichten Infanterieregiment drei Kolonnen zu formieren sind.

Diese drei Kolonnen rücken völlig geräuschlos bis zu den Kanalübergängen vor, halten sich aber außerhalb Musketenschussweite. Bei jeder befinden sich drei Geschütze nebst einer Kompanie Leichte Infanterie als Bedeckung, deren Platz der Kolonnenführer bestimmt.

Diese Begleitkompanien werden den Kampf auch eröffnen, indem sie sich weiter vorarbeiten und gedeckt hinter Hecken das Feuer aufnehmen, während die Artillerieoffiziere ihre Geschütze in Stellung bringen und mit Kartätschen den Gegner niederhalten, der mit Sicherheit unseren Übergang aufzuhalten versuchen wird.

Unter dem Schutz des Artilleriefeuers werden sodann die Boote und Brücken zu Wasser gebracht und die drei Kolonnen überschreiten den Fluss. Sobald das andere Ufer erreicht ist, nehmen drei Piketts »Chasseurs à Cheval« zu je 60 Reitern die Verfolgung des Feindes auf und bringen Gefangene ein.

Das Regiment 17 wird gleich anschließend den Uferwechsel vollziehen. Es formiert sich dann in Schlachtordnung, mit 150 m Abstand von Bataillon zu Bataillon, hinter denen drei Schwadronen Leichte Kavallerie einzugliedern sind. Die übrigen Teile der 1. Division folgen als Nächste und reihen sich dahinter ein«.

Auch hier wird wieder Napoleons Führungsstil deutlich, wenn so viel von dem Erfolg eines Divisionsangriffs abhing. Er überging einfach den Korps- und Divisionskommandeur und befahl direkt in die Verbände hinein.

Nach diesem Angriffsbefehl gab Napoleon weitere Anweisungen bezüglich der Ausnutzung des Erfolges nach geglücktem Übergang. Die 1. Division sollte nach Überschreiten der Wkra auf Czarnowo vorrücken und den linken Flügel der russischen Hauptkampflinie angreifen, während Petit von der 3. Division den Fluss an der gleichen Stelle wie die 1. Division zu überschreiten und am linken Ufer der Wkra stromaufwärts zu gehen hatte, um die Pomichowo vorgelagerten russischen Gräben zu nehmen. Um den letzteren Einsatz zu unterstützen, ließ der Kaiser sechs Zwölfpfünder auf den Höhen vor Pomichowo so in Stellung gehen, dass sie den linken Flügel der feindlichen Stellung niederhalten konnten, während Petit von vorne angriff.

Ferner ordnete der Kaiser an, dass südlich Pomichowo eine große Menge feuchten Strohs entlang dem Flussufer anzuzünden sei, um über eine Entfernung von 1 600 bis 2 200 m einen starken Qualmvorhang zu erzeugen. Darüber hinaus solle jeder Leichte Infanterist ein Bündel Heu empfangen, das er beim Beginn des Artilleriefeuers anzuzünden habe. Das Ablenkungsmanöver sollte die Russen glauben machen, dass der gegnerische Flussübergang vor ihrem rechten Flügel bei Pomichowo stattfände, während Morands Division in Wirklichkeit von der Insel aus antrat. Petit sollte den Angriff mit seiner eigenen Brigade führen, und die restlichen Teile der Leichten Kavallerie unter General Marulaz hatten Befehl, ihm zu folgen, um gegebenenfalls die feindliche Artillerie abzuschneiden, sobald diese damit begänne, sich aus ihren Stellungen gegenüber Pomichowo zurückzuziehen.

General Hanicque, der Befehlshaber der Artillerie, empfing die Weisung, alle verfügbaren Boote vorzuholen, um über den westlichen Arm der Wkra eine Brücke nach der Insel zu schlagen, während Touzard für die Sturmboote und Brücken am Ostarm verantwortlich gemacht wurde sowie für die Reparatur der Brücke bei Pomichowo.

All diesen Maßnahmen fügte Napoleon noch eine weitere hinzu, die zum Erfolg der Franzosen wesentlich beitragen sollte. Er ließ Hauptmann Perrin, einen von Davouts Adjutanten, mit einem Detachment am linken Ufer in gleicher Höhe mit Petits Truppen so vorgehen, dass er jeden Versuch der Russen, Petit aufzuhalten, flankieren konnte. Sein Verband bestand aus den dreißig besten Plänklern der 3. Division, weiteren fünfzig Infanteristen sowie zwei Kanonen.

Gemäß den von Napoleon empfangenen Befehlen gliederte Morand, der Kommandeur der 1. Division, seine drei Angriffssäulen wie folgt: erste Säule: II. Bataillon Leichtes Infanterieregiment 13; zweite Säule: die Leichten Infanteriekompanien der Regimenter 17 und 30; dritte Säule: die Leichten Infanteriekompanien der Regimenter 51 und 61.

Diese Kolonnen passierten den ersten Wkra-Arm über Hanicques neue Brücke und blieben am Kanal stehen. Nachdem auch die Geschütze eingetroffen waren, zogen diese unter dem Schutze vorgeschobener Voltigeure und der einfallenden Abenddämmerung bis zum zweiten Flussarm vor. Dann setzte plötzlich das Feuer der Plänkler ein, dem sich die Kartätschenladungen der Kanonen anschlossen, und unter diesem Schutz überwanden die drei Kolonnen das Wasserhindernis: eine mittels Fähre, eine mit einem von den Pionieren nach vorne gebrachten Boot und die dritte auf zwei Booten, welche von den Marineinfanteristen der Garde gestellt wurden.

Sodann begannen Pionieroffiziere mit dem Bau einer Brücke, welche in kürzester Zeit fertiggestellt wurde und auf der jetzt die Reiterei und Artillerie hinüberrückten. Oberst Guyardet setzte die Sappeure seines Regiments zur Anlage einer breiten Schneise ein, welche sich parallel zur Straße Czarnowo–Pomichowo durch den Wald erstreckte. Hinter den Pionieren folgten die Leichten Infanteriekolonnen und tasteten sich in Richtung auf die russische Hauptkampflinie vor. Es war gegen 19 Uhr und stockdunkel, und die Kolonnen müssen sich auf der Schneise eng aufgeschlossen bewegt haben. Das Regiment 17 erhielt den Befehl, eine Aufklärung auf die Ortsausgänge von Czarnowo anzusetzen. Diese überraschte die Russen und nahm die zur Ortssicherung aufgebauten Batterien. Ein sofortiger starker Gegenangriff zwang das Regiment 17 dann aber zur Zurücknahme seines rechten Flügels. Auch die Kolonnen der Leichten Infanterie sahen sich zur gleichen Zeit heftigen Angriffen ausgesetzt.

Das Regiment 17 zog sich in guter Ordnung in den Schutz des Waldes zurück, wohin ihm der Gegner nicht zu folgen wagte. Da es jedoch seine gesamte Munition verschossen hatte, entschloss sich Morand, es vom Regiment 30 ablösen zu lassen. General Brouard führte es nach vorne, wurde aber bei Erreichen der Verschanzung von einer Schrapnellkugel im Gesicht verwundet.

Die ganze 1. Division befand sich jetzt am anderen Ufer der Wkra sowie auch General Marulazs Leichte Kavalleriebrigade und General Latour-Maubourgs Dragonerbrigade. Morand erhielt darauf von Davout den Befehl, Czarnowo mit seiner ganzen Division anzugreifen und zu nehmen. Allem Anschein nach war beim Übergang über die Wkra jedoch der Zeitplan nicht eingehalten worden, denn Davout ließ Petit mit 400 Mann des Regiments 12 gegen den rechten Flügel der Russen vorgehen, noch bevor dessen ganze Brigade überhaupt eingetroffen war.

Die Russen schossen jetzt aus allen Rohren mit Rundkugeln und Kartätschen und deckten das Vorfeld ein, aus dem der französische Angriff erfolgen musste, wobei ihnen die guten Geländekenntnisse natürlich besonders zu Hilfe kamen. Rechtsrückwärts gestaffelt griff die 1. Division mit dem 30. Regiment, dem I. Bataillon Regiment 17 und dem I. Bataillon des 13. Leichten Infanterieregiments an. Einzige Orientierungspunkte in der Dunkelheit waren für die Franzosen nur die Mündungsfeuer der gegenerischen Kanonen und Musketen. Das I. Bataillon Regiment 30 drang in den Hohlweg ein, welcher den Ort schützte und schwenkte zum Fluss-ufer ein, während das I1./30 frontal angriff und das 1./17 durch einen Föhrenwald von links her zupackte. Zu ihrer Unterstützung formierten sich auf einem Plateau vor dem Wald des I./13 und das II./17, mit den dahinter befindlichen Schwadronen der »Chasseurs à Cheval« und Dragoner. Gleichzeitig gingen auch links die Kolonnen der Leichten Infanterie vor und säuberten das Gehölz von feindlichen Vorposten, während die Regimenter 51 und 61 als Divisionsreserve langsam folgten.

Auf dem anderen Flügel des Kampfschauplatzes arbeitete sich inzwischen Petit mit seinen 400 Soldaten an die Verschanzungen gegenüber Pomichowo heran, wobei ihn Perrins Abteilung vom anderen Ufer der Wkra her deckte. Petits Angriffsspitze bestand aus einer entwickelt vorgehenden Voltigeurkompanie, der zwei Kompanien in Linie und eine Grenadierkompanie als Reserve folgten. Erst als sie schon dicht an die feindliche Stellung herangekommen waren, wurden sie von den Russen ausgemacht und mit heftigem Abwehrfeuer empfangen.

Doch die sechs Zwölfpfünder, welche zu Petits Unterstützung auf den Höhen vor Pomichowa aufgebaut waren, erwiderten das Feuer, dem sich weiter stromaufwärts noch zwei andere Geschütze anschlossen. Auch die Heuhaufen wurden jetzt angezündet, so dass es für den Gegner im Mondlicht so aussah, als würde ein starker Infanterieverband unter dem Schutz eines Rauchschleiers zum Flussübergang ansetzen. Petits Männer machten sich diese Ablenkung zunutze, indem sie die feindlichen Redouten mit einem so kühnen Schwung stürmten, dass die russischen Kanonen nur einmal zu Schuss kamen, bevor sie sich in aller Eile auf der Straße nach Czarnowo zurückzogen.

Petit ließ die aufgegebenen Schanzen von einem Teil seiner Leute besetzen und formierte mit den übrigen ein Karree, um für den erwarteten Gegenangriff gerüstet zu sein. Kaum war die Stoßgruppe abwehrbereit, als die Russen auch schon von allen Seiten kamen und, unterstützt durch einige Kanonen, die von der Straße nach Czarnowo schossen, ihre Stellung wieder einzunehmen versuchten. Dank der tatkräftigen Unterstützung der eigenen Artillerie auf der anderen Flussseite gelang es jedoch, den Angriff abzuschlagen, worauf sich der Gegner zurückzog. Einem wenige Minuten später stattfindenden erneuten Angriff war das gleiche Schicksal beschieden, und für die nächste halbe Stunde trat dann Ruhe ein.

Davout verstärkte Petit mit zwei Grenadierkompanien des Regiments 21 und einer Kompanie Leichte Infanterie des Regiments 85. Bevor diese aber eintrafen, traten die Russen zum dritten Gegenangriff an und wurden wieder abgewiesen. Wenig später setzte Davout noch einmal fünf Kompanien des II. Bataillon Regiment 12 zu Petit in Marsch, während die übrigen Teile des Regiments zum Schutz der Brücke zurückblieben.

Gegen 2 Uhr morgens griffen die Russen Petit erneut an, wobei sie sich diesmal mit Plänklern nach den Seiten hin sicherten, und eine auf der Straße nachfolgende Kavallerieabteilung versuchte, den Franzosen die Flanke abzugewinnen. An der Straße nach Czarnowo aber standen die Grenadierkompanien des Regiments 21 und als vorgeschobene Sicherung weit auseinander gezogen die Plänkler einer Leichten Infanteriekompanie.

Diese ließen die Reiter so nah wie möglich herankommen und jagten sie dann mit einer Salve in die Flucht. Der Infanterieangriff wurde nachhaltiger geführt und es dauerte eine halbe Stunde, bis die Lage auch hier bereinigt werden konnte.

Petit meldete Davout, dass sich der Feind vor seiner Front zurückgezogen habe, woraufhin ihm dieser den Kommandeur der 1. »Chasseurs à Cheval«, Oberst Exelmans mit einer Schwadron zu Hilfe schickte. Sobald dieser eintraf, setzte Petit einige Kompanien des Regiments 21 auf Czarnowo an. Exelmans mit seiner Schwadron sowie einer als Plänkler vorausgehenden Leichten Infanteriekompanie übernahm den rechten Flügel und stellte bald den Anschluss mit der 1. Division her, die den Gegner bereits aus Czarnowo vertrieben hatte. Die Russen wichen zunächst ungeordnet zurück, setzten sich aber dann im Schutz des Waldes wieder fest und unternahmen von neuem einen ungestümen Gegenangriff. Dieser zerbrach am zusammengefassten französischen Abwehrfeuer aus Kanonen und Handfeuerwaffen aus 30 m Entfernung. Der russische Rückzug war jetzt nicht mehr aufzuhalten. Einem Nachstoß durch General Marulaz war infolge Dunkelheit und morastigen Geländes kein Erfolg beschieden.

Der russischen Absetzbewegung in Richtung auf das einige Kilometer weiter nördlich gelegene Nasielsk folgten das I. Bataillon des Regiments 17 sowie das 51. Regiment, unterstützt von General Latour-Maubourg mit seinen Dragonern und flankiert von Marulazs Leichter Kavallerie.

In seinem Gefechtsbericht sagt Davout, dass die Bewegungen der Truppe mit der gleichen Ordnung und Genauigkeit ausgeführt worden seien wie bei Tage. Einen überlegenen Gegner bei Nacht aus einer derart starken Stellung zu vertreiben war aber auch wirklich eine erstaunliche Leistung, die Zeugnis ablegt für die Moral und den hohen Ausbildungsstand, die bei den Truppen des III. Korps geherrscht haben müssen.

Der Übergang über die Wkra ist insofern interessant, als Napoleon hier mit relativ wenigen taktischen Mitteln arbeitete, im Vergleich mit den großen Schlachten, deren Studium man sich sonst meist widmet.

Bei der Erkundung der russischen Stellung gewann Napoleon die Überzeugung, dass deren eigentliche Stärke zugleich auch ihre Schwäche im Falle eines Nachtangriffs war. Die größte Schwierigkeit bei einer nächtlichen Truppenbewegung besteht im Anschluss- und Richtunghalten. Doch in diesem Falle standen zwei ausgezeichnete Orientierungshilfen zur Verfügung: das rechte Ufer des Bug führte zum linken Flügel der russischen Stellung und das linke Ufer der Wkra zum rechten. Napoleon entschied sich für einen Angriff auf diese beiden Flügel und benutzte die Insel als Ausgangsstellung. Der linke Flügel des Gegners war am wichtigsten, da Czarnowo den Schlüsselpunkt der Stellung bildete. War der Ort erst einmal genommen, war auch die russische Rückzugslinie bedroht und die Stellung nicht mehr länger zu halten. Der Angriff auf den rechten russischen Flügel konnte durch Artillerieeinsatz vom rechten Wkraufer her unterstützt werden, der auf den linken musste ohne Artillerie auskommen. Aus diesem Grund setzte Napoleon auch praktisch die ganze 1. Division gegen Czarnowo ein und unterstützte sie noch durch Kavallerie.

Der Kanal, welcher die Insel durchschneidet, bildete eine gute Ausgangslinie, hinter der die Truppen sich bereitstellen konnten, und der Ostarm der Wkra stellte das erste klare Angriffsziel dar. Während des nachfolgenden Vorrückens musste die links eingesetzte Infanterie ohne Orientierungsmerkmale auskommen. Die Sappeure schlugen deshalb eine breite Schneise durch das Gehölz – wahrscheinlich mit Hilfe einer von einem Offizier festgelegten Kompasszahl –, auf der die Truppe Richtung und Zusammenhalt wahren und Verstärkung nachkommen konnte. Für den Angriff weiter nördlich der Wkra kam Davout zu der Erkenntnis, dass es besser war, Petit mit einer kleinen Kampfgruppe vorauszuschicken, anstatt das Eintreffen der ganzen Brigade abzuwarten. Die Ergebnisse haben ihm recht gegeben, denn das Artilleriefeuer vom anderen Ufer der Wkra war so wirkungsvoll, dass ein kleiner Infanterieverband genügte.

Es handelte sich um einen glänzenden Einsatz, sowohl was die Planung als auch was die Ausführung betrifft, zweifelsohne einen der klassischen Nachtangriffe der Kriegsgeschichte.

Friant mit seiner 2. Division brach um 4 Uhr morgens das Biwak westlich Pomichowo ab und erreichte, über die Insel marschierend, Czarnowo bei Tagesanbruch. Da Napoleon der 1. Division etwas Ruhe gönnen wollte, setzte er Friant mit dem Auftrag an, den Feind bis nach Nasielsk zu verfolgen. Als er bis in die Nähe dieses Orts vorgestoßen war, unterstellte Friant dem »Chef de Bataillon« Thoulouse, vom 33. Regiment, alle Leichte Infanteriekompanien der Division, um mit diesen in einer Umfassungsbewegung den feindlichen Rückzug abzuschneiden. Obwohl Thoulouse kein voller Erfolg beschieden war, gelang es ihm doch, die Russen zu überraschen und drei Kanonen zu erbeuten sowie eine Anzahl von Gefangenen zu machen.

Die 2. Division gelangte jetzt in ein dicht bewaldetes Gebiet. Die 1. Brigade, ohne das als Reserve ausgeschiedene II. Bataillon Regiment 48, bildete beim Vordringen durch den Wald die Spitze und stieß bald auf einen so hartnäckigen Widerstand, dass auch der Einsatz der Reserve diesen nicht zu brechen vermochte. Die Divisionsartillerie hatte wegen der schlechten Wegeverhältnisse zwar nicht nach vorne gebracht werden können, doch gelang es Petit unter Einsatz seiner gesamten Infanterie, die Russen in einer derartigen Unordnung zurückzuwerfen, dass nur der frühe Einbruch der Dunkelheit sie vor der völligen Vernichtung rettete. Aber auch so erbeuteten die Franzosen große Teile der Artillerie, welche im Schlamm steckengeblieben und aufgegeben worden war.

Nach diesem Gefecht biwakierte die 2. Division an der Straße hinter Nasielsk, die 1. Division rückte hinter der 2. nach Nasielsk weiter vor und die auf einer anderen Straße marschierende 3. schlug kurz vor Erreichen des Orts ihr Biwak auf.

Gudin, der Kommandeur der 3. Division, hatte sich am 3. November das Handgelenk ausgekugelt und fiel bis zum 20. Januar aus. Praktisch hatte Davout die 3. Division selber geführt. Um 11 Uhr beauftragte er Petit mit der stellvertretenden Führung der Division, gab ihm dazu aber seinen Chef des Stabes, Brigadegeneral Daultanne, zur Seite. Damit war Petit zwar Kommandeur der 3. Division, musste sich aber nach den taktischen Anweisungen Daultannes richten. Dieses Verfahren war allgemein üblich, wenn einem mit der Vertretung beauftragten Kommandeur die notwendige Erfahrung fehlte.

Am 25. Dezember mit Tagesanbruch, setzte das III. Korps seinen Vormarsch fort, und hatte bis zum Ende des Tages die feindlichen Nachhuten aus der Stadt Stregoczyn vertrieben.

DIE KÄMPFE BEI PULTUSK UND GOLYMIN

Die 1. Division, mit den 1. und 2. »Chasseurs à Cheval« unter General Marulaz voraus, rückte am Morgen des 26. weiter, um die Verbindung mit dem VII. Korps und Murats Reiterei herzustellen, welche sich im Vorgehen auf Golymin befanden. Ihr folgte die 2. Division sowie die Dragoner-Division unter General Rapp. Die 3. Division marschierte um 6 Uhr morgens ab und setzte den in Richtung Pultusk ausweichenden Russen nach. Ihr Auftrag war es, sich zwischen die feindliche Kolonne und das V. Korps zu schieben, von dem Davout wusste, dass es ebenfalls auf Pultusk zustrebte. Andernfalls hätte sonst die Gefahr bestanden, dass die Russen hinter dem V. Korps durchgebrochen wären.

Seit zwei Tagen hatte es stark getaut, ein Umstand, der in Polen für diese Jahreszeit sehr ungewöhnlich ist. Der Boden, über den die Truppen zu marschieren hatten, bestand aus einer Mischung von Morast und Lehm und die Straßen selber waren fürchterlich. Nur mit größter Anstrengung vermochten sich Reiter, Artillerie und Infanterie dahinzuschleppen, und für 3 km benötigte man zwei Stunden.

Die 3. Division hatte Stregoczyn gerade hinter sich gelassen, als von den Voltigeuren die Meldung eintraf, dass voraus ein starker feindlicher Kavallerieverband aufgetaucht sei, der offenbar die Bedeckung einer Artillerie- und Fahrzeugkolonne darstelle, die im Dreck festsäße.

Die feindlichen Reiter – es handelte sich um Kosaken – wichen vor den anrückenden Franzosen zurück und überließen ihnen eine große Zahl von Geschützen, Munitionswagen, Ambulanzen und anderen Fahrzeugen.

Nach Sicherstellung der Beute entschoss sich Daultanne, eine Stellung für die Nacht zu beziehen, da er nicht in einen überlegenen Gegner hineinlaufen wollte, mit dem laut Gefangenenaussagen vor ihm zu rechnen war. In diesem Augenblick ließ sich jedoch heftiges Artilleriefeuer aus Richtung Pultusk vernehmen. Daultanne vermutete, dass das V. Korps auf den Feind gestoßen sei und nahm den Vormarsch wieder auf, um die Verbindung mit dem V. Korps herzustellen und dieses beim Angriff zu unterstützen.

Das Vorgehen der 3. Division erfolgte in eng aufgeschlossenen Bataillonskolonnen – wahrscheinlich mit zwei Kompanien nebeneinander – und in vier parallelen Regimentskolonnen, links an die Prshavodovo angelehnt und nach vorn durch einen Schleier von Plänklern gedeckt. Der Feind hatte seine Stellung auf dem Höhenzug westlich Pultusk bezogen, mit dem linken Flügel vorwärts der Stadt und dem rechten ostwärts Moshina. Den äußersten rechten Flügel schützte ein großer Kosakenverband, der hier in Form eines unproportionierten »Z« Aufstellung genommen hatte.

Um sich über die Stärke der Verteidiger von Moshina ein Bild zu machen, in dessen Vorgelände eine Anzahl von Kosaken umherstreiften, ließ Daultanne einen Achtpfünder mit doppeltem Gespann nach vorne kommen und ein paar Schüsse in den Ort setzen. Aber alles, was dabei aufgestört wurde, waren einige hundert Kosaken, die sich hinter den rechten russischen Flügel zurückzogen.

Während die 3. Division weiter vorrückte, ritt Daultanne nach rechts hinüber, um nach dem Verbleib von Lannes Truppen zu sehen. Er fand das V. Korps ähnlich gegliedert und mit seinen vorgeschobenen Plänklern im Kontakt mit dem Feinde. Daultanne meldete Lannes seine Ankunft, und setzte ihn von seinem Angriffsvorhaben in Kenntnis.

Zu einer gegenseitigen Absprache der Maßnahmen war jedoch keine Zeit mehr vorhanden.

Für das Vorgehen gegen den zurückgebogenen rechten Flügel der feindlichen Hauptkampflinie ließ Daultanne seine Infanterie sich in Halbbataillone mit 50 m Abstand entwickeln. Der Sturmangriff erfolgte mit beträchtlicher Wucht und zwang die Russen zur Aufgabe der vorderen Höhenstellungen und zum Ausweichen auf die Schlucht von Bialovizna. Dem weiteren Vordringen geboten die im Wald an der Straße nach Novo Miesto sitzenden russischen Reserven jedoch Einhalt. Hier machte der französische Angriff gegen zähen Widerstand auch nur geringe Fortschritte. Als die Dunkelheit hereinbrach, geriet das Regiment 34 des

V. Korps, welches als rechter Nachbar der 3. Division focht, ins Wanken und wich zurück. Russische Kavallerie griff darauf sofort die entblößte rechte Flanke der 3. Division an. Doch an dem in aller Eile formierten Karree des standfesten Regiment 85 zerschellte sowohl diese Attacke als auch die nachfolgenden. Der letzte und schwerste Gegenangriff fand bei heftigem Wind und Schneetreiben um 8 Uhr abends statt.

Kurze Zeit zuvor war vom Gefechtsstand des V. Korps ein Adjutant eingetroffen, der Daultanne den Wunsch von Lannes überbrachte, sich nicht abzusetzen, da der Marschall von neuem anzugreifen beabsichtige. Nachdem eine Stunde ereignislos vergangen war, schickte Daultanne einen Offizier zum V. Korps herüber, um nach der Ursache zu forschen. Er meldete, dass das V. Korps auf seine Ausgangsstellungen zurückgegangen sei. Daraufhin nahm auch Daultanne seine vorderste Linie zurück und ging 100 m weiter rückwärts zur Verteidigung über. Hier im Schutz des Waldes legten sowohl er als auch seine erschöpften Soldaten eine kurze Verschnaufpause ein. Den ganzen Tag über hatten die Männer gekämpft und sich knietief durch den Dreck gequält. Adjutant-Commandant Allin wurde zu Lannes entsandt, um diesem die neue Stellung zum Schutz der Flanke des V. Korps bekanntzugeben. Die folgenden drei Kartenskizzen geben eine zeitgenössische Darstellung der Schlacht von Pultusk wieder, wurden von Sir Robert Wilson aus russischen Quellen zusammengetragen und 1810 in seinem Buch »The Russian Army and the Campaigns in Poland« veröffentlicht.

Die Nacht vom 26. auf 27. war sehr ruhig. Daultanne erhielt Kunde, dass die Russen ihre Stellungen im Laufe der Nacht aufgegeben und sich hinter den Narew zurückgezogen hätten. Die Stadt Pultusk war dem Zugriff Lannes somit preisgegeben. Um 3 Uhr morgens erhielt Daultanne den Befehl, sich mit dem III. Korps bei Garnowo wieder zu vereinigen, sofern seine Anwesenheit für das V. Korps nicht länger erforderlich sei. Er brach daher um 8 Uhr mit der 3. Division auf.

Die Daultanne gestellte Aufgabe war gleichermaßen interessant und schwierig. Er musste einen russischen Verband daran hindern, Lannes die linke Flanke abzugewinnen und in dessen Rücken zu gelangen; aber wie das zu bewerkstelligen war, scheint seiner Initiative überlassen gewesen zu sein. Klar ist auf alle Fälle, dass Davout den tapferen Petit hier für überfordert hielt. Daultanne kämpfte Schulter an Schulter mit Lannes, war diesem aber nicht unterstellt. Er spielte seine ungemein wichtige Rolle mit bemerkenswertem Geschick. Ohne den Beistand der 3. Division wäre das V. Korps von dem überlegenen Gegner möglicherweise besiegt und vielleicht sogar vernichtet worden.

Inzwischen hatte Marulaz, welcher mit seiner Leichten Kavallerie die Vorhut der 1. Division bildete, 26 Kanonen, 80 Munitionswagen und 200 weitere von den Russen im Stich gelassene Fahrzeuge erbeutet und auf der Straße nach Golymin die Verbindung mit Murats Avantgarde hergestellt. Die russische Reiterei vor ihrer Front zog sich auf Golymin zurück und die gegnerische Infanterie war damit beschäftigt, vor dem Ort eine Waldstellung auszubauen.

Der Kavallerie dichtauf folgte die 1. Brigade von Morands 1. Division, bestehend aus dem II. Bataillon Regiment 13 sowie den Regimentern 17 und 30. Hinter der 1. Brigade kam die 2. Brigade unter General d'Honnieres. Etwa gegen 15.30 Uhr formierte sich die 1. Brigade zu Bataillonsmarschsäulen in Kompaniekolonne und erhielt von Morand den Befehl, den Wald von Golymin anzugreifen. Die Infanterieeinheiten schlossen darauf zu doppelten Kompaniekolonnen auf und drangen unter

Plan 1
zeigt die Aufstellung der russischen Kräfte – wahrscheinlich mit hinreichender Genauigkeit – und die Bewegungen der französischen Truppen, so wie sie sich den Russen darstellten. Der obere Rand des Schlachtplans weist nach Westen, so dass sich Norden rechts befindet. Die russische Hauptkampflinie besteht aus zwei Linien Infanterie mit Geschützstellungen bei »A« sowie einem stark zurückgebogenen rechten Flügel bei »B« und »C«. Der rechte Flügel und das Zentrum dieser Stellung wird von einem Kosakenschleier »G« gedeckt, hinter dem reguläre Kavallerie bei »F« und »I« steht. Den Schutz des linken Flügels hatte Kavallerie bei »K« übernommen, doch sehen wir auf der Skizze, wie diese vor dem französischen Angriff auf »D« ausweicht, hinter ein bei »N« eingesetztes Scharfschützen-Regiment. Die französischen Truppen sieht man in Kolonnen vorgehen, mit einer langen Linie von Plänklern als vorgeschobener Sicherung.

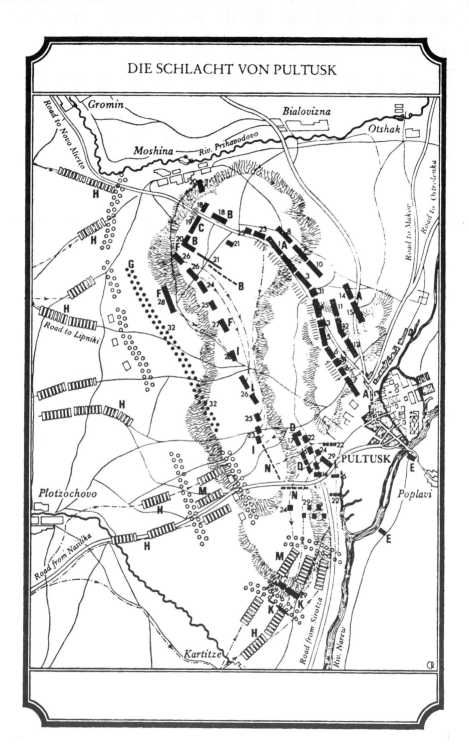

DIE SCHLACHT VON PULTUSK

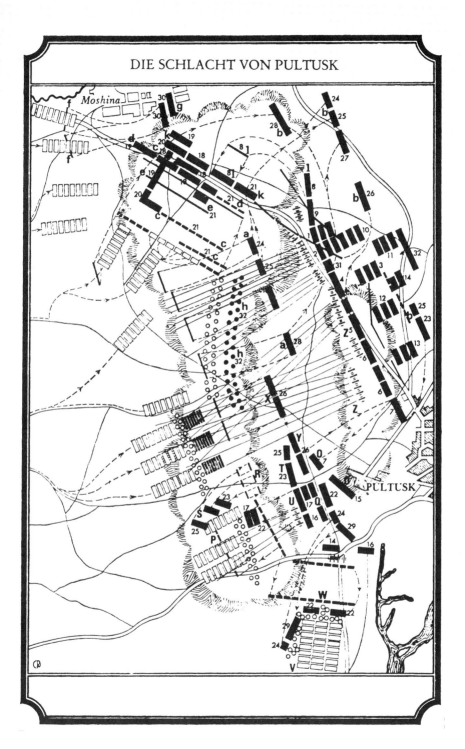

DIE SCHLACHT VON PULTUSK

dem Schutz vorausgeschickter Plänkler in den Wald ein. Der Feind leistete heftigen Widerstand und griff schließlich sogar mit aufgepflanztem Bajonett an, nachdem zuvor die Tornister abgelegt worden waren. Aber das Feuer der französischen Kolonnen sowie die Beunruhigung durch die Voltigeure veranlassten ihn dann doch zur Aufgabe des Waldes, wobei er den Franzosen 4000 Tornister zurückließ. Gedeckt von Rapps Dragonern umging daraufhin die 2. Brigade den linken Flügel der gegnerischen Stellung. Der Feind wurde überall aus seiner Stellung geworfen und Davout ließ bei Anbruch der Dunkelheit das weitere Vorgehen einstellen, um das Nachrücken der übrigen Teile des Korps abzuwarten.

Die 1. Division hatte somit ohne Artillerieunterstützungen (wegen der schlechten Straßen konnten die Geschütze nicht vorgezogen werden) einen weit überlegenen und durch 12–15 Kanonen verstärkten Gegner besiegt.

Etwa drei Stunden nach Dunkelwerden wurde Augereaus Korps rund fünf Kilometer links vom III. Korps vom Gegner angefallen, aber die Lage war zu unklar, als dass Davout hätte helfen können. Die noch im Laufe des Abends eintreffende 2. Division wäre zwar am nächsten Morgen hierfür verfügbar gewesen, doch baute der Russe während der Nacht ab.

Der 2. Plan zeigt die Entwicklung des französischen Angriffs und Daultannes starken Druck auf die rechte russische Flanke. Auch die Schussbahnen der russischen Kanonen werden dargestellt.

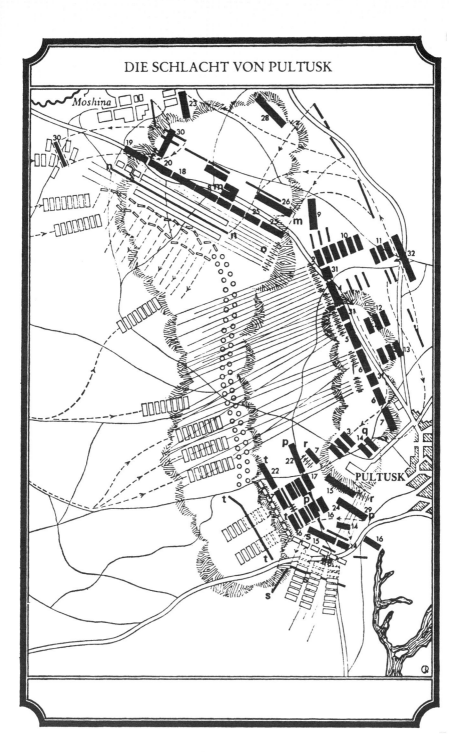

DIE SCHLACHT VON PULTUSK

Moshina

PULTUSK

Hiermit war der eigentliche Einsatz vorerst einmal beendet. Am 28. hielt Napoleon den weiteren Vormarsch an, und am 29. bezog das III. Korps Unterkünfte im Raum Pultusk–Nasielsky–Golyminh. Napoleon teilte jetzt den verschiedenen Korps Sektoren zu. Davout erhielt die Weisung, die Halbinsel zwischen Bug und Narew bis nach Ostrow zu besetzen und sein Stabsquartier in Pultusk einzurichten. Diese Bewegung war am 3. Januar abgeschlossen. Marulaz Leichte Reiterei wurde am Narew entlang bis zu den Außenbezirken des von den Russen noch besetzten Ostrolenka postiert. Am 17. führte Davout Marulatz das 13. Leichte Infanterieregiment als Verstärkung zu. Am 18. Januar stieß Brigadegeneral Ricard zur 1. Division, um den bei Czarnowo verwundeten Brouard zu ersetzen. General Beckers Dragonerdivision wurde Davout unterstellt und ebenfalls auf der Halbinsel untergebracht.

Am 15. Januar befahl Napoleon der 3. Division, nach Warschau abzurücken, um dort ein paar Ruhetage einzulegen. Sie traf dort am 21. ein und desgleichen General Gudin, der von Petit das Kommando wieder übernahm. Am 26. wurde die Division von Napoleon besichtigt.

Plan 3 gibt die Endphase wieder. Die Hauptstellung befindet sich noch in russischer Hand, während die Franzosen bereits den größten Teil des Plateaus besetzt haben. Am rechten russischen Flügel sind die Franzosen nach anfänglichen Erfolgen durch einen russischen Gegenangriff, unterstützt durch das flankierende Feuer einer Batterie, geworfen worden. Die französischen Truppen werden in ungeordnetem Rückzug dargestellt. Es ist dies in verständlicher leichter Übertreibung die Flucht des Regiments 34 vom V. Korps, des Nachbarn der 3. Division, und deren daraus resultierende Absetzbewegung.

Die Außenposten des III. Korps wurden ständig von Kosaken belästigt; im Allgemeinen mit wenig Erfolg, bis auf einen Fall, als es einem Verband von rund 1000 Reitern gelang, eine Schwadron der 1. »Chasseurs à Cheval« zu überraschen und ihr schwere Verluste zuzufügen. Aber auch an dieser Schlappe war eigentlich nur die Missachtung der vom Korps herausgegebenen Anweisungen schuld. Davout hatte befohlen, dass allen Kavallerieposten ein Infanteriedetachment beizugeben sei, und alle Alarmposten durch entsprechende Verteidigungsanlagen geschützt werden sollten.

Napoleons Pläne, die Armee in Winterquartieren zu belassen, fielen in sich zusammen, als er am 27. Januar von einer russischen Bewegung in Richtung auf Thorn an der Weichsel erfuhr, die offenkundig auf seine linke Flanke zielte. Aus dem Kaiserlichen Hauptquartier in Warschau erließ er die Anordnung an alle Korps, unverzüglich die Winterquartiere abzubrechen und sich marschfertig zu machen. Was Davout betrifft, so war er gehalten, alle Truppen des III. Korps, welche westlich des Narew standen, bei Pultusk zusammenzuziehen, sowie auch die Einheiten vom anderen Ufer, sofern das Lösen vom Feinde unauffällig geschehen konnte. Die über den Narew weiter vorgeschobenen Außenposten sollten zur Täuschung des Gegners vorerst dort belassen werden. Napoleon teilte Davout mit, dass er am 28. persönlich in Pultusk sein würde, Murat am gleichen Tage in Willenberg sei und Soult sich mit seinem Korps in Willenberg zu versammeln habe.

Davout befahl Morand, die 1. Division zwischen Pultusk und Makow zusammenzufassen und über Ostrolenka nach Myszyniec zu marschieren. Am 31. Januar, vier Uhr nachmittags, traf die 1. Division in Myszyniec ein, wo auch das 13. Leichte Infanterieregiment nach zeitweiliger Abkommandierung zur Leichten Kavallerie wieder zu ihr stieß und Ricard sein Kommando übernahm.

Die 2. Division traf am 30. Januar in Ostrolenka ein und rückte tags darauf nach Myszienic weiter. Die 3. Division verließ Warschau am 29. Januar und legte am ersten Tag rund 50 und am darauffolgenden noch einmal 32 Kilometer bis Przasnic zurück.

Am 1. Februar standen die 1. und 2. Division in der Nähe von Ortelsburg. Hier erhielt Friant den Befehl, das Regiment 111 zurückzulassen – verstärkt durch die 2. »Chasseurs à Cheval« sowie zwei Achtpfünder –, um einen Flankenschutz gegen etwaige russische Vorstöße vom Oberlauf des Narew aufzubauen, solange das V. Korps noch nicht aufgeschlossen hatte.

Am 3. Februar marschierte die 1. Division bei Tagesanbruch auf der Straße nach Passenheim. Die 2. Division wies ein direkter Befehl des Kaisers nach Wartenburg. Da die Division nurmehr aus drei Regimentern bestand, gab Davout ihr noch das 51. Regiment (ohne ein Halbbataillon) der 1. Division als Reserve mit. Die 3. Division hatte auf Befehl des Kaisers nach Mensgut weiterzurücken.

Am 4. Februar wurden Patrouillen »Chasseurs à Cheval« in alle Himmelsrichtungen ausgesandt, um neue Nachrichten vom Feinde zu bringen. Ihnen folgten die restlichen Teile von Marulaz' Chasseurs-Brigade, bestehend aus den Regimentern 1 und 12. Am gleichen Tage marschierte die 1. Division in Wartenburg ein.

Am 5. Februar ritt Marulaz mit achzig »Chasseurs« nach Heilsberg, nachdem er gehört hatte, dass die Stadt vom Gegner geräumt sei, und ließ sich die Schlüssel eines großen russischen Magazins übergeben. Doch kaum hatten die Russen erfahren, mit welchem kleinen französischen Detachment sie es bloß zu tun hatten, als sie auch schon wieder in die Stadt einrückten. Marulaz konnte gerade noch durch eine Nebenstraße entweichen und über einen halbverkohlten Tragbalken das andere Ufer der Alle erreichen. Hier versammelte er seine Brigade, musste sich dann aber zurückziehen, nachdem eine halbe Stunde später starkes russisches Artilleriefeuer einsetzte. Das II. Korps traf nach Vertreibung russischer Nachhuten am 5. Februar in Gutstadt ein, und es kam zur Verbindungsaufnahme zwischen der 2. Division und Sainty-Hilaires Division vom IV. Korps. Am darauffolgenden Tage erging an Davout die Weisung, auch die taktische Führung des IV. Korps zu übernehmen. Die 1. Division, mit den »Chasseurs« als Vorhut voraus, übernahm beim Vorrücken auf Heilsberg die Spitze. Die vorliegenden Informationen besagten, dass der Feind das linke Ufer der Alle besetzt hielte und alle Brücken verbrannt hätte. Davout ritt mit Morand zu einer persönlichen Erkundung voraus und wurde hierbei von leichten russischen Batterien unter Feuer genommen. Morand setzte jetzt seine vorderste Brigade zum Angriff an. Das Halbbataillon des Regiments 51 überwand den Fluss über eine nur teilweise verbrannte Brücke und arbeitete sich bis zum Stadttor vor. Ihm nach folgte das 13. Regiment und bildete einen Brückenkopf, während das Regiment 17 in den am

Fluss gelegenen Vorort eindrang. Angesichts dieses entschlossenen Angriffs zogen sich die Russen im gleichen Augenblick zurück, in dem auch die 2. Division am linken Alleufer in Sicht kam. Marulaz, gefolgt von den beiden Divisionen, setzte darauf zur Verfolgung an. Als die 3. Division auf dem Kampfschauplatz eintraf, war schon alles vorüber.

Am 7. Februar, morgens 4 Uhr, setzte sich das III. Korps nach Landsberg in Marsch, mit Marulaz als rechtem Flankenschutz. In Hof meldete sich der vorausgerittene Davout beim Kaiser. Tags zuvor war am gleichen Ort die feindliche Nachhut durch die Kürassier-Division zerschlagen worden. Napoleon teilte ihm mit, dass sich die Russen auf der Straße Heilsberg–Eylau auf dem Rückzug befänden, und wies ihn an, dem Gegner auf dem gleichen Wege bis Eylau zu folgen.

Marulaz wurde zur Deckung der Marschbewegung des III. Korps vorausgeschickt und stieß fünf Kilometer vor Eylau auf die russischen Vorposten.

Er war bis zum Dunkelwerden damit beschäftigt, den hinter ihm stattfindenden Infanterieaufmarsch zu schützen, und wies wiederholte Angriffe weit überlegener russischer Husarenverbände ab. Während Davout unterwegs nach Eylau war, empfing er um zwei Uhr nachmittags eine Order von Berthier, die ihn anwies, seine Einheiten auf der Straße Bartenstein–Eylau in Kolonnen aufmarschieren zu lassen und sechs Kilometer vor Eylau die Spitze anzuhalten. Die vorne eingegliederte 2. Division drehte dementsprechend rechts nach Zohlen ab und nahm Aufstellung auf der Straße zwischen Beisleiden und Persuschen. Die 1. Division folgte und formierte sich bei Zohlen. Die 3. Division lag noch weit zurück und konnte daher eine Abzweigung nach Bartenstein benutzen, wo sie gegen 10 Uhr abends eintraf und einige Pulks russischer Kavallerie vertrieb. Die Division biwakierte dann hinter Bartenstein auf der Straße nach Eylau. Nachdem auch das IV. Korps aufmarschiert war, gab Marulaz seine Position in der Vorstadt von Eylau auf und schloss sich dem III. Korps wieder an. Den Korpsgefechtsstand ließ Davout in Beisleiden einrichten.

DIE SCHLACHT VON EYLAU

Die Hauptarmee der Russen hatte eine Stellung nahe Eylau bezogen, und als Murats Kavallerie, gefolgt vom Korps Soult, in den frühen Nachmittagstunden des 7. diese Gegend erreichte, entwickelte sich ein Begegnungsgefecht, aus dem sich ein verzweifelter Kampf um den Besitz der Stadt Eylau entspann, der bis zum Einbruch der Dunkelheit fortdauerte.

Im Laufe der Nacht vom 7. auf den 8. erhielt Davout den Befehl, sich noch vor Tagesanbruch mit dem IV. Korps zu vereinigen und die linke Flanke des Gegners anzugreifen. Ferner erfuhr er, dass die von der russichen Armee gehaltene Stellung zwischen Serpallen und Althof verlief und aus mehreren Linien bestand.

Das III. Korps setzte sich aus den gleichen Verbänden zusammen wie bei Auerstedt, nur dass diese durch die im Kampf und auf den Märschen eingetretenen Verluste inzwischen beträchtlich gelitten hatten.
Die Kampfstärke sah jetzt so aus:

1. Division	6000
2. Division (ohne das bei Myszyniec zurückgelassene Regiment 111)	4000
3. Division (ohne das bei Ortelsburg verbliebene II. Bataillon Regiment 85)	4400
1. und 12. Chasseurs (die 2. Chasseurs waren in Myszniec)	600
Insgesamt:	15 000

Die drei Divisionen erhielten den Befehl, zwei Stunden vor Hellwerden aufzubrechen. Marulaz mit der nachfolgenden 2. Division setzte sich direkt nach Serpallen in Marsch, dann kam die 1. Division, welche bei Perguschen auf die Straße nach Eylau einschwenkte, und die 3. Division schließlich rückte um 3 Uhr ab.

Noch vor Tagesanbruch stießen die Leichte Kavallerie und die Infanteriespitze vor Serpallen auf Kosaken, doch zogen sich diese nach kurzem Schusswechsel zurück. Das erste Tageslicht sah dann die 2. Division bereits im entfalteten Vorgehen auf dem ansteigenden Gelände vor Serpallen, wo ein paar vorgezogene Kompanien vom Regiment 48 den Ort in Besitz zu nehmen trachteten. Die Leichte Kavallerie stand am rechten Flügel und die 1. Division formierte sich hinter der 2.

SKIZZE DER LAGE BEI EYLAU
am Morgen des 8. Februar 1807

Althof

Road to Konigsberg

Schmoditten

Schloditten

Kutschitten

Road to Friedland

Road to Zinten

Auklappen

EYLAU

Sausgarten

Storehnest

Tenkmitten

Serpallen

Schewecken

Rothenen

Road to Bartenstein

Grunhofchen

Grunberg

Zehsen

Mollwitten

Abdecker

Road to Landsberg

Road to Heilsburg

Topprienen

Wanchkeiten

Zwei zeitgenössische Pläne der Schlacht von Eylau, aus russischen Quellen
zusammengestellt von Sir Robert Wilson und in seinem erwähnten Buch
wiedergegeben

*Der erste Plan zeigt die Lage bei Eylau am Morgen des 8. Februar 1807,
bevor der Anmarsch von Davout's III. Korps erkannt worden war*

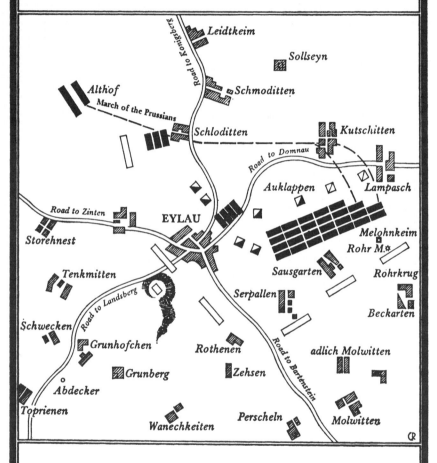

LAGE DER VERBÜNDETEN RUSSISCH-PREUSSISCHEN ARMEE

am Abend des 8. Februar nach der Schlacht

Leidtkeim

Sollseyn

Road to Königsberg

Althof

March of the Prussians

Schmoditten

Schloditten

Kutschitten

Road to Domnau

Lampasch

Auklappen

Road to Zinten

EYLAU

Storehnest

Melohnkeim

Rohr M.

Tenkmitten

Sausgarten

Rohrkrug

Road to Landsberg

Serpallen

Beckarten

Schwecken

Rothenen

adlich Molwitten

Grunhofchen

Abdecker

Grunberg

Zehsen

Road to Bartenstein

Toprienen

Molwitten

Wanechkeiten

Perscheln

*Auf dieser sehr flüchtigen Skizze sind die Stellungen der Truppen gegen Ende
der Schlacht dargestellt sowie das Vorrücken des Preußischen Korps. Offenbar
handelt es sich aber weitgehend um Vermutungen, denn bei den Russen
herrschte ein derartiges Durcheinander, dass sich kaum jemand über die eigene
Lage auskannte, geschweige denn die bei den Franzosen.*

Die Schlacht hatte nunmehr auf der gesamten französischen Front begonnen und fesselte das III., IV. und VII. Korps, Murats Reiterei sowie die Kaisergarde. Davout entsandte einen Offizierspähtrupp mit dem Auftrag, den Anschluss nach links zur Division Saint-Hilaire vom IV. Korps zu suchen.

Ein starker feindlicher Kavallerieverband tauchte aus Richtung Sausgarten auf. Friant setzte darauf Brigadegeneral Lochet mit dem Regiment 33 auf Sausgarten an. Mit Hilfe des in seiner rechten Flanke operierenden Marulaz gelang es Lochet, die Reiterattacke zurückzuschlagen. Aber wenig später kamen sie erneut – diesmal unterstützt durch 8 – 10 000 Infanteristen ostwärts Sausgarten vorgehend – und versuchten, Davouts rechte Flanke zu umfassen.

Zum Auffangen des russischen Angriffs warf Davout daraufhin die gesamte 2. Division an den rechten Flügel, während sich die 1. vor Serpallen formierte. Friants drei Regimenter – das 33., 48. und 108. – gingen gegen den erheblich stärkeren feindlichen Infanterieverband vor und drängten ihn in langen und blutigen Nahkämpfen zurück. Aber der russische Rückzug vollzog sich unter dem Schutz starker Artillerie. Diese schoss zwei französischen Vierpfündern die Gespanne weg und richtete in den Regimentern der 2. Division schwere Verheerungen an. Friant schickte nun Plänkler gegen die rechte Flanke der Russen vor und diesen gelang es, die feindliche Absetzbewegung völlig durcheinander zu bringen.

Jetzt erhielt der bei Serpallen stehende Morand von Davout den Befehl zum Angriff, allerdings ohne die aus den Regimentern 51 und 61 bestehende 2. Brigade unter d'Honnieres, welche der Marschall bis zum Eintreffen der 3. Division als Korpsreserve zurückbehielt. Der Angriff wurde daher von Ricards 1. Brigade mit den Regimentern 13, 17 und 30 vorgetragen. Das Letztere ging links an Serpallen vorbei, während das Leichte Infanterieregiment 13 und das II./17 die Mitte und den rechten Ortsteil durchkämmten; anschließend formierte sich die Brigade von neuem. Das 1. Bataillon Regiment 17 hielt Morand hinter dem rechten Flügel als Divisionsreserve zurück. Unter dem Schutz einer Kompanie leichter Artillerie rückte die Brigade nun weiter vor, war hierbei aber dem Feuer zahlreicher russischer Geschütze ausgesetzt, die sich 400 m voraus auf dem überhöhten Gelände in Stellung befanden.

Bald traf auch Gudin an der Spitze der 3. Division ein, so dass Davout dem in heftige Kämpfe verwickelten Friant das 51. Regiment und Morand das 61. mit d'Honnieres zurückgeben konnte. Morand war es inzwischen gelungen, nach links Verbindung mit der Division Saint-Hilaire herzustellen.

Der Artilleriebeschuss aus Richtung Sausgarten machte Friant schwer zu schaffen, weshalb er Lochet mit einem Bataillon des Regiments 33 zum Angriff auf die Ortschaft ansetzte.

Lochet gewann zunächst an Boden, musste sich dann aber nach einer halben Stunde vor dem Druck von rund 4 000 feindlichen Infanteristen wieder zurückziehen. Diesen Augenblick nutzte die russische Kavallerie und attackierte die Karrees der Regimenter 33 und 48, ohne sie allerdings aufbrechen zu können. Das 51. Regiment traf gerade noch rechtzeitig ein, um den Angriff abfangen zu helfen.

Die feindliche Reiterei war zwar abgewehrt und zog sich ungeordnet zurück, doch die Infanterie aus Sausgarten, vor der Lochet hatte weichen müssen, rückte nach Zuführung einer weiteren Verstärkung von 2 000 Mann erneut vor. Dieser Angriff traf die Regimenter 33 und 48, doch hinter ihnen stand die Artillerie der 2. Division. In ihrem schrecklichen Feuer und in einem Kartätschenhagel schmolz die russische Infanterie dahin. Friant konnte Sausgarten erneut nehmen, doch fiel Lochet dabei.

Während die 2. Division auf diese Weise vollauf beschäftigt war, sah sich auch die 1. Division wiederholten Angriffen aus der Gegend Serpallen ausgesetzt. Die Russen hatten ihre Kräfte in diesem Sektor stark massiert und griffen nun die Nahtstelle zwischen Morand und Saint-Hilaire an. Das 13. Leichte Infanterieregiment erlitt schwere Verluste, und Morand musste es aus der vordersten Linie zurückziehen und durch das I. Bataillon Regiment 17 ersetzen.

Morand bereitete jetzt einen Gegenangriff vor, wozu er d'Honnieres mit dem Regiment 61 in Linie zu zwei Gliedern an den rechten Flügel der Division verlegte. Am linken Flügel, neben den Regimentern 30 und 17, bestand Anschluss an ein Bataillon des Leichten Infanterieregiments 10 der Division Saint-Hilaire. Die Russen, jetzt nur noch 200 m entfernt, gingen weiter vor, um dem französischen Angriff zu begegnen: die Köpfe gesenkt, die Bajonette nach vorn gerichtet und im Rücken die Unterstützung von 30 Kanonen. Sie kamen bis auf etwa 20 m heran, doch als ihnen dann das zusammengefasste Feuer des französischen Bataillons entgegenschlug, machten sie kehrt und flohen in größter Unordnung.

Die von ihrer Infanterie im Stich gelassenen Artilleristen feuerten weiter und fielen an ihren Geschützen.

Morand erzielte einen bemerkenswerten Erfolg und konnte alle gegen ihn eingesetzten Kanonen erobern. Kaum hatte er sich aber in der russischen Stellung neu formiert und zur Abwehr eingerichtet, als auch der Feind schon zum Gegenangriff ansetzte. Ein gemischter Verband aus Kavallerie und Infanterie, welcher durch eine Bodenfalte und das Schneegestöber bisher der Beobachtung entzogen war, überraschte das Leichte Infanterieregiment 10 und warf es aufgelöst bis in Höhe des rechten Flügels der 1. Division zwei- bis dreihundert Meter zurück. Ein sofortiger Gegenangriff Kleins mit seiner Dragonerdivision stellte jedoch die Ordnung wieder her, und auch Morand vermochte den Besitz von Serpallen weiter auszubauen.

Bei der 1. Division war die Lage soweit unter Kontrolle, dafür bereitete aber die rechte Flanke Davout Sorge, schickte sich der Gegner doch schon wieder zu einem Umfassungsmanöver an. So setzte er Petit mit dem 12. Regiment und der Masse der Artillerie der 3. Division zu Friants rechtem Flügel in Marsch. Dieser war aber auch ohne Verstärkung von sich aus erneut zum Angriff übergegangen. Nicht nur hatte er Sausgarten gegen wiederholte Angriffe der Russen gehalten, sondern diese sogar noch bis Anklappen vor sich her getrieben. Damit bedrohte er zugleich aber auch die feindliche Höhenstellung nördlich Serpallen. Diese wurde aufgegeben und Morand konnte sie kampflos besetzen. Die 1. Division stellte mithin jetzt einen Drehpunkt dar, um den Davout mit seinem Zentrum und dem rechten Flügel manövrieren konnte.

Um die Lücke zwischen Friant und Morand auszufüllen, warf Davout jetzt Gudin mit dem I. Bataillon Regiment 85 und dem 25. Regiment nach vorn, um dort eine Höhenstellung zwischen Sausgarten und Anklappen zu besetzen. Dies war indessen nur ein Einleitungsmanöver für die Umgruppierung des gesamten Korps. Diese sah den Aufmarsch aller Einheiten zum Entscheidungsangriff vor und fand unter dem Schutz von sechs Zwölfpfündern statt.

Als Flankenschutz wurde das Regiment 30 an den äußersten rechten Flügel geschickt, wo es sich zur Abwehr einrichtete. Zwar hatte es schon beträchtliche Verluste hinnehmen müssen, legte aber nach wie vor eine hervorragende moralische Haltung an den Tag.

Das 48. Regiment erhielt den Befehl zum Angriff auf Anklappen. Der Ort konnte wohl mit großem Schneid genommen werden, doch zwang ein feindlicher Gegenangriff wieder zur Räumung. Darauf traten Teile vom Regiment 51 sowie vier Kompanien vom Regiment 108 zur Säuberung der Wälder ostwärts Anklappen an, halbwegs zwischen Sausgarten und Kutschitten. Sie wurden unterstützt durch Milhauds 1. Dragonerdivision, welche Davout unterstellt worden war, sowie durch die 1. und 12. »Chasseurs à Cheval« unter Marulaz, welche Kosakenverbände daran hinderten, in den Rücken der angreifenden Franzosen zu gelangen. Die Verfolgung erreichte die Außenbezirke von Kutschitten, und um den Erfolg auszuweiten, erhielt Gauthier den Befehl zum Angriff auf Anklappen mit dem II. Bataillon Regiment 25 – unterstützt vom nachfolgenden I. Bataillon –, während Oberst Duplin mit dem I. Bataillon Regiment 85 den kleinen Wald links davon durchkämmen sollte, den mehrere russische Bataillone besetzt hielten. Diese Angriffe waren erfolgreich und sowohl der Ort als auch der Wald konnten genommen werden. Wenig später befand sich auch Kutschitten im Besitz von Teilen der Regimenter 51 und 108.

In diesem entscheidenden Augenblick traf das Preußische Korps unter General Lestocq noch gerade rechtzeitig ein, um die russische Armee vor einer totalen Vernichtung durch Davouts Umfassungsangriff zu retten. Die Preußen griffen Kutschitten an und vertrieben die Kompanien der Regimenter 51 und 108, welche sich unter schweren Verlusten wieder in den Wald zurückziehen mussten, aus welchem sie angetreten waren. Da sich das Gelände für eine Reiterattacke nicht eignete, vermochte auch Milhaud mit seinen Dragonern nicht zu helfen.

Die Russen sammelten sich hinter den Preußen und setzten nach dem Verlust von Kutschitten zu einem heftigen Angriff auf den französischen rechten Flügel an.

Der Hauptstoß traf das Regiment 12, welches ebenfalls weichen musste. Um das gefährliche Loch zu stopfen, das sich am rechten Flügel seiner Angriffsfront immer mehr auszuweiten begann, entsandte Davout Gudin mit dem I. Bataillon Regiment 25 dorthin, zugleich mit dem Auftrag, den Befehl über sämtliche versprengten Teile der 2. Division zu übernehmen, die sich in aufgelöster Ordnung durch den Wald nördlich Sausgarten absetzten. Es war ein kritischer Augenblick. Davout ritt die Reihen seiner ungebrochenen, aber dennoch auf das äußerste geschwächten Regimenter ab und forderte sie auf, in Ehren zu sterben: »Tapfere Männer können hier ein ruhmreiches Ende finden«, sagte er, »nur die Feiglinge werden die Steppen Sibiriens erblicken!«

Man hat den Verdacht, dass der tapfere Davout sich noch mehr in der Klemme befand, als seine Truppen.

Bis zum Dunkelwerden verblieb noch eine halbe Stunde. Davout ließ die gesamte Artillerie auf den Höhen rund um Anklappen in Stellung gehen, welches noch immer von Gauthier mit dem II. Bataillon Regiment 25 gehalten wurde, und schleuderte von hier aus Tod und Verderben gegen die Preußen und Russen, die in drei weiteren Angriffen die französischen Linien zu durchbrechen versuchten. Kurz nach 7 Uhr abends erging die Anweisung zum Entzünden der Lagerfeuer an die französischen Einheiten. Falls diese Maßnahme dem Gegner vielleicht auch gelegen kam, so stärkte sie doch andererseits das Selbstbewusstsein der Angehörigen des III. Korps und half ihnen bei der Anlage einer starken Verteidigungsstellung. Wenige Stunden später, gegen 10 Uhr, trat plötzlich Ruhe ein: sowohl die Preußen als auch die Russen hatten das Schlachtfeld geräumt.

Der Kampf hatte unter ungemein schwierigen Verhältnissen geführt werden müssen. Ein heftiger Wind hatte den ganzen Tag über geherrscht. Tanzende Schneeflocken und stellenweise dichtes Schneegestöber behinderten zeitweilig so die Sicht, dass weder die Kommandeure die Bewegungen der Truppe verfolgen, noch diese die Kommandos der Offiziere vernehmen konnten.

Die Einheiten mussten ganz eng aufschließen, vor allem dann, wenn der Schnee so dicht fiel, dass man keine zehn Schritte weit sehen konnte. Die Russen hingegen hatten den Wind im Rücken und fochten mithin unter weit günstigeren Umständen. Für die Franzosen glichen die Verhältnisse denen eines Nachtgefechts.

Die Verluste des III. Korps waren erschreckend und beliefen sich auf über 5 000 Tote, Verwundete und Vermisste aller Grade oder ein Drittel der Soldaten, mit denen Davout in die Schlacht gezogen war. Während der Nacht fuhr der Artilleriepark auf dem Schlachtfeld auf und ergänzte die verschossenen Munitionsbestände, so dass das III. Korps bei Tagesanbruch wieder einsatzbereit war.

Anders als bei den früher geschilderten Einsätzen stellte das III. Korps bei Eylau lediglich einen Teil, und zwar einen kleinen Teil der unter dem

Oberkommando des Kaisers kämpfenden Streitkräfte dar. Aber durch seine hervorragende Kampftüchtigkeit trug es zu dem unentschiedenen Ausgang mehr bei, als man füglich erwarten durfte.

Die Beweglichkeit der französischen Führung fällt erneut ins Auge. Regimenter werden je nach Bedarf zwischen den Divisionen hin- und hergeworfen oder vom Korpskommandeur als Reserve ausgeschieden. Die unschätzbaren Brigadegenerale werden benutzt, um mit Bataillonen oder auch größeren Einheiten Krisen einzudämmen oder Erfolge auszuweiten. Und schließlich muss der wendige und verheerende Einsatz der Artillerie erwähnt werden, der an Rommels Panzerabwehrkanonen in der Westlichen Wüste erinnert.

Man verlässt das III. Korps nur ungern wieder, denn nicht oft stößt man in der Kriegsgeschichte auf eine so prächtige Führungsmannschaft wie Davout, Morand, Friant, Gudin, Petit, Gauthier und die vielen anderen.

Wie in den vorangegangenen Kapiteln stammt auch in diesem das meiste Material aus Marschall Davouts »Opérations du 3ᵉ Corps 1806–1807«

An weiteren Arbeiten wurden berücksichtigt:
Graf Yorck von Wartenburg, »Napoleon as a General«; übers. von Major W. H. James, 1902
F. Loraine Petre, »Napoleon's Campaign in Poland«, 1901
Brigadier General V. J. Esposito und Colonel J. R. Elting, »A Military History and Atlas of the Napoleonic Wars«, 1964
Sir Robert Wilson, »The Russian Army and the Campaigns in Poland 1806–1807, 1810«

Nachwort

Unmittelbar westlich der kleinen Stadt Montmirail, nördlich der Hauptstraße Paris–Chalons-sur-Marne, steht eine große Säule mit dem gleichen vergoldeten Adler obenauf, wie ihn seinerzeit die Kaiserlichen Regimenter in die Schlacht trugen.

Auf der Vorderseite des Sockels steht geschrieben:

»1866. 13 Août. Ce monument a été élevé par les ordres de l'Empereur Napoléon III. C'est de cette place que l'Empereur Napoléon I commanda son Armée le 11 Février 1814« (»Dieses Denkmal wurde auf Befehl des Kaisers Napoleon III. errichtet. Von dieser Stelle aus hat der Kaiser Napoleon 1. am 11. Februar 1814 seine Armee befehligt.«)

Auf den anderen Seiten heißt es:

»1814, 11 Février, Montmirail, Marchais« – – »1814, 12 Février, Nesle, Châteauthierry« – –» 1814, 10 Février, Champaubert, 14 Février, Vauchamps.«

Diese Inschriften beziehen sich auf eine Reihe von glänzenden Siegen über die russischen und preußischen Truppen, welche innerhalb von fünf Tagen im Gebiet zwischen den Flüssen Marne und Petit Morin erzielt wurden.

Die beiden letzten Kapitel handelten von den Ereignissen während der Feldzüge von 1806 und 1807 und beschäftigten sich mit dem Kommandierenden General eines Armeekorps, vor allem aber mit der Infanterie- und Artillerie-Taktik. Dieses hier berichtet hingegen von Begebenheiten während des Feldzuges von 1814, und zwar aus der Sicht eines Eskadronchefs, der Dienst bei dem von ihm verehrten Kaiser tat. Es ist der 26-jährige Rittmeister Parquin von den 2. Gardejägern zu Pferd, Ritter der Ehrenlegion. Die betreffenden Vorfälle werden aus der Erinnerung geschildert und, wie alle Kriegserinnerungen ehemaliger Soldaten, stimmen sie nicht immer in allen Einzelheiten mit den historischen Tatsachen überein.

Denis Charles Parquin, wurde im März 1813 auf Empfehlung von Marschall Marmont zu den 1. »Chasseurs à Cheval« der Garde versetzt, womit zugleich auch die übliche Herabstufung um einen Dienstgrad verbunden war.

Nachfolgend schildert er, wie er sich das Kreuz der Ehrenlegion erwarb:

»Man schrieb den 6. April 1813. Ich saß in voller Paradeuniform an der Spitze meiner Schwadron zu Pferd, neben mir noch zwei weitere Schwadronen des Regiments, und erwartete im Hof der Tuilerien eine Inspektion des Kaisers, wie sie dieser nach Rückkehr vom Russlandfeldzug häufig abhielt. Ich wollte den Kaiser sprechen, fürchtete aber die Gelegenheit zu verpassen, da sich der Kaiser nie um seine Guides kümmerte, sondern oft an ihnen im Galopp vorbeipreschte, ohne in ihrer Nähe zu halten. So stieg ich also ab, nachdem das Kommando »Rührt Euch!« für unsere Schwadronen gegeben war, und begab mich an den linken Flügel eines Infanterieregiments der Jungen Garde, welches vom Kaiser gerade besichtigt wurde.

›Wer sind Sie?‹ fragte der Kaiser, als er bei mir angelangt war. ›Ein Offizier Ihrer Alten Garde, Sire. Ich habe einen Dienstgrad abgelegt, um Euer Majestät dienen zu dürfen.‹ ›Was wollen Sie?‹ ›Eine Auszeichnung.‹ ›Was haben Sie geleistet, um eine zu verdienen?‹ ›Ich bin ein mit sechzehn Jahren freiwillig zu den Fahnen geeilter Pariser. Ich habe an acht Feldzügen teilgenommen. Mein Offizierspatent habe ich mir auf dem Schlachtfeld erworben und ebenfalls zehn Verwundungen, obwohl ich sie nicht mit denen tauschen möchte, die ich meinerseits austeilte. In Portugal habe ich eine Fahne erobert und bin dafür vom Oberbefehlshaber für eine Auszeichnung vorgeschlagen worden. Aber von Portugal bis Moskau ist ein weiter Weg und eine Antwort ist bisher nicht eingetroffen.‹ ›Sehr schön! Ich überbringe sie hiermit selber! Berthier, lassen Sie die Verleihungsurkunde der Ehrenlegion für diesen Offizier ausfertigen und ihm bis morgen zustellen. Ich möchte nicht länger in der Schuld eines so tapferen jungen Mannes stehen.‹ – Und so erhielt ich meine Auszeichnung«.

Am 21. Dezember 1813 erhielt Parquin in einem Lager in der Champagne die Beförderung zum Rittmeister, unter gleichzeitiger Versetzung zu den 2. »Chasseurs à Cheval« der Garde. Noch am gleichen Tage wurde er nach Paris beordert, um dort den Befehl über die 11. Kompanie seiner neuen Einheit zu übernehmen.

Anfang Dezember hatte Napoleon die Reiterei seiner Garde neu gegliedert, und zwar in eine schwere Division, bestehend aus den 1. »Chasseurs à Cheval« (oder auch der Alten Garde), den Grenadieren zu Pferd und den Dragonern, und einer leichten Division, die sich aus den

2. »Chasseurs à Cheval« (oder Jungen Garde) sowie den 1. und 2. Lanzen-reitern zusammensetzte.[2] Parquins Kompanie war neu, verfügte aber über einen Stamm alter Gardeunteroffiziere. (Wahrscheinlich gab es zu diesem Zeitpunkt lediglich sechs Kompanien, sprich drei Schwadronen pro Regi-ment, die bei den 1. und 2. Chasseurs laufend durchnummeriert waren, so dass die Letzteren über die Kompanien von 7 bis 12 verfügten).

Bevor Parquin Paris verließ, händigte ihm der Regiments-Zahlmeister noch zwanzig Beutel mit je 1000 Francs aus. Diese sollten durch den Ver-waltungsrat der Gardejäger zu Pferd (im Auftrag des Regiments-Oberst) dem Schneider Rabusson zugestellt werden, der laut Vertrag für das Re-giment arbeitete. Die Verantwortung für das viele Geld bereitete Parquin große Sorge. Als er mit seinem Schatz in Saint Dizier eintraf, begegnete er dem ihm persönlich bekannten General Cambronne, seines Zeichens Kommandeur der 2. »Chasseurs à Pied« der Garde. Im Laufe der Unter-haltung stellte sich heraus, dass Cambronne seinen Leuten den Sold zahlen musste und dringend bemüht war, Obligationen des Kaiserlichen Schatz-amtes zu Geld zu machen, die allerdings erst in zehn Tagen präsentiert werden durften. Parquin schien dies ein Wink des Schicksals zur Lösung aller seiner Schwierigkeiten, und so tauschte er die 20 000 Francs gegen den entsprechenden Betrag an Schuldverschreibungen ein. Froh und er-leichtert lud Cambronne ihn am Abend zu einem vorzüglichen Diner ein.

Nach einer gemeinsamen Reise in der Postkutsche mit einem Kaval-lerieoberst und einem Rittmeister der Gardegrenadiere zu Pferd erreichte Parquin Paris am 23. Dezember.

Anlass der Reise war für alle drei die kürzliche Beförderung. Gegen Ende des Feldzugs von 1814 lebte von ihnen nur noch Parquin. Der Oberst fiel in dem Gefecht von Montmirail und der Rittmeister bei Craonne.

In Paris angekommen, übernahm Parquin seine 11. Kompanie, wel-che sich noch in Aufstellung befand. Obwohl er sich darüber nicht aus-lässt, setzten sich seine Männer wahrscheinlich aus einem Gemisch von ausgesuchten Freiwilligen, wieder zu den Fahnen gerufenen Veteranen und von überall her gezogenen Kavalleristen der Linie zusammen. Die 2. »Chasseurs à Cheval« der Garde (in einer Stärke von vermutlich nur vier Kompanien) standen zu diesem Zeitpunkt außerhalb Antwerpen bei der Nordarmee. Als Parquin am 6. Februar aber den Abmarschbefehl von Paris erhielt, sollte er in der Champagne zur Alten Garde stoßen. Ihm war das sehr willkommen, obwohl er nie zu ergründen vermochte, weshalb gerade er dazu ausersehen war, bei der Alten Garde zu dienen, anstatt bei seiner eigenen Einheit. Die 11. Kompanie gehörte zu einem Detachment von sechshundert Gardekavalleristen unter dem Befehl von Chef d'Escadron Kirman, der vormals Parquins Rittmeister bei den 20. »Chasseurs à Cheval« gewesen war. Zu der Abteilung gehörte auch eine Mameluckenkompanie mit einem höchst bemerkenswerten Chef an der Spitze. Rittmeister Ibrahim Bey war ein alter Krieger, der schon zum Mamelucken-Korps der französischen Armee unter dem Konsulat gehört und dann 14 Jahre als Pensionär in Marseilles verbracht hatte. Die 1801 aufgestellte Schwadron bestand aus vier Kompanien, von denen Ibrahim Bey eine führte. Nur wenige Franzosen hatten je die exotische Uniform dieser Soldaten zu Gesicht bekommen, und wann immer Ibrahim Bey nach Paris kam, verursachte er einen Auflauf. Einmal schlenderte er zufällig über den Kornmarkt, wo verschiedene Leute grölten und ihn auspfiffen und sogar mit Dreck bewarfen, da – wie sie höhnten – der Karneval und die Zeit für solch einen türkischen Mummenschanz vorüber sei.

Ibrahim Bey, der des Französischen nicht mächtig war und die Scherze erst recht nicht verstand, zog seine Pistolen und erschoss zwei seiner Peiniger. Als er den vermeintlichen Kampf mit dem blanken Säbel weiter fortsetzen wollte, erschien eine Militärstreife, von der er sich widerstandslos entwaffnen ließ. Die Kunde von diesem Vorfall erreichte Napoleon, den Ersten Konsul, und er ließ Ibrahim Bey vor sich bringen, um ihn zu verhören. Der Mameluck bekundete, dass er sich nur so verhalten hätte, wie das zu Hause bei ihm gebräuchlich sei, wenn Männer seines Standes vom Pöbel angegriffen würden. Napoleon wies ihn zurecht, dass er in Frankreich keine Polizeiaufgaben wahrzunehmen hätte und befahl ihm, unverzüglich Paris zu verlassen und sich nach Marseilles zu begeben. Er dürfe keine Waffen tragen, fügte er hinzu, und würde einen Sold empfangen, von dem ein Teil an die Witwen seiner beiden Opfer ginge. Ibrahim Bey lebte seitdem in Marseilles, bis der Kaiserliche Aufruf vom 2. Januar 1814 ihn wieder zu den Fahnen eilen ließ, wo er Chef einer Mamelucken-Kompanie der Garde wurde. Trotz seines Dienstalters rangierte er ranglistenmäßig unter Parquin, da eine besondere Bestimmung der Garde vorsah, dass ein französischer Offizier stets den Vorrang vor einem ausländischen Offizier des gleichen Dienstgrades hatte.

Die Aufstellungen und Verlegungen dieser neuen Truppenverbände illustrieren anschaulich, welche Anstrengungen Napoleon unternahm, um der sich abzeichnenden alliierten Invasion zu begegnen. Die Abteilung erreichte die Armee am 10. Februar, am Vortage der Schlacht von Montmirail, und Parquins Kompanie wurde gleich anderntags in den Einsatz geworfen. General Baron Edouard de Colbert des Chabanais, der Kommandeur der 1. Gardekavalleriedivision[3], befahl ihm eine Attacke gegen die linke Seite eines russischen Karrees, das von rechts durch General Baron Letort, dem Kommandeur der Gardedragoner[4], mit einer Dragoner-Schwadron angegriffen werden sollte.

Die Reiterattacken waren erfolgreich. Es gelang, das russische Karree aufzubrechen und Chasseure und Dragoner trafen sich in der Mitte. Die Russen waren vom Halten ihres Karrees so überzeugt gewesen, dass sie sogar ihre Tornister abgelegt hatten. Die siegreichen Franzosen gaben ihnen die Gelegenheit, sie wieder aufzusammeln und stattdessen ihre Waffen wegzuwerfen.

Über seine eigene Tätigkeit in den darauffolgenden drei Wochen schweigt sich Parquin aus, und wahrscheinlich musste seine Kompanie mehr marschieren als kämpfen. Am 2. März überschritten die Masse des Preußischen Korps unter Blücher sowie das Russische Korps die Marne bei Château-Thierry, berichtet Parquin; sie sprengten dabei einen Brückenbogen, um die französischen Verfolger aufzuhalten.

Napoleon richtete sein vorgeschobenes Hauptquartier im Hause des Postmeisters in der gleichen Straße ein, in der auch Parquins Kompanie sowie andere Teile der Gardekavallerie untergekommen waren.

Am 3. März trafen die Pioniere ein, welche die Brücke instandsetzen sollten, und Napoleon bezog um 10 Uhr ein Biwak am Marneufer, um das Fortschreiten der Arbeiten zu überwachen. General Bertrand, der Nachfolger Durocs als Großmarschall des Palastes, war für die Reparatur der Brücke verantwortlich, weshalb Napoleon ihn holen ließ und fragte, mit wieviel Bauzeit gerechnet werden müsse. Bertrand sagte vier Stunden. »Ich gebe Ihnen sechs,« sagte der Kaiser, und als die Kirchturmuhr in Château-Thierry die vierte Stunde schlug, war die Brücke fertig.

General Colbert hatte Parquin befohlen, sich an diesem Morgen mit einhundert Reitern der Alten Garde für einen Einsatz bereitzuhalten, über dessen Einzelheiten ihn der Kaiser im Lauf des Tages persönlich ins Bild setzen würde. Er fand sich an der Spitze einer gemischten Schwadron, welche sich aus vier Zügen der Gardekavallerie, nämlich aus »Chasseurs à Cheval«, Lanzenreitern, Dragonern und Mamelucken zusammensetzte. Die hiermit verfolgte Absicht war, den Verband größer erscheinen zu lassen, als es der Wirklichkeit entsprach.

Um 4 Uhr nachmittags ritt Parquin mit seiner Schwadron zur Brücke und meldete sich beim Kaiser, der zu ihm sagte: »Rittmeister, folgen Sie dem Feind und bringen Sie ein paar Gefangene ein. Ich brauche welche.« Da er wusste, dass von Château-Thierry je eine Straße nach Soissons, La Ferté und Reims führte, fragte er: »Auf welcher Straße, Sire?« »Auf der Straße nach Soissons.« Parquin brach unverzüglich auf und führte seine Schwadron über die gerade instandgesetzte Brücke. Am anderen Ufer angekommen, ließ er zu, dass seine Männer im Weiterreiten Brot, Schnaps, Schinken und Würste als Geschenke von der Bevölkerung annahmen, die überglücklich war, die Russen und Preußen los zu sein, welche sich in der offenen und friedlichen Stadt sehr schlecht aufgeführt hatten. Etwa 11 Kilometer hinter Château-Thierry, auf der Straße nach Soissons, wurde das Vorrücken von Parquins Schwadron durch ein in Flammen stehendes Dorf unterbrochen, welches der Feind auf seinem Rückzug in Brand gesteckt hatte. Die Einwohner waren augenscheinlich geflohen, doch Parquin ließ die Gegend noch einmal absuchen, für den Fall, dass vielleicht doch noch ein alter Mann aufzutreiben sei, der Auskünfte über die Russen erteilen konnte. Während die Suche noch im Gange war, meldete ihm ein Sergeant der Gardejäger, dass er am jenseitigen Ortsrand in einem vom Feuer verschonten Haus einige russische Nachzügler entdeckt hätte, die dort neben dem Herdfeuer lägen und auf das Garwerden ihrer Mahlzeit warteten. Er fügte hinzu, dass er mit ein paar Leuten von seiner Eskadron die russischen Infanteristen geschnappt hätte. Dabei war er ganz geschickt vorgegangen. Er hatte seine Chasseurs die geladenen Karabiner gegen die Fensterscheiben und in Richtung auf den Herd abschießen lassen, war dann mit gezogenem Säbel eingedrungen und hatte die völlig überraschten Russen überwältigt. Hätte es sich nicht um französisches Eigentum gehandelt, sagt Parquin, hätte ihm die Erbeutung einer riesigen Bratpfanne mit rund 30 Hühnchen, Schinken und Kartoffeln noch mehr Spaß gemacht. Aber auch so genossen die Chasseurs die Gunst der Stunde und setzten sich nieder zu einem köstlichen Mahl.

Nach den herrschenden Kriegsregeln und angesichts der besonderen Umstände hätte Parquin diese russischen Grenadiere des Korps Sacken ohne weiteres standrechtlich erschießen lassen können, hatte er sie doch bei der Inbrandsetzung eines Dorfes erwischt. Doch der Kaiser wollte Gefangene, und ihm hatten sie somit ihr Leben zu verdanken. Parquin tat sogar noch ein Übriges und ließ sie bei dem gemeinsamen Schmaus mithalten. Er brachte es nicht über das Herz, ihnen die Teilnahme zu verwehren, hatten sie doch nur des Essens wegen Kopf und Kragen riskiert und die Gefangenschaft auf sich genommen. Ursprünglich hatten sie vorgehabt, mit einem Nachtmarsch ihre Truppe wieder einzuholen, aber das unpassende Erscheinen der Franzosen hatte diesen Plan vereitelt.

Aus den Gefangenenaussagen ergab sich für Parquin, dass er sich auf der richtigen Spur befand, und dass der Feind sich in aller Hast auf Soissons zurückzog. Er nahm nach der kurzen Unterbrechung die Verfolgung wieder auf und ließ die Gefangenen bei einem Sergeanten zurück, der die Nachhut befehligte. Etwa gegen 10 Uhr meldeten die vorausgeschickten Beobachter, dass die fünf Kilometer entfernte Stadt Ouchy-le-Château vom Gegner besetzt sei, etwa noch 16 Kilometer vor Soissons. Parquin gab diese Beobachtung sofort an General Colbert weiter, welcher ihm mit einer Brigade der Gardekavallerie folgte. Ferner ließ er Colbert wissen, dass er den vom Kaiser erteilten Auftrag weiter ausführe und ihn um Unterstützung durch einige Schwadronen bitte, da mit einem schwierigen Rückzug zu rechnen sei, wenn der Feind sich erst einmal von seiner Überraschung erholt hätte.

Nach dieser Vorsichtsmaßnahme legte Parquin einen kurzen Versorgungshalt ein und führte sodann seine Schwadron im Schritt neben der Straße langsam weiter. Schon nach kurzer Zeit sah er auf 100 m Entfernung den Feind und wurde von einem deutschen Vorposten angerufen: »Halt, wer da?«

Parquin ließ seine Schwadron darauf in Galopp fallen, ritt Vorposten, Pikett und Hauptwache über den Haufen und donnerte in Windeseile nach Ouchy-le-Château hinein, mitten unter einen völlig überraschten Gegner. Die Alarmnachricht verbreitete sich rasch, als die französische Kavallerie in die russischen und preußischen Biwaks einbrach und dort die Säbel und Lanzen der »Chasseurs« und Lanzenreiter sowie die Karabiner und Pistolen der Dragoner und Mamelucken den aufgescheuchten Feinden ein unfrohes

Erwachen bereiteten. Diese Waffen, welche charakteristisch für die unterschiedlichen Kavallerieverbände waren, lösten somit auch den Eindruck aus, als handele es sich bei dem Überfall um mehrere Regimenter. Viele russische und preußische Soldaten wurden getötet und ungefähr 100 Gefangene gemacht, darunter zwei Oberste und viele andere Offiziere.

Bevor sich der Gegner wieder aufgerafft hatte, war Parquin schon wieder über alle Berge und ließ seine Gefangenen dem Kaiser vorführen. Von ihnen erfuhr Napoleon die böse Nachricht, dass General Moreau, der Stadtkommandant von Soissons, dem Feind auf einfaches Verlangen hin die Stadttore geöffnet und damit auch Blüchers Armee vor der nahezu sicheren Vernichtung gerettet hätte. »Dieser Name«, sagte Napoleon, «hat mir stets Unglück gebracht.« Hierbei bezog er sich auf den anderen General Moreau, der 1804 wegen Verschwörung verbannt wurde und anschließend zum Feinde überging.

Am 5. März erhielt Parquin von General Colbert den Befehl, mit seiner improvisierten Schwadron eine Aufklärung auf der Straße nach Fismes vorzutreiben. Er ritt mit einem Zug als Vorhut los, und ließ die drei anderen auf der Straße nachfolgen. Die Avantgarde stieß auf vereinzelte Kosaken und wurde bei deren Verfolgung in einen listenreich angelegten Hinterhalt gelockt, hinter dem sich starke Feindverbände bereit hielten. Parquin musste mit den drei übrigen Zügen zu Hilfe kommen, sah sich dann aber angesichts des überlegenen Gegners zum Rückzug genötigt.

Aber schließlich sollte er beobachten und nicht kämpfen, und was sich hier abspielte und feststellen ließ, war in der Tat wichtig genug. Ohne es zu wissen, war er mit der Spitze des russischen Korps Wintzingerode zusammengestoßen, welches sich kurz zuvor mit Blücher vereint hatte und Napoleon jetzt von rechts rückwärts angreifen und ihm eine entscheidende Niederlage beibringen sollte. Parquin gab Befehl zum Absetzen aus dem Hohlweg. Allein, das ging nur mühselig und langsam vonstatten, und als es endlich geschafft war, hatten ihn etwa 500 Kosaken umgangen und hinter ihm die Straße nach Soissons zugemacht. Parquin attackierte und brach hindurch, allerdings unter schweren Verlusten. Zwei Offiziere wurden verwundet und 43 Reiter fielen, wurden verwundet oder anschließend vermisst. Er selber erhielt einen Lanzenstich in den Arm, doch wurden die Ausfälle durch die wichtigen Meldungen aufgewogen, die er mit zurückbrachte.

Diese beiden Einsätze veranschaulichen sehr eindruckvoll, was eine Schwadron Leichte Kavallerie unter einem kühnen Führer zu leisten vermag. In beiden Fällen hatte Parquin den Auftrag, Informationen über den Gegner zu beschaffen, und in beiden Fällen rechtfertigte er das Vertrauen, das Colbert in ihn gesetzt hatte. Die unmittelbare Folge war Napoleons Sieg bei Craonne.

Parquin zeichnete sich am 27. März erneut aus, als Napoleon bei Saint Dizier seine letzten Sieg errang. Eine russische Batterie aus achtzehn Kanonen war offen aufgefahren und verursachte beträchtliche Verluste. Colbert befahl ihm, sie im Sturm zu nehmen, ohne Rücksicht auf Verluste. Parquin kam bis auf einhundert Meter heran, musste es dann aber hinnehmen, dass Kartätschen die Reihen seiner Schwadron lichteten. Er ließ darauf einen Zug rechts und einen links ausschwenken, während sich die übrigen in Plänklerordnung auseinanderzogen. Hierbei muss es sich um einen wohlgeübten Gefechtsdrill gehandelt haben, denn als Parquins Reiter die Batterie von der Seite her packten, öffnete sich hinter ihnen eine Gasse. Und in diese Gasse – direkt auf die Kanonen und über sie hinweg – stürzten sich jetzt die Roten Lanzenreiter der Garde.

Zwar setzte eine russische Kürassier-Division sofort zum Gegenangriff an, um die Kanonen zurückzugewinnen, aber Colbert stand mit seiner Reserve bereit und General Milhaud attackierte und schlug die Kürassiere mit seinen 3. und 6. Gardedragonern in die Flucht. In seinem Bericht an Napoleon über den Einsatz dieses Tages sagte General Graf Sebastiani de la Porta, der Kommandeur der Gardekavallerie: »Ich bin seit zwanzig Jahren Kavallerieoffizier, Sire, aber ich kann mich nicht erinnern, eine Attacke schneidiger vorgetragen gesehen zu haben, als jene durch die Schwadron der Avantgarde.«

Dieser Angriff wurde von Leichter Kavallerie durchgeführt, und zwar im Galopp. Auch auf die Gefahr hin, dass man mir eine Anleihe an Kapitel 2 unterstellt, möchte ich doch noch einmal den berühmtesten Angriff der Schweren Kavallerie als interessanten Vergleich heranziehen. Es geschah in der Schlacht von Eggmühl, am 22. April 1809, in der Schlussphase der Feldzugseröffnung gegen Erzherzog Karl.

Die Dunkelheit war schon fast angebrochen, als sich starke französische Kürassierverbände zum Entscheidungsangriff formierten. Die Österreicher sahen sie anreiten und marschierten ihrerseits mit zweiunddreißig Schwadronen auf, um der Gefahr zu begegnen. Auf diese riesige Reitermasse bewegten sich vorne rechts sechs Schwadronen der Leichten Württembergischen Kavallerie zu, links von ihnen vierundzwanzig Schwadronen von Nansoutys Kürassieren und Karabiniers, dahinter sechzehn Schwadronen von Saint-Sulpices Kürassieren und schließlich noch als Kavalleriereserve etwa vierzehn Schwadronen der Bayrischen Leichten Kavallerie. Diese sich gegenüberstehenden Reiterheere beliefen sich auf rund 13 000 bis 15 000 Kämpfer und Pferde.[5]

Die österreichische Reiterei hatte sich in Trab gesetzt. Als ihre Spitze mit den Württembergern zusammenprallte, wurde sie geworfen, doch machte die österreichische Kavalleriereserve die Schlappe unverzüglich wieder wett.

Inzwischen waren auch die Kürassiere und Karabiniers auf ihren schweren normannischen und flämischen Pferden im Schritt herangekommen. Die Karabiniers in Nansoutys Zentrum hielten 100 m vor den Österreichern an und feuerten eine Salve ab, während sich die Kürassiere in Trab setzten. Die Karabiniers hakten ihre Gewehre wieder ein, zogen die Säbel und setzten sich gleichfalls in Trab. Während die Franzosen noch trabten, stürzten sich die Österreicher im Galopp auf sie; doch schon kurz darauf wendeten sie und zogen sich geschlagen zurück, ohne dass Saint-Sulpice hätte eingreifen müssen.[6]

General Graf Bismarck, damals Eskadronchef der Königlich Württembergischen Gardejäger, nahm teil an diesem Einsatz und beschreibt die Attacke der Schweren Französischen Reiterei wie folgt: »In der Zwischenzeit war die Kürassier-Division im Trab gefolgt und hatte den Gegenangriff der österreichischen Kavalleriereserve so glänzend abgefangen, dass die auf den Höhen vorgehende Infanterie Lannes' in der Bewegung innehielt, um durch Händeklatschen und Zurufe den Kürassieren ihren Beifall zu bezeigen. Die Kürassiere hatten ihren Angriff auf einer Frontbreite von zwei Regimentern geführt, die anderen Regimenter folgten in Schwadronstiefe. Wichtig schien den Kürassieren vor allem die fest geschlossene Formation zu sein, weshalb sie auch nie schneller als im Trab ritten. Immer wieder hörte man die Offiziere rufen: »Aufschließen, Kürassiere, Aufschließen!« Die Attacke fand nicht in Kolonne statt – zumindest nicht in der herkömmlichen Weise –, sie wurde vielmehr in mehreren aufeinanderfolgenden Treffen mit kurzen Abständen vorgetragen.

Da die Kommandos von den Offizieren aller Grade stets wiederholt wurden, löste jeder Befehl ein Stimmengewirr aus, was jedoch nicht negativ auffiel.

Kurz bevor es zu dem eigentlichen Zusammenprall kam, gaben die Generale und Oberste ihr letztes Kommande: En avant! Marche! Marche! Die Kürassiere griffen es auf, beschleunigten aber nicht ihre Gangart.

Dieses »En avant« oder »Vorwärts« entspricht dem »Hurrah« der Russen und soll aufpeitschend wirken.[7]

Parquin wurde im Zuge der Neugliederung der Armee nach Napoleons Rückehr von Elba zu den 11. Kürassieren versetzt, und mit diesem Regiment nahm er auch an den Reiterattacken von Quatre Bras und Waterloo teil. Sicher war er daher auch nicht in der Nähe seines geliebten Kaisers, als dieser dem Schlachtfeld den Rücken kehrte, auf dem seine Alte Garde sich an der langen Schützenlinie der englischen Rotröcke die Zähne ausgebissen hatte, und zu seinem Adjutant, dem General Compte de la Billarderie Flahaut, sagte:

»Cela a toujours été ainsi depuis Crécy!« – »Es ist immer dasselbe gewesen seit Crécy!« –[8]

Dieses Kapitel stützt sich weitgehend auf die »Souvenirs de Capitaine Parquin«, mit einer Einführung durch F. Masson, 1892.
Des Weiteren wird verwiesen auf:
[1] Parquin, op. cit.
[2] Henry Lachouque, bearbeitet von Anne S. K. Brown, »The Anatomy of Glory«, 1961
[3] ibid.
[4] ibid.
[5] F. Loraine Petre, »Napoleon and the Archduke Charles«, 1909
[6] ibid.
[7] Commandant Saski, »Campagne de 1809«, 1899
[8] »Journal of the Society for Army Historical Research«, Band XII, No. 46, S. 111.
   Flahault erzählte dies Lord Acton, welcher es 1877 in einer Rede weitergab. (Flahault war von 1860–62 französischer Botschafter in England).

NAMENVERZEICHNIS

Abercromby, General Sir Ralph 26
Abernsberg, Schlacht von 34
Aboukir, Schlacht von 21, 26
Akka, Belagerung von 20, 90
d'Albe, General Bacler: seine Arbeitsweise 205
Albuera, Schlacht von 36
Alexander, Zar 28, 194
Allin, Adjutant-Kommandant 263
Alvintzy, Baron 18, 19
Amberg, Schlacht von 15
Amiens, Friede von 26
Arcis-sur-Aube, Schlacht von 44
Arcole, Schlacht von 18
Artillerie zu Pferd, Ursprung der 131
Aspern-Essling, Schlacht von 35, 142
Assalagny, Dr. 196
Auerstedt, Schlacht von 30, 112, 218, 228 ff., 239, 243
Augereau, Marschall Pierre, Francois, Charles; Herzog von Castiglione 17, 27, 31, 112, 168, 218, 222, 245, 248, 268
Austerlitz, Schlacht von 27, 28, 82, 91, 105, 107, 129, 203

Baille, Oberst 220
Bagration, General Fürst Peter 37
Bar-sur-Aube, Schlacht bei 44
Barbanègre, Oberst 221
Barclay de Tolly, Feldmarschall Fürst Michael Andreas 37
Bassano, Schlacht von 17
Bautzen, Schlacht von 40
Baylen, Kapitulation von 33
Beaulieu, General 16, 17
Beaumont, General 218, 245
Beaupré, Oberst 220
Becker, General 246, 268
Benevent, Gefecht bei 198
Benningsen, General Levin August 31, 32
Beresina, Schlacht an der 38
Berg Tabor, Schlacht am 20

Bernadotte, Marschall Jean Baptiste, Jules, Fürst von Ponto Corvo; später Kronprinz von Schweden und dann König Karl XIV. 28 ff., 40, 165 ff., 222 ff., 239 ff.
Berthier, Marschall Louis Alexandre, Fürst von Neuchâtel, Herzog von Wagram 34, 67, 82, 104, 153 ff.; seine Laufbahn 200 ff.; seine Arbeitsweise im Hauptquartier 204 ff., 211 ff, 245, 282
Bertrand, General 148, 285
de Besanval, Baron 200
Bessières, Marschall Jean Baptiste, Herzog von Istrien 160
Biberach, Schlacht von 15
Bismarck, General Graf 290
Blücher, Feldmarschall Gebhard Leberecht von 40 ff., 230 ff.
Bonaparte, Prinz Jérôme 245
Bonaparte, König Joseph 33, 36, 42
Bonaparte, Napoleon (siehe Napoleon)
Borodino, Schlacht von 38
Boulart, Chef de Bataillon 68; bei Jena 140; bei Wagram 144
Bousson, Oberst 221, 238
Braunschweig, Karl Wilhelm Ferdinand, Herzog von 11 ff., 228
Breidt Company, die 157
Breuille, Chef de Bataillon 220
Brouard, General 220, 234, 248, 255
Brune, Marschall Guillaume Marie 22, 25
Bugeaud, Marschall: seine Meinung über die »grognards« 89; über die Armee von 1805–1806 90; über die britische Infanterie 92ff.; seine Beschreibung eines Angriffs gegen eine britische Stellung 110 ff.
Burcke, Oberst 230, 238
Busaco, Schlacht von 36
Busby (Kolpack), Entstehungsgeschichte 78

Cambronne, General 283
Campo Formio, Friede von 20
Cartier, Chef de Bataillon 122
Cassagne, Oberst 221
Castex, Oberst 82
Castiglione, Schlacht von 18
Caulaincourt, Armand Augustin Louis,
    Herzog von Vicenza 213, 211 ff.
Champaubert, Schlacht von 43, 281
Championnet, General 21
Chappe, Claude und Ignace;
    ihr Telegrafensystem 152
Charbonnel, Oberst 220
Château Thierry, Gefecht bei 285
Clerfayt, Compte Charles de 14, 15
Coehorn, Adjutant-Kommandant 238
de Colbert de Chabanais, General Baron
    Edouard 285 ff.
Colli, General 16
Coruña, Schlacht von 33
Craonne, Schlacht von 44, 289
Cuesta, General 36
Custine, General 11

Dampierre, General 11, 138, 151
Daru, Comte Pierre Antoine 156 ff., 166,
    193
Daultanne, General 220, 260 ff.
Davidovitch, General 18
Davout, Marschall Louis Nicholas,
    Herzog von Auerstedt, Fürst von
    Eggmühl 28 ff, 97, 112, 165 ff., 195,
    218, 220; Napoleons Befehle an 222 ff.;
    seine Leistungen bei Auerstedt 235 ff.,
    256 ff.
Debilly, General 220, 234, 238
Decous, Oberst 221
Dego, Schlacht bei 16
Dennewitz, Schlacht bei 41
Desaix, General Louis Charles Antoine 25
Desquenettes, Chefarzt 174
Donau, Benutzung als Versorgungsweg
    166
Dragoner-Gliederung, Napoleons 69
Dresden, Schlacht von 41
Gefechtsstärken bei Eylau 272
Drittes Korps: Kriegsgliederung 1806 218;
Dugommier, General 174

Dumas, General Mathieu 133
Dumouriez, General Charles Francois 10,
    90, 151
Duplin, Oberst 249, 278
Dupont, General 33
Duroc, Herzog von Friaul 204, 213, 223,
    285

Eggmühl, Schlacht von 35, 71, 290
Elitekompanie 68
Elz, Gefecht an der 15
Ernouf, General 202
Eugène de Beauharnais, Prinz,
    Vizekönig von Italien 35 ff., 82, 195
Exelmans, Oberst 221, 257
Eylau, Schlacht von 31, 82, 157, 193 ff.,
    271 ff.

Fahnen, Standarten und Adler 100ff.
de Fain, Baron 206
Ferdinand, Erzherzog 26–28
Fère-Champenoise, Gefecht bei 45
Fézensac, General Herzog von 92
Fleurus, Schlacht bei 13, 152
Fossano, Schlacht bei 22
Franz, Kaiser von Österreich 29
Friedrich Wilhelm, König von Preußen
    30, 228, 234, 245

Gauthier, General 221, 230, 237, 244; sein
    Übergang über den Bug 248 ff., 278 ff.
Gay, Oberst 221
Geisberg, Schlacht bei 12
Genua, Belagerung von 24
Gobert, General 151
Golymin, Schlacht bei 267
Grandeau, General 221, 236
Große Armee, Organisation der, 1806 218
Grouchy, Marschall Emmanuel 32, 45,
    218
Gudin, General 221, 228 ff., 260 ff., 275 ff.
Guyon, Oberst 221

Halb-Brigaden, Gliederung in 96, 100
Hanau, Schlacht bei 42
Hanicque, General 220, 250, 254
d'Hautpoul, General 218, 226
Heliopolis, Schlacht von 26

Hervo, Adjutant-Kommandant 220, 242, 253

Higonet, Oberst 221, 238

Hiller, Baron 34

Hoche, General Lazare 12–16, 67, 69

Hochstadt, Schlacht bei 25

Hohenlinden, Schlacht bei 25

Hohenlohe, Prinz Friedrich 30, 223

d'Honnieres, General 220, 233, 238, 248, 275

Hooglede, Schlacht bei 13

Houchard, General 12

Hulin, General 241

Husarenregimenter 75

Ibrahim Bey, Rittmeister 284

d'Ideville, Lelorgne; Aufgaben des 206

Infanterie, Organisation der, 1808 98

Infanteriedivision, Gliederung einer 218

Jemappes, Schlacht bei 11, 131, 138

Jena, Schlacht bei 29, 105 ff., 239

Johann, Erzherzog 25–27, 34

Jomini, Baron Henri 208

Junot, General Andoche, Herzog von Abrantes 33

Joubert, General 19, 21, 90

Jourdan, Marschall Jean Baptiste 13 ff., 22, 23, 162; Organisation seines Hauptquartiers 202

Karl, Erzherzog 14ff.

Kaiserliche Garde, Gliederung der, 1808 98
    Wagenpark für 169

Kapzewitsch, General 43

Katzbach, Schlacht an der 84

Kavalleriemäntel als Schutz 78

Kellermann, General Francois Etienne 25

Kirmann, Chef d'Escadron 83, 284

Kister, General 232

Kléber, General Jean Baptiste 21, 25

Klein, General 277

Kleist, General 43

Kosaken 79 ff.

Krasnoi, Schlacht bei 38

Kray, General 21, 25

Kutusow, Feldmarschall Michail Ilariono-witsch, Fürst Smolenskij 27, 38

Kürassierregimenter 73

Lafayette, Marquis de 10, 133, 200

Lagoublaye, Hauptmann 230

Lannes, Marschall Jean, Herzog von Montebello, Fürst von Sievers 24, 28, 72, 196, 222, 224 ff., 240, 246, 263

Lanusse, Oberst 220, 240

Lanzenreiter-Regimenter 69, 78

Laon, Schlacht bei 44

La Rothière, Gefecht bei 43

Larrey, Baron Jean Dominique, Chefchirurg 174

Lasalle, General 218

Latour, General 15

Latour-Maubourg, General Marie Victor Nicolas, Marquis de 256, 258

Lefèbvre, Marschall Francois Joseph, Herzog von Danzig 174, 202

Lefèbvre-Desnouettes, General 198

Leipzig, Völkerschlacht bei 41

Lestocq, General 32, 278

Letort, General Baron 285

Ligny, Schlacht bei 45

Liptay, General 17

Loano, Schlacht bei 14

Lochet, General 221, 235, 239, 275, 276

Lodi, Kampf an der Brücke bei 17

Lonato, Schlacht bei 17

Luise, Königin von Preußen 29

Louvain, Schlacht bei 11

Lützen, Schlacht bei 40

Macdonald, Marschall Jaques Etienne Joseph Alexandre, Herzog von Tarent 25, 26, 39 ff.

Mark von Leiberich, Feldmarschall-leutnant Freiherr Karl von 26, 27

Macon, General 240

Magnano, Schlacht bei 21

Malborgetto, Schlacht bei 19

Malo-Yaroslawetz, Schlacht bei 38

Mamelucken 9, 39, 87, 284, 285

Mantua, Einschließung von 16–18

Marbot, General Baron de 46, 72, 76, 83 ff., 164, 168, 196

Marchais, Schlacht bei 281

Marengo, Schlacht bei 25, 82, 129
Marmont, Marschall Auguste Frédéric
    Louis Viesse, Herzog von Ragusa 28,
    43 ff., 133, 163, 282
Marulaz, General 254 ff.
Masséna, Marschall Andre, Herzog von
    Rivoli, Fürst von Eßling 23 ff., 37, 77,
    90, 97, 112, 142
Maurin, General 85
Melas, Feldmarschall Michael Friedrich
    von 22–25
Méneval, Baron de; seine Aufgaben 206
Menin, Schlacht von 12
Menou, General 26
Meszaro, General 17
Milhaud, General 218, 246 ff., 277, 289
Miot, J. M. 175
Mogilew, Schlacht von 37
Mondovi, Schlacht bei 16
Montereau, Schlacht von 44
Montmirail, Schlacht von 43, 281, 283
Moore, General Sir John 33
Morand, General 220, 233 ff., 254 ff., 270,
    275 ff., 280
Moreau, General Jean Victor Marie 14 ff.,
    21 ff., 288
Moreau, General, Kommandant von
    Soissons 288
Mortier, Marschall Edouard Adolph
    Casimir Joseph, Herzog von Treviso
    28, 43
Möskirch, Schlacht bei 25
Murat, Marschall Joachim, Großherzog
    von Berg, König von Neapel 27 ff., 82,
    212, 218, 223 ff., 246, 260 ff.

Nansouty, General Etienne Marie Antoine
    32, 218, 226, 246, 288
Napoleon Bonaparte, Kaiser ff.
Nelson, Admiral Lord 20
Nesle, Schlacht bei 281
Ney, Marschall Michel, Herzog von
    Elchingen, Fürst von der Moskwa
    31 ff., 39 ff., 165, 193, 222, 224 ff., 246
Nicolas, Oberst 122, 238
Nil, Schlacht am 20
Nive, Schlacht an der 42
Nivelle, Schlacht von 42

Nove, Schlacht von 21

Odeleben, Baron von 72, 212
Oranien, Prinz von 12
Ott, General 24
Oudinot, Marschall Nicolas Charles,
    Herzog von Reggio 40, 41, 44, 141

Paris, Übergabe von 45
Parquin, Rittmeister 71, 76, 83, 167, 197,
    212, 281ff.
Perrin, Capitain 256
Petit, General 221, 231, 236 ff., 252 ff.
Pichegru, General 14, 15
Platow, General 194
Polotsk, Schlacht von 84
Preßburg, Friede von 29
Pultusk, Schlacht von 260
Pyramiden, Schlacht an den 20

Quasdanowitch, General 17
Quatre Bras, Schlacht bei 45

Rapp, General Graf Jean 239, 260, 268
Reims, Schlacht bei 44
Représentants en mission 201
Ricard, General 275
Rivoli, Schlacht bei 19, 90
Robespierre 13, 202
Rochambeau, Marschall Jean Baptiste
    Donatien de Vimeur, Graf von 200
Romeuf, Adjutant-Kommandant 220,
    242, 243
Roustam, Leibmameluck Napoleons 211
Rüchel, General 228

Sachsen-Coburg, Prinz von 11, 12
Sachuc, General 218
Saint-Cyr, Marschall Laurent 40, 41, 47,
    138, 174, 216
St. Dizier, Schlacht von 45, 289
Saint-Hilaire, General 270
Saint-Sulpice, General 290
Sacken, General 43
Salamanca, Schlacht von 37
Savary, General Anne Jean Marie René,
    Herzog von Rovigo; sein Urteil über
    die französische Kavallerie 48